夏秋玲 著

站稳课堂：
教学过程的理性研究

中山大学出版社
·广州·

版权所有　翻印必究

图书在版编目（CIP）数据

站稳课堂：教学过程的理性研究/夏秋玲著 .—广州：中山大学出版社，2021.11

ISBN 978 - 7 - 306 - 07350 - 1

Ⅰ.①站… Ⅱ.①夏… Ⅲ.①课堂教学—教学模式—教学研究—小学　Ⅳ.①G622.421

中国版本图书馆 CIP 数据核字（2021）第 249716 号

出 版 人：	王天琪
策划编辑：	李海东
责任编辑：	李海东
封面设计：	曾　斌
责任校对：	廖丽玲
责任技编：	靳晓虹
出版发行：	中山大学出版社
电　　话：	编辑部 020 - 84110283，84113349，84111997，84110779，84110776
	发行部 020 - 84111998，84111981，84111160
地　　址：	广州市新港西路 135 号
邮　　编：	510275　传　真：020 - 84036565
网　　址：	http://www.zsup.com.cn　E-mail：zdcbs@mail.sysu.edu.cn
印 刷 者：	广州一龙印刷有限公司
规　　格：	787mm×1092mm　1/16　16.5 印张　250 千字
版次印次：	2021 年 11 月第 1 版　2021 年 11 月第 1 次印刷
定　　价：	48.00 元

如发现本书因印装质量影响阅读，请与出版社发行部联系调换

内 容 简 介

全书分六章，围绕"站稳并赢得课堂，是成功教师人生中最重要的价值"的主题，分别对教学过程中的五大议题"亲和力塑造、执行力彰显、影响力发展、细节力凸显、公信力辐射"展开研讨；同时兼谈课堂对话艺术、课堂管理艺术、课堂提质艺术、课堂整合艺术、课堂和谐氛围营造艺术，以求全面构筑"教学重过程"的话语结构，促成课堂增效提质目标的达成。

守好过程等同于目标的时代

（代前言）

　　站稳课堂，凸显理性，激发教师成长内驱力，引导教师理性研究教学过程，让教学行为精进。在这个教育转型变革的时代，守好教学过程，就等同于守住了教学目标，站稳课堂，是教师职业生涯中的美好遇见。

　　站稳课堂，无疑是最美的姿态。课堂永远是课程实施的核心地带，无论是自上而下的改革，还是自下而上的推演，必当如此。自从课堂与课程改革相伴在一起，诸多关注的重心都已从传统的"读、写、算"基础训练中摆脱出来，注重基础学力新内涵的赋予，注重核心素养的浸润，注重在体验、感悟、实践中提升综合能力。站稳课堂，将立德树人根本任务在课堂中落实，其中"关怀""关心""关联"无不成为现代课堂环境构建的关键话语。

　　人生几何，转瞬又是几年，站稳课堂的全程，依然如美妙的音符留存大脑。我这个有着多年教龄的教师，发现许多因课程改革推进而丢魂的人，均为对站稳课堂的认知不够所导致。也许很多人还会像我一样，将重教学过程作为很长时间内如何站稳课堂的重要议题去关注，众说纷纭只是人们对教学过程解读各异罢了。站稳课堂，保持对教学过程的理性研究，涉及很多重要议题，我对教学过程五大议题"亲和力塑造、执行力彰显、影响力发展、细节力凸显、公信力辐射"的思考，实属烟波浩渺中的一分子。

　　我对过去一心只在意课堂争输赢的轻闲时光念念不忘，现今依旧倡导通过站稳课堂以实现人生价值。一直以来，我认为教育改革就是一个教育秩序的调整或重新部署；打破一个旧有的，建立一个新生的；或回归原点，一切从头再来，促进内涵发展。当一切都变得那么合乎情理，变得那么顺应自然，变得那么井井有条时，改革就进入了良性发展阶段。

当前教育领域里真正的问题是什么？在研讨教育新秩序时，我们发现一切矛盾全归结于在我们的课堂上"教学＝教育"所致，教师机械的知识灌输替代了学生的思维体验，教学课件的演示、标准答案的呈现替代了师生之间、生生之间的情感互动，致使站稳课堂的内驱动力和目的性难以达成，导致教师专业化发展出现连续性中断或专业性退化的现象。

很长一段时间里，我总在努力寻找适合教育发展的秩序，最终落脚到对教学过程的关注。我从学校管理入手，从教师的素养、课堂的铁律和学生学习的规律等方面探讨教育规律，力求找到教育发展的秩序。不过，要找到适宜的教育新秩序不是一件容易的事。因为，以前的教育秩序不一定都需要重新调整，而重新建立的新教育秩序必须接受实践的检验，在选择之间又总是困难重重，让我们身感前行的每一步走得并不轻松。

重过程本就是重要议题

我已经明晰课堂中重教学过程的重要意义，把它行为化，其意义才会得到彰显。为了使课堂教学目标有效达成，我对课堂对话艺术、课堂管理艺术、课堂提质艺术、课堂整合艺术、课堂和谐氛围营造艺术五大议题无比关注，以求全面构筑"有效课堂教学"的话语结构。

站稳课堂，需要开辟一方新的教育天地，而后像掘矿一样向前推进，这并不是一件容易的事。我们前行的路上总是困难重重。重教学过程的理性研究，好在我此前的努力，得到了诸多同行的认可，他们或纷纷加盟与我携手同行，并对我的努力给予褒扬，才让我更有信心确立站稳课堂的姿势，才让我对教学过程的倾情关注，才让我没有停下探寻的脚步。我的解释，包括我与人们交流，总在重复地讲述："重教学过程的路上，倍感迷茫的时候，重要的是理性思维的彰显。"

站稳课堂，描绘一幅幅新的教育蓝图，我始终牢记着这句话。

《站稳课堂——教学过程的理性研究》，实则研讨如何调整课堂教学秩序，重过程的诸多议题，都指向秩序的重新梳理。在这一本书中，我着力探讨课堂教学内涵性的一些东西，着手研讨教师驾驭课堂必备的技能，借此探究课堂教学的规律，以此让课堂实现"双学目标"，一者实现学生学习发展目标，二者实现教师学习发展的目标，而非课堂只关注"教师的教"，而忽略了"学生的学"。

我们知道，一位教师真能站稳课堂，这并不是一件容易的事。现实是，我们不少教师碌碌无为一生，全因为自己依附课堂而没有站稳课堂，没有能让自己的课堂艺术得到同行的认可，没能让自己在课堂中的价值得以自我认同，让专业化发展处于连续性中断的趋势。为什么会出现那样的现象呢？通过观察我们发现，许多教师不知道原因在哪儿。为此，在这一本书中我们从课堂着手，研讨教师的亲和力、执行力、影响力、细节力和公信力，最终将赢得课堂的要素作了归纳，希望能让天下教师重新在课堂上获得成功的密码——注重教学过程，注重学法指导，让教学相长得以落地，让教师真正地站稳课堂，专业同步发展。

注重教学过程，保持对课堂的理性解剖，是我长期以来的追求。虽然人们有时会说"一切均是经验的沉淀所致"，其实在潜意识里均因"三观"所致。我时常发现，不少人的课堂会出现杂乱性和不连续性，事实的背后都因为对教学过程重视不够，对教学过程的理性懂得太少，如教学使命感的缺乏，对赢得课堂的理念、方法与艺术没有研究，有教学，无思想。我愿意与同行一同探讨课堂这方责任田的耕种方法，也许其间的解释还不全面，不深邃，但因此引出对教学过程把控的重视，能碰撞出更多智慧的火花，这是我所希望的。

刻意站稳课堂，我已经经历多年的磨炼，但我依旧发现自我站立得不够坚定。为此，在探讨重过程的论题中，不时针对"课堂与教师的责任"而展开交谈。我真诚地希望与我一块交心的朋友们能将站稳课堂作为人生的追求，通过重教学过程而产生理性行为，从而将赢得课堂作为专业化发展的终极目标。

"课堂重教学过程无理性的行为便无作为!"这是我们在全书中论证的一个话题。近来我深刻地感受到课堂之门打开与关闭之时,它有严谨性。当我们今天再次重复昨天的过程时,如果我们没有新的思想和方向,可以肯定地说这已经是一种抱残守缺,难以让课堂与教师的灵魂通透。打开一扇科学的门,我们必须关闭那扇已经低效的门。不想跪着教书,我们必须学会站立于课堂上,让自我像英雄一样拥有站姿。要不然,我们的课堂只能因教师缺乏专业化的支撑,只存在着形式而少实质性的东西。

只有真正地重教学过程,通过专业化发展促进自我职后第二次成长,我们才可能真正通过课堂达成人生目标。作为一名教师,只有真正做到课堂是学生之学的课堂,课堂是教师之学的课堂,课堂是充满人性的课堂,课堂是融汇知性的课堂,让课堂充满理智,这样,我们才可能说自己拥有了课堂,让自我在牵涉相关过程议题的探讨中富有话语解释权、实践执行权。

以重教学过程为引子的诠释,希望能帮那些已经在课堂这方天空中取得成绩的教师梳理一下他们的教育教学经验;能帮那些想在课堂这方天空做出成绩的教师看到前进的方向,以及解除心理负担,明白"站稳课堂"原来是这样的简单;能帮那些正在课堂上苦苦耕耘而没有成绩的教师找到原因,从而及时纠正,重新赢得课堂。我的目的非常朴素,重教学过程的理性研究,一切为了课堂中的人,包括学生和教师的终身发展。

一切只为教学目标的达成

悲叹人生短暂,很多时候我们应习惯精进,正如华为总裁任正非所言:"除了胜利,我们已无路可走。"站稳课堂的姿势是胜利的象征,只要锁定方向,尽最大努力减少随意性,保持精进和自律,哪怕人生达不到他人辉煌的高度,也定然能达到自我人生的高度。

重教学过程的理性研究,必须锁定教学目标,就像万箭齐射向靶心。包括全书锁定的几个章节,讲述重过程的几大议题,在致卓越的征程中，需要每一位教师用一生努力才可诠释其内涵，但我坚信，只要一切思索都指向教学目标达成，一切行为都朝向卓越教师层级发展，定能寻觅出一条专属于自我（草根教师）的星光大道。有一点必须肯定，这不是包治百病的药，只是从教学通论的视角着力，针对教学行为进行一次归因，只要致卓越的方向确立，同步还会发现其他路径也能水到渠成。

为促进自我专业发展，走跨越式成长之路，拥有可持续发展的动力源，保持理性，重教学过程的研究非常重要。职后第二次成长就像用智能手机，每天都要充电一次，才能保证续航能力。现实是，我远离手机真还不行，出门要是没有带在身上，好像掉魂似的。然则，某一天忘却学习充电，却少有自责或掉魂，根源在哪呢？我们必须明晓，一个人工作之余若能多个渠道、多个角度、多个层次地学习充电，第二天的工作、学习和生活才会精神抖擞，充满生机与活力！

站稳课堂，在广袤的原野上建设自我乐园，一个人只有做好规划和设计，才可能真正地迎来发展的春天。站稳课堂，累了，需要休息；休息好了，需要又开始干事。最近，我发现很多课堂教学行为与"一切只为教学目标的达成"相背离。正如作家余秋雨感叹："有人把生命局促于互窥互监、互猜互损；有人把生命释放于大地长天、远山沧海。"两部分人的现实写照，比对往往残酷，诸如人人十年内都会走三万八千里的路，只不过有的人走到西天并回还，完成取经重任，有的人就像一头驴，一头在原地拉磨的驴。

教师的成长在课堂，学生的发展在课堂。站稳课堂的求索之路上，可能你会是一个孤独的侠客。有的人选择堕落和放纵，有的人选择沉淀和升华。面对孤独，关键是做出何种抉择。前行的路上，你现在可能正是内驱动力最弱的时候，一定要学会思考和抉择。包括行动方向的把握，行动速度的保持，必须融入智慧才可通达。

最近，我发现教师源于课堂的跨越式发展的阶梯，主要做法有四个，即"教学主张—教学建模—典型课例—课程延伸"。这些真真切切的可拾级而上的阶梯，促跨越式发展的阶梯，让潜力变成现实的阶梯，教学目标达成依然是前提，是达致卓越的保障。在我看来，站稳课堂，重教学过程，抓住专业化发展的需求和形式做取舍，才能把握住方向，提速发展，呈螺旋式上升趋势。

年轻的人啊，我真希望大家能抓住一切机会达致卓越。

年轻的人啊，站稳课堂，累了，建议立即休整。

年轻的人啊，休整妥当，建议趁早赶路。

目　录

第一章　引述：重教学过程的理性……………………………… 1
　　第一节　站稳课堂是一种主动姿态………………………… 2
　　第二节　从习得前瞻教学方法开端………………………… 9
　　第三节　教学艺术为课堂引航……………………………… 17
　　第四节　一切为了专业化发展……………………………… 27

第二章　课堂，重亲和力的塑造
　　　　　——兼谈课堂对话艺术………………………………… 38
　　第一节　亲和力与口碑……………………………………… 40
　　第二节　表扬是最管用的技巧……………………………… 50
　　第三节　"暗示"中融汇着亲和力…………………………… 59
　　第四节　重亲和力，反对噱头（耍花招）………………… 67

第三章　课堂，重执行力的彰显
　　　　　——兼谈课堂管理艺术………………………………… 78
　　第一节　创建高效的课堂执行力…………………………… 80
　　第二节　教学过程目标是"跑道"…………………………… 90
　　第三节　巧借现代信息技术带来高效……………………… 100
　　第四节　重"放养"轻"圈养"………………………………… 110

第四章　课堂，重影响力的发展
　　　　　——兼谈课堂提质艺术………………………………… 123
　　第一节　从教材演变成"我或我的"开始…………………… 124
　　第二节　教会不懂的增添影响力…………………………… 137
　　第三节　前瞻理念贯穿助推影响力………………………… 142

第四节 影响最大的莫过于课前预设……………………146

第五章 课堂，重细节力的凸显
　　——兼谈课堂整合艺术………………………………156
　　第一节 有效的"少教"凸显细节力 ………………157
　　第二节 整合是细节力的推陈出新……………………171
　　第三节 课堂细节力在意学生的进步…………………179
　　第四节 课程资源整合的细节讲究……………………185

第六章 课堂，重公信力的辐射
　　——兼谈课堂氛围营造艺术…………………………197
　　第一节 拥有精品意识容易产生公信力………………199
　　第二节 没有深度问题的课堂缺乏公信力……………215
　　第三节 还动静结合的课堂本色………………………227
　　第四节 从构建积极思维开始铸就公信力……………237

参考文献………………………………………………………247
后　　记………………………………………………………249

第一章　引述：重教学过程的理性

题记：站稳并赢得课堂，重教学过程的理性，才可称为教师队伍中的英雄。

站立于课堂，我不赞同委曲求全。在这重过程的时代，我们只有重教学过程的理性，才会真正站稳课堂。

当年，吴非老师一句"不跪着教书"，一下子便说到了全中国教师的心坎上。我在此写下的文字，句句是在向您讲述"不跪着成长"，要站稳课堂。不知道您是否理解我写此书的这个目的？还有一句题外话，也得在全书的开篇中说明，在整个写作的过程中，我总在提示自我："不跪着写作。"

教师素质中，最缺少什么？有人说是教师自身的专业水平，有人说是对学生无私的"爱"，有人说是敬业精神，有人说是教育的理想。这些话都有道理，但准确地说，应是独立的精神，是教师的自主意识以及由此而实施的自主教学。教师是实施教育的主体，作为为人师表的楷模，教师如果没有独立精神，是无法站稳课堂的。

人，总在努力地实现自己的价值，当发现自己通过努力后，某一方面的目标仍无法实现时，就会采用放弃的方式。教师也会如此。当发现课堂里无法实现自己的价值时，同样也会对课堂采用放弃的方式。

在您即将翻开此书时，希望每一位教师朋友慎重思考"自我源于课堂的价值"。我主张您有积极的心态，主动地去站稳课堂，赢得课堂里的尊重，实现人生的价值；我明确反对面对教育您采用功利的方式；期待您沉睡的梦想，被我的文字唤醒，而后听到您在诉说：不做逃兵，课堂里有我的追求，甚至有我的野心！身为教师，也唯有在课堂里实现自己的追求，那么，您的教育生涯才算有价值。

　　站稳课堂其实是一种感觉，是一种积极的态度，它是每个人实现自己理想之后的一种自信的状态和一种满足的感觉！我们可以推论，一位成功的教师，他勤奋耕耘的主阵地在课堂，一切全在于他通过努力赢得课堂，真正实现了人生的价值追求。

　　重过程的理性，我希望天下教师都能通过站稳课堂找到成功的感觉。站稳课堂是教师独立精神的展示，当然不仅表现在课堂上，更多地表现在平时的一言一行、一举一动中。课堂上的慷慨陈词，言谈举止上的超凡脱俗，只要是真诚的，无不是教师独立精神的自然流露。

　　一个教师站立于讲台前，没有独立的精神世界，就会在今天这个迷幻般的世界中，迷失自己的人生目标。其实，只要我们路走对了，真要在课堂里取得成功，也是非常容易的事。在这一章节里，我们与您谈站稳课堂是一种"主动姿态"，指出这种重过程的理性行为是教师人生成功的关键，教师要学会主动去赢得课堂；谈从掌握最前沿的教学方法开始，学习掌握前沿教学方法的意图在于赢得课堂，掌握最前沿的教学方法能让学生爱上课堂；谈精湛的教学艺术里不能抱有功利心，指出教学艺术决定一位教师在课堂里的成就，教学艺术的提升意图在于赢得课堂精彩；谈教师一定要上出好课来，指出课堂的高度决定了教师的发言权，教师一定要努力上好教育生涯两堂课——平常课和观摩课。真希望我的这些思考能给您以启迪。

　　我以自己的理解与践行的方式，与您交流成长经验。如若您能以一颗纯净的心来做教育，有一份简单却又执着的教育胸怀，让自己的心灵真正地融入教育教学工作中，就能将书教好。

第一节　站稳课堂是一种主动姿态

　　一个人是否能取得成功，其中最主要的一条原因，是否有主动姿态，抑或主动精神。什么是主动姿态呢？有人曾经指出，教师的主动姿态即成功精神。重教学过程的理性，至少包含三方面的内容：一是善于创造性地执行任务，不让自己陷入被动和琐碎事务之中；二是善于人生规划或生涯设计，为自己争取发展的机会；三是像蚂蚁一样自强不息，遇到任何障碍都不断寻找新的出路。

　　站稳课堂，重教学过程的理性，它的本质实是一种主动姿态，这种主动姿态犹如诗人所说"宝剑锋从磨砺出，梅花香自苦寒来"。赢得课堂是一种理念，赢在课堂是一种追求与坚持。主动去奋斗，接受生活的磨砺，主动承受一路的艰辛和磨难，你才会品味到成功的花香。于永正老师十年耕耘方才换来了课堂教学的成功；魏书生老师在历经民办教师、工厂工人、28岁重返讲台的特殊经历，方才毅然为自己举起了自强不息的大旗，在课堂这块自留田上耕耘，结出一路灿烂，一路辉煌。

　　每一位名师在成功的路上，重教学过程的理性，都离不开主动姿态，是主动姿态协助他们赢取了课堂，赢得了成功。作为普通的教师，我们在课堂里可以不普通，勤于思考"赢得课堂"之策，一定富有价值。

　　我们通过了解窦桂梅老师的切身经历，开始去悟赢在课堂的方法吧。

链接
窦桂梅老师的成长故事

　　小时候没有读过多少书的我，当上教师以后觉得腹中空空，于是把书籍作为自己成长的土壤。后来，上网阅读也成了我学习的一部分。无论工作怎么忙，我都挤出时间学习。教育名著、文学经典等各类书籍占据了家里四面的墙壁。《南方周末》《人民教育》《书屋》等报纸杂志也成了我生活的伴侣。从23岁到32岁，是居家女人最为辛劳的时期，我利用9年的时间，从函授的专科一直读到师大研究生课程班。记得报考中文函授本科的时候，我每天下午5点钟到师范学院进行补课学习，晚上9点钟到家后，再给孩子做第二天上幼儿园的菜，有时还要备课，或者给学生改作业。之后，我再复习成人高考的内容，直到半夜才睡觉。半年下来，我以第二名的优异成绩考上了中文函授本科。几年来，记下了20多万字的读书笔记、500多万字的文摘卡片。

日积月累，书读得多了，听得也多了，我越来越感悟到：课堂教学真是一门艺术，有领导、专家指导的公开课更是提高教学水平的快车道。于是我找到校长要求上公开课。工作了30多年的李校长，从没有见过自己争取上公开课的教师。他告诉我，要先在年级组内练练，然后再说。于是年级组的教研活动，我都特别积极地参加。除了年级组内老师的帮助，我三天两头请领导、专家听课，每一次接受评课时我都郑重地把本子打开念道："上节课您告诉我有以下几条缺点，您看这节课我改了多少。第一条……第二条……"我经常用录音机把自己的教学过程录下来回家细听，把发现的问题记在心里，争取在下堂课改进。1992年，我终于有了一次上公开课的机会——讲授《王二小》。一次次教学设计，一次次试教，推翻了，再重来……第二天就要上公开课了，下班后我一个人留下来做最后一次试讲。在我眼里，那一排排空空的座位就是我可爱的学生……由于太投入，竟忘了去托儿所接孩子，托儿所阿姨等不及了，把孩子送来，可是课还没讲完——于是我一手抱着孩子，一手拿着粉笔继续演练……由于巧妙的情境营造，生动的语言感染，真诚的师生交流，再加上《歌唱二小放牛郎》的感人歌声，打动了所有学生和听课教师。从此我一炮打响，我便有了更多的机会在市级、省级公开课中得到历练。平常，我努力把每一节课都当公开课来要求自己。久而久之，课堂教学水平明显提高。1995年和1997年，我先后代表吉林省参加全国小学语文教学大赛，均获一等奖。

靠"恒"劲不断地积累已经成为我的自觉行为。在琐碎繁杂的工作之余，我努力挤出时间写教学随笔、教育心得，哪怕是几十个字也赶紧记下来。另外，我在"教育在线"网站经常粘贴自己的"豆腐块"，以便和网友交流。几年来，我写下了100多万字的教育教学笔记。出版了《为生命奠基》《我们一起成长》《窦桂梅阅读教学实录》等个人专著。在清华附小两年中，我和教师们一起大胆实践，勇于尝试，每一次听课后都给教师评课，努力做到优点说透，缺点不漏，策略给够。到年底听了500多节课后，我给76位一线教师每人写了一封长信，结集为《教育的对话》——总结我和教师交流中的收获和思考，并发给他们，作为我的工作总结。这种交流的方法让教师有了一些感触和思考，我和他们在对话的过程中彼此了解，共同鼓励，一起成长。通过自己的实践，我认为教师的专业发展首要的是教师要有自我专业追求。正确的信念就是稳定的动力。教师的自我专业追求如果内化为信念，就不会被消解，从而形成坚毅、持恒的信念。追求就在自身的土壤中，一旦拥有它，生命的种子就会迸发出无限潜能，生根、发芽、开花，结出丰硕的果实。

（摘自李肖玲主编：《教思集：有为之师》，暨南大学出版社2013年版，第144～146页）

读了这段文字，也许每一个读者都会跟我们一样发出同样的感叹：名师的成长全因他能抓住课堂，能主动地站稳课堂，才换来了课堂教学的成功，赢得课堂。

1. "赢"字的实质充满主动姿态

"赢"字的内涵，也许没有多少人去琢磨过，更少有人去琢磨透。其实，"赢"字的实质充满的全是一种主动姿态。

"赢"——亡、口、月、贝、凡五个字组成，老祖先在造字之初，已经把赢的秘诀隐含在这五个字之间，只要你悟到了这五个字的真谛，赢便自然到来！

"亡"在"赢"字之上，"亡"与"赢"正反相对，欲"赢"必先想到"亡"，正如《朱子家训》中所言：毋临渴而掘井，宜未雨而绸缪。

"口"在"赢"字之中，口乃心之门户，中为心所在，言为心声！也就是说，一个人或者一个企业，欲要成功，要赢，必须会沟通和传播。其次，"口"与"说"在此同义。说有两种读音：一是念

shuō，说话，传说；二是念 shuì，说服。正如天桥上艺人所喊的：光说不练，假把势；光练不说，傻把势；又说又练，真把势！

"月"在"赢"字的左下角。月在"赢"字中的含义是：日积月累，厚积薄发；日事日毕，月清月高！成功遵循春播、夏种、秋收、冬藏的"农场法则"，天上不会掉馅饼，种下什么就会收获什么。

"贝"在"赢"字的下中处。是"资本"的意思。

"凡"在"赢"字的右下角。此处作"平凡、平常"讲，也就是说，在争取"赢"的过程中，也要具备一颗十足的平常之心。不以物喜，不以己悲！赢而不骄，败而不馁！

人生更有价值与意义，"赢"是非常有必要的。在对"赢"字拆分并认识的过程中，深信人人都已经对它的内涵有更进一步的理解。在我们看来，"赢"字的核心意义就是主动姿态，我们至少应从以下几方面做起才能达到"赢"的效果：一是要"赢"先要有承载失败的心态；二是要"赢"不要光说不练，要口到、眼到、心到、手到；三是有播种才会有收获，种瓜才能得瓜，种豆才能得豆；四是要肯于付出，不计较；五是要胜不骄，败不馁。

一名教师真要赢得课堂，具有了以上五方面的主动姿态，难道他还不成功吗？每一堂课的背后，都有如煲汤一样，须经一点点的磨练才能显得完美。每一堂课的背后都历经失败，都是从遗憾中走出的完美。集腋成裘，打磨推敲，是每一堂优质课背后必备的过程。课堂上不能循规蹈矩，不能墨守成规，不能沿着一条起跑线直走下去，不能寻求什么"放之四海而皆准"的方法。相反，我们如果主动奋斗，主动去付出别人不愿意付出的努力，主动去吃别人不愿意吃的苦，主动去走别人不愿意走的充满荆棘的路，才会走出一条阳光大道，才会真正地"赢"。

2. 主动姿态是教师人生成功的关键

诗人刘禹锡写了《陋室铭》一文，文中说："斯是陋室，惟吾德馨。苔痕上阶绿，草色入帘青。谈笑有鸿儒，往来无白丁。可以调素琴、阅金经。无丝竹之乱耳、无案牍之劳形。"虽居陋室，诗人的生活却淡泊而高雅，专心在陋室里治学。是什么在支撑诗人？是什么力量让诗人的生活这样怡然自得？全在于他对人生的"主动姿态"。因为拥有了对人生的主动姿态，诗人才会觉得前途一片光明，才会安于清贫，才会执着地在自己的生活中去奋斗。古今中外，这样的例子数不胜数。海伦·凯勒不到两岁时因病失去了视力和听力，长大后却成为一位伟大的作家，她所依靠的也是主动姿态。

我们经常会听到这样一些激励人奋进的名言："吃得苦中苦，方为人上人。""天才是百分之九十九的汗水加上百分之一的灵感。"等等。自小，父母和老师就引导我们理解这些话的哲理，牢记这些话。正是这些名言教给我们要时刻谨记"主动姿态是人生成功的关键"。作为教师，主动姿态更是涵盖在我们的教学生活中。有主动姿态，才会主动在教育教学中积极奋斗，积极钻研，才会有所成就。

（1）坚强的生活意志是一种主动姿态

什么是意志？在心理学上，意志是指人们自觉确定行动目的，根据目的支配调节自己的行为，并通过克服困难而达到目的的心理过程。我们进行任何一个有意识的行动，无论大小，都需要意志的参与。坚强的生活意志，对于我们每一个教师来说都异常重要。作为一名教师，我们都知道为人师的辛苦，懂得为人师的繁琐，但唯有超越它，才能真正有所成就。

链接

老鹰学飞的故事

一个人在高山之巅的鹰巢里，抓到了一只幼鹰。他把幼鹰带回家，养在鸡笼里。这只幼鹰和鸡一起啄食、嬉闹和休息。它以为自己是一只鸡。这只鹰渐渐长大，羽翼丰满了，主人想把它训练成猎鹰。可是由于终日和鸡混在一起，它已经变得和鸡完全一样，根本没有飞的愿望了。主人试了各种办法，都毫无效果。最后把它带到山顶上，一把将它扔了出去。这只鹰像块石头似的，直掉下去，慌乱之中它拼命地扑打翅膀,就这样,它终于飞了起来!

磨难让鹰学会飞翔,成为一只真正的鹰。教学过程也是在这样的磨难中一直前行的。坚强的成为强者,怯懦的成为弱者。

我们经常会在繁琐而枯燥的工作中生出种种怨言,从而对本职工作失去兴趣,失去继续奋斗下去的勇气。特别是在课堂上,当我们面对学生对知识的一次又一次的遗忘,面对他们满脸的疲倦,这些都会深深打击我们心中教育教学研究的积极性。这一切都需要有坚强的生活意志为支撑的,唯有不安于现实,任劳任怨,以一份坚定的心态来工作,才能够在教育的路上走得更远。

(2) 对教师生活坚定的自信心是主动姿态

自信心,是一个人工作和生活所必不可缺少的。有自信,才有成功的可能。作为一名教师,有自信心,内心才会释放出最强大的力量,才会面对困难而无所畏惧,才能够体会到竞争之后的轻松与宁静之美,才能够最终实现自己的人生理想。前面我们看过窦桂梅老师的事迹,窦老师原来并不是教语文的,她教过音乐、美术、科学、思想品德,最后出于对语文的热爱,她主动要求教语文。当上了语文教师后,她上进的心并没有停歇,而是不断学习,请领导、专家来为自己的课堂做点评、指导。一次次地否定,一次次地努力,窦老师终于找到了自信心,站稳课堂,赢得了课堂。

3. 教师一定要主动站稳并赢得课堂

站稳课堂,不是一时的事,而是一个教师一生的追求。这要求教师时时、处处、事事都要有这样的一种主动姿态才行。只赢得了一堂课,或在短期内取得了一定的教学成绩,就沾沾自喜是不可取的。一位教师只有拥有赢得少年、青年、中年的信念,只有长期的具有站稳课堂的主动姿态,其人生才会辉煌,才可称得上是有意义的一生,成功的一生。试问当下真正这样做的教师又有几人?

在初次为师时,很多教师都信心满满,想在教育这片热土上真正干出一番大事业。然而，面对一个个古灵精怪的学生，面对涌动着生命激情的课堂，很多教师却在一次次的教育失败中选择了退却，选择了安于现状，再也不会在如何站稳课堂上下功夫。作为教师，我们在初次为人师时，关于心理学、教育学的知识虽然掌握了一些，然而由于未真正深入教学实际，这些知识还很浅薄，并未真正掌握其实质。在经过一番教学实践的打磨后，于是，教学中出现了这样的现象，有的老师一直在天上，有的一直在地上。在天上的好高骛远，在地上的墨守成规。由于没有想过主动去站稳并赢得课堂，没有真正找到站稳并赢得课堂的生长点，没有努力地研究自己的现状，找到自己进取的路径。因而，最终发现理想和现实的差距总是那么大，从此产生职业倦怠。

重教学过程的理性，主动站稳并赢得课堂的过程是一个长期坚持学习的过程。仰望天穹的老师，要适时低下头来跟同事学习，互相研讨合适的教学方法，互相勉励，互相成长。站在地上的老师，要懂得放弃老路子，不断创新，在教学中研究新点子、新策略。课堂教学的过程是一个不断研究、不断成长的过程。愿意研究，会立足于教学过程展开研究，你会发现课堂中处处充满乐趣。

第二节　从习得前瞻教学方法开端

理性研究教学过程，才会站稳课堂。课程改革的核心，在于重过程。重过程往往是及时性的表现，其背后有着强大的支撑，其背后有着经久的准备与修炼。其中，习得前瞻理念方为一切行动和各大议题的引子。

站稳课堂，赢得人生，两者相互关联与螺旋式上升。主动姿态是站稳高效课堂与撼动人心的关键，但是任何成功者只有找到正确前进方向，只有找到最先进的方法，才可能真正地走在最前沿，成为佼佼者。大凡获得大成的教师，他们几乎都是从掌握最前沿的教学方法开始的。在这一小节里，我们将与读者们一同探讨如何朝向高效课堂这一目标，主动去获得最前沿教学方法之策。

1. 掌握前沿教学方法的意图

理性研究教学过程，站稳并赢得课堂的方法是非常多的，意图在于开启课堂，其关键在于肯动脑筋，就一定能变被动为主动，从而真正地拥有课堂，成为自己那一亩三分地的主人。在此，让我们先来看一则故事。

链接

疯子与方法

一个心理学教授到疯人院参观，了解疯子的生活状态。一天下来，觉得这些人疯疯癫癫，行事出人意料，可算大开眼界。想不到准备返回时，发现自己的车胎被人下掉了。"一定是哪个疯子干的！"教授这样愤愤地想道，动手拿备胎准备装上。事情严重了。下车胎的人居然将螺丝也都下掉了。没有螺丝有备胎也上不去啊！教授一筹莫展。在他着急万分的时候，一个疯子蹦蹦跳跳地过来了，嘴里唱着不知名的欢乐歌曲。他发现了困境中的教授，停下来问发生了什么事。

教授懒得理他，但出于礼貌还是告诉了他。

疯子哈哈大笑说："我有办法！"他从每个轮胎上面下了一个螺丝，这样就拿到三个螺丝将备胎装了上去。

教授惊奇感激之余，大为好奇："请问你是怎么想到这个办法的？"疯子嘻嘻哈哈地笑道："我是疯子，可我不是呆子啊！"

现实中有一些人就像此故事中的另一些看客一样，笑话他人是疯子，或是呆子。事实上，那些被笑话的教师，往往却能解决课堂中的难题，提出与众不同的方法。世上有许多的人，由于他们发现了工作中的乐趣，总会表现出与常人不一样的狂热，让人难以理解，多像疯子一样。这其实就是一种主动探索的精神。不愿意躬身探寻课堂教学引述：
重教学过程的理性

中的恰切方法，真可谓虚掩在成功大门之前的一块挡板，拦住了一些进入成功之殿堂的去路，那更多的是自欺欺人。

站稳并赢得课堂，要从掌握最前沿的教学方法开始。学生是一个个鲜活的生命体，在不同的年代、不同的时期、不同的成长环境，学生所呈现出来的情态是各有不同的。面对不断变化着的学生，如果教师仍旧沿袭旧的方法，势必造成"教师教得累，学生学得累"的尴尬局面。中国赏识教育创始人周弘指出，当前孩子的心理特点有三高：高智商、高敏感、高脆弱。教师在教学过程中首先要了解到学生的这些特点，如果你无视这些，教学中仍旧采取满堂灌、高压等方法，势必会引起学生从内心对你的不满，那么你的课堂教学最终会走向失败。掌握最前沿的教学方法就是为了更好地了解学生、服务于学生，最终赢得课堂，这就犹如孙子兵法中所说的"知己知彼，百战不殆"。

链接

锁和钥匙

一把坚实的大锁挂在铁门上，一根铁杆费了九牛二虎之力，还是无法将它撬开。钥匙来了，它瘦小的身子钻进锁孔，只轻轻一转，那大锁就"啪"的一声打开了。铁杆奇怪地问："为什么我费了那么大力气也打不开，而你却轻而易举地就把它打开了呢？"钥匙说："因为我最了解它的心。"

我们可以想象，如果课堂是一把锁，好的教学方法就是那把钥匙，只有用好的教学方法才会触及课堂的心，才能轻易地打开课堂这把锁，赢得学生的心，并进而赢得课堂的精彩。在我们现实的课堂中，站稳并赢得课堂最好的方法，往往是一些最前沿的方法，因为最前沿的方法多是一些解决当前问题而产生的方法。

链接

语文特级教师宋运来老师《乌鸦和狐狸》一课教学实录

师：刚刚老师提的问题，同学们一读课文就找到答案了。看来书要多读几遍，那你现在再来读狐狸说的这句话。当狐狸在树林里到处找吃的时候，他对乌鸦说——

生：亲爱的乌鸦，您好吗？

师：没有感觉到饿么？

生：亲爱的乌鸦，您好吗？

师：这是只想吃的狐狸。

师：当狐狸看到肉很馋的时候，他对乌鸦说——

生：亲爱的乌鸦，您好吗？

师：要流口水的狐狸。

师：当狐狸看到肉馋得直流口水的时候，他对乌鸦说——

生：亲爱的乌鸦，您好吗？

师：流下一点了，可惜口水又回去了。

生：亲爱的乌鸦，您好吗？

师：这次真的流口水了。

师：孩子们，狐狸看到乌鸦嘴里一片肉，眼珠子一转，说……你读。

生：亲爱的乌鸦，您好吗？

看了这段实录后，有一位教师曾写下了这样的评语："想吃的狐狸""流口水的狐狸""流下一点了，可惜口水又回去了""真的流口水了"，富有童趣的语言，意思又层层递进，引领学生将思维放飞在对狐狸神态的想象里。如李清照的《如梦令》中所说：沉醉不知归路。在这时，学生已经陶醉在教师用童趣的语言营造的意境中，课堂无形中似有一股温暖的春风，吹开了学生们对课文理解的花苞，醉人的花香流溢在学生与教师之间。

课堂的精彩正是在于教师采用的教学方法的巧妙，引得巧、引得妙，让课堂自然而然生出一种无痕之美，让我们读来余香满口，这种方法在于有效地利用了新课程改革所倡导的自主、合作与探究，才最终开启了学生的心智。

苏联教育家巴班斯基写过一本书叫《教学教育过程最优化》，此书从内容上深入地阐述了什么是最优化的教学方法。作者认为，"选择最优的教学方法是教学过程最优化的核心部分之一"，"教学方法是为了达到教养、教育和发展的目的，是教师和学生在教学过程中相互联系的活动方法"。教学方法是师生的互动过程，是贯彻在整个课堂教学活动之中的。什么是好的教学方法，我们认为那些能够在课堂中引起学生思考的，让知识能够深深刻印在学生心中，能够点燃学生生命激情的教学方法，都是最好的，往往也是与时俱进的解决问题的方法。

我们常会说成功的课堂都是相似的，相似之处就在于殊途同归；反之，失败的原因可能千差万别。当下很有必要为自己找到成功的捷径，让自己不再走弯路，即我们必须找到能开启那一把大锁的钥匙。

2. 让学生爱上课堂

掌握最前沿的教学方法，理性运用于教学过程当中，是课堂教学的主要目的，使学生的发展得以实现。

一位教师驾驭课堂的能力，主要取决于他所使用的教学方法。好的教学方法会赢得学生对课堂的喜欢，避免学生做课堂的旁观者，让学生跟随教师授课思维获得知识和能力的提升。

链接

于永正老师《盘点自己》

我很庆幸，在小学，遇到了张敬斋老师；在中学，遇到了李晓旭老师。张老师使我有了许多爱好，对许多学科产生了兴趣；李老师则使我有了梦想和追求。

在小学里，我遇到了一位非常好的老师——张敬斋。张老师刚来到我们村小时，才18岁。他的字写得好，课文朗读得好，画儿画得好，京胡、二胡拉得好（二胡是他自己做的），歌儿和京戏唱得好，更重要的是对学生态度好。我脑海里留下的全是张老师的笑脸和那特有的爽朗的笑声。

　　进入三年级，张老师要我们每天写一篇大字。开始是"写仿"（即"仿影"），张老师给我们每个学生写一幅字，我们把纸蒙在上面描。什么时候老师写的字被洇模糊了，老师就再给我们写一幅。到了四年级便"临帖"了，多数同学临的是柳公权的"玄秘塔"，一直临摹到六年级。大家都努力争取得到张老师的红圈，谁要能得到双圈（写得较好的字，张老师给画两个红圈），那简直是莫大的奖赏，会一蹦三尺高！有一次，我有两个字得了两个红圈，激动不已，把它寄给了在徐州工作的爸爸。张老师喜欢写字，他经常给我们讲欧、颜、柳、赵四种字体的风格。

　　忘不了张老师给我画的一张奖状。那时农村条件差，奖状都是张老师画的。一次期末考试，我语文成绩突出，张老师发给我一张奖状，奖状上面画了一只展翅欲飞的小鸟，并写了一句鼓励的话。我把它捧回家，妈妈笑，奶奶、爷爷也笑。爸爸远在徐州，如果看到了，肯定也会抿嘴笑。

　　忘不了张老师在我作文本上画的许许多多的红色波浪线。有时候，一篇作文几乎都画上了波浪线！真的全篇都是妙词佳句吗？哪里！那是张老师的期冀和鼓励！每条波浪线，都拉近了我与书和作文的距离。

　　忘不了张老师教我们拉京胡、唱京戏。从小学三年级我和京剧便结下了不解之缘。几十年来，京剧给我的太多太多。

　　在张老师的影响下，我还喜欢画画儿。班级的壁报上，经常贴着我的画儿。春节，别人家贴的都是买的年画儿，而我家贴的都是我自己画的。我最喜欢画戏剧人物和花卉。戏剧人物画得最多的是关公、包公，花卉画得最多的是牡丹、荷花、菊花和梅花。

　　我没有成为京剧演员，但它让我身上多了一些艺术细胞；我没有成为京胡演奏家，但它使我拥有了一份艺术体验；我没有成为画家，但它使我多了一位教学"助手"；我没有成为书法家，但它使我拥有了学生喜欢的第二张端庄的"脸"和名片（有人云："字是人的第二张脸和名片。"）。总之，众多的艺术爱好，成全了我的人格，也成全了我的教学。

（摘自裴自彬、彭兴顺主编：《名师是怎样炼成的》，中国轻工业出版社2011年版，第40～41页）

好的教学方法，不仅仅会让教师站稳课堂，更会深深地在学生的心中烙下印痕，影响学生一生的发展。课堂带给学生的影响是深远的，教师的一言一行，都会影响学生思维的发展，影响学生人格的提升。在课堂上，教师采用好的教学方法，会让学生喜欢上课堂，喜欢上教师，喜欢上这个学科。课堂上，教师就是一个播种者，教学方法就是肥料，肥料好，种出来的庄稼就会长得快，长得好，就会迎来一片好收成；相反，不好的教学方法，势必会让庄稼不良生长。为了站稳并赢得我们的课堂，为了让学生喜欢上我们的课堂，也只有我们真正拥有一套过硬的方法，才会快速地牢牢地抓课堂，才可能真正地成为课堂的主人。

3．掌握前沿方法的途径

一个人如果具有了终身学习的习惯，他一定会主动地去获得最前沿的一些教学方法；一个具有"我要学"的主动姿态的教师，为了满足自己的需要也会主动去读书，去学习，去思考，去获取。在这个信息技术发达的社会，获取最前沿的教学方法的途径有很多。以下简单列举几个。

（1）借助媒体获取最前沿的教学方法

网络媒体蕴含着丰富的信息资源，最前沿的教学方法往往最先由这里传递出来。从媒体的教育报道中，我们能够及时捕捉到最新的教育信息，了解全国各地的教师的教育教学方法。从教育报刊中，我们能够捕捉到最新的教育方法和经验。教育报刊中的文章是教师教学经验的结晶，细细品读这些经典美文，你会觉得自己收获满满，自信满满，因为我们站在巨人的肩膀上。课余，我喜欢留意网上的各种教育论坛，在论坛中学习各位教师的成功经验，跟教师们一起交流教学心得。就同一个话题，各抒己见，你会从中学到不少宝贵的经验。这种学习的过程，也是提高的过程，它远远超过一次专门的培训。每年，我都不忘订阅教育报刊，好的教育报刊就像我们教学时的良师益友，不可缺少。当我们的教学产生困惑时，当我们感到教学经验匮乏时，我们就可以到教育报刊中去觅宝。读教育报刊（教育专著），别忘写读书笔记，写下自己的心得体会。好脑子不如个烂笔头，读一读，还要记一记，更要想一想，那么，记在心里的知识才会真正为我所用。

（2）通过培训学习获取最前沿的教学方法

培训学习的种类有很多，有网络培训，也有上级教育部门组织的专门培训。上级教育部门组织的专门培训面向的只是部分老师，不能够全员参加，因而培训的面不是很广。但这种培训可以近距离地接触名师，面对面交流，我们可以更直接地获取更为有用的信息。网络培训涉及的面很广，只要你有一台能够上网的电脑，你就可以参加培训。这种培训，互动性更强一些，当然，对被培训者的要求也要高一些，如熟悉电脑操作、会打字等。我曾经常到呱呱社区参加新课程网络教研室组织的培训活动。在活动中，我能够聆听到名师优秀的教育教学经验，听到教育专家对教学的独到见解，更会与网友们一起评课，在评课中感受教学方法。

（3）懂得向同事学习，懂得通过自我反思掌握最前沿的教学方法

前面我提过，我们教师同样从师范学校毕业，在教学很多年之后发现会自动分成这样两批老师：一部分在天上，一部分在地下。在天上的好高骛远，瞧不起周围的同事；在地上的墨守成规，不思进取。在这里，我提倡两者结合起来，合二为一，既不要在天上，也不要在地上，要懂得互相学习。先从学习身边教师好的教学方法入手，遇到疑难时，与同事积极研讨，放弃自我的成见，互相取长补短。当课堂出现问题时，一方面要寻求同事的帮助；另一方面自我不要退却，要想办法去解决它。因为当问题出现时，正是教学方法提升之时。做一

个上进的教师，你才会从不断的反思中获取好的教学方法。同时，我们每天都要进行积极的反思。通过反思，把握自己的成功与失败之处，从而为明天的工作点一盏指路明灯。

第三节　教学艺术为课堂引航

　　拥有教育理想才会拥有精湛的教学艺术。无主动姿态，无教学方法；无最好教学方法，更何谈精湛的教学艺术。一个教师想拥有精湛的教学艺术，真正的途径是什么？毋庸置疑，我们只有树立教育理想，才能站稳并赢得课堂。

　　教学艺术形成不仅指个体教师教学艺术的形成过程，也指教学史中，人类教学艺术的形成过程。从苏格拉底的"助产术"到杜威的"从做中学"，从孔子的"因材施教"到陶行知的"教学做合一"，人类的教学经历了一个漫长的发展过程，教学艺术水平也从低级到高级不断发展。为此，古往今来，教学艺术为课堂引航。

　　人的生命本质就在于人能够不断发挥自己的主体性，不断实现对自我生命的超越。超越的过程是一个应然不断代替实然，理想不断代替现实的过程。人正是在这种过程中，不断体验着人生的乐趣，实现着人生的价值。教学艺术形成是教师的主体性在教学实践活动中的自然表现，更是反映一位教师成就的重要指标。教师正是在不断超越自我、不断充满激情地否定过去教学经验的过程中，实现着教学艺术的磨练与提高。没有这种人生的冲动与生命的激情，教师教学艺术的形成就会缺乏动力。教学过程充满生命的活力，教学才会变成学生最喜爱的精彩活动，才能让学生积极地投入学习中，提升精神和能力。而这些，都源于教师需要有高超的教学艺术。

　　教学艺术决定了学生在课堂上成长的高度和宽度，决定了学生综合素质的提高，因而，不可避免地在教学艺术里包含这样那样的意图。意图，《新华字典》解释为：希望达到某种目的的打算。在精湛的教学艺术里正是有了这样那样的种种意图，才成就了课堂最终的精彩。无论是意在言外，还是意在言内，种种教学意图构成了一堂好课的框架，让教师上得意犹未尽，学生学得兴趣盎然。孙双金老师这样说过，课应该上得孩子小脸发红，小眼放光，小手直举，小口常开，方为一节好课。剖析好课的设计，我们发现，因为有了各种各样指向于教学目标的意图，课堂才显得丰厚，才彰显出教师教学艺术的高超。

链接

于永正老师《高尔基和他的儿子》教学实录

师：同学们已经预习了，下面请大家把课文读一遍。（生自由读，师巡视）

师：再读一遍，把课文读正确、流利。（生再读，师巡视）

师：两遍了吧，再读。（生继续读，师巡视）

师：很棒，读书很投入，很专心，读了三遍，你认识了哪些字？

生：我认识了"镢"。

生：我认识了"嫣"。

生：我认识了"妻"。

师：拿着书，把它写在黑板上。（让三名学生分别板书）

师：把书盖起来，你记住了哪些词语？考考你的记忆力。

生依次说出了：姹紫嫣红、镢头、红扑扑、彩霞、脸庞、栽种、蜜蜂。（师让学生拿着书一一板书，并强调"蜜蜂"不用写，因为这个词简单，大家早就知道了）

师：你看，这就是收获，读了三遍课文，认识了这些生字，还有词。（师边说边指着黑板上的字、词）来，我们读读这些字。（生读字）

师：镢，还能组什么词，谁知道是什么意思？

生：耙子。

师：记住了才是自己的，记生字，记词语，记得越多越好。

师：姹紫嫣红是什么意思？猜错了表扬（边说边竖起一个大拇

指),猜对了也表扬(竖两个大拇指)。

生:形容很鲜艳。

师:什么很鲜艳?

生:形容花很鲜艳。

生:形容花颜色很多。

师:妊和嫣有区别吗?老师认真查了词语大字典。妊:鲜嫩。嫣:刚开的花。鲜嫩的,刚开的花。明白吗?

在这个环节中,我们不难看出在于老师的语文教学中就有着丰富的教学意图:

·通过预习以及预习后的记忆检测,培养学生的预习习惯,提高预习能力;

·借助单字组词,拓展学生的思维,引导学生学会积累词语;

·有比较地识字,让学生正确地理解字的含义。

链接

孙双金老师《林冲棒打洪教头》教学实录

师:[板书:(　　)的林冲]我这里黑板上有一个填空,你读了这篇文章之后,你觉得林冲是怎样一个林冲?前面加一个什么词语?加词的理由是什么?你从课文哪些句子当中找出这些理由?先不要举手,把手放下,同桌的先讨论讨论。别急,还有一个要求,待会我让你起来讲的时候,不仅要讲出你认为林冲是一个怎样的林冲,还要讲出你的同桌——他认为林冲是怎样一个林冲。就是要把同桌的话、同桌的语言原原本本说给大家听,就是要学会倾听同桌的发言。知道了吗?

生:知道。(生开始互相讨论)

师:先说自己的,再说同桌的。

生:我认为林冲是一个谦虚的林冲。

师:我先把你认为的写在黑板上。(板书:谦虚)这不是孙老师认为的,这是你认为的。我觉得了不得啊!这是你的见解,我要写上去。谦虚的林冲，你从哪里看出来的？

　　生：我从第三段中看出来的。

　　师：不要讲全段，你从第三段的哪些句子中看出来的？

　　生：林冲连说："不敢，不敢。"

　　师：你从这里看出来的，这是你的理解。你同桌的呢？

　　生：我同桌和我的意见一样。

　　师：你们俩说的都是一样的，两个人所见略同——英雄所见略同。你们俩是英雄。英雄请坐。还有不同的吗？孙老师最喜欢不同的。

　　生：我觉得林冲是一个机智的林冲。

　　师：（板书：机智）机智的林冲。谈谈你的见解。

　　生：我的见解是第七段中"洪教头恼恨林冲……还了个拨草寻蛇的招式"，还有第七段中"洪教头一棒落空……直扫到他的小腿骨上"。

　　师：你从哪儿看出他的机智？洪教头把火烧天，林冲拨草寻蛇，你就看出他的机智了吗？我不那么认为。你没有说动我。为什么这里能说明他的机智呢？理由不充分。找到了句子，说不出理由来，没关系，同桌的你来帮帮她。

　　生：因为洪教头用的是把火烧天的招式，是从上往下打，肯定要把脚提起来，而林冲用的是拨草寻蛇的招式，正好打在他提起来的脚上。

　　师："把火烧天"的招式是一种什么样的招式？谁来做一做"把火烧天"的招式？

　　（一男生上台，两手做握棒状，高高举起。）

　　师："把火烧天"是把棒高高举起，棒朝着天。他这种招式一摆，必然露出了破绽——脚露出来了。林冲"拨草寻蛇"打他的脚，这就是林冲的聪明机智。对不对？（生齐答：对）给他掌声！（生鼓掌）林冲是机智的，我看这位女孩也很机智，你也是机智的女孩，说得好。还有不同的吗？

　　生：林冲是一个心胸广阔的人。

师：喔，他又与众不同了，心胸广阔的林冲。我把它写上去。（板书：心胸广阔）你从哪看出林冲是心胸广阔的人呢？

生：我从第三段中的两句话——"林冲寻思……洪教头也不相让"，可以看出虽然洪教头心胸狭窄，对林冲不理不睬的，但林冲丝毫没有和他斤斤计较。

师：洪教头这样无理，这样傲慢，但林冲根本没有和他计较，看出林冲是一位——心胸广阔的林冲，好汉的风采。我看你哟，将来也一定是心胸广阔的人。还有不同的吗？

生：我觉得林冲是一个勇敢的人。

师：（板书：勇敢）勇敢的人，黑板上没有，我把你的"勇敢"写上去。你从哪看出他是一个勇敢的人呢？

生：我是从课文的第四段看出来的。

师：说说看。

生：（读第四段）还从第七段中的"洪教头跳起来大叫：来！来！来！"这两句可以看出，林冲非常勇敢。因为洪教头那样的大喊大叫，林冲却没有害怕，依然接受了洪教头的招数。

师：依然接受了洪教头的——挑战。那样气势汹汹，那样仗势吓人，但是林冲没有害怕，仍然沉着应战，这就看出他——非常勇敢。你看出他——

生：我看出林冲是个善于思考的人。

师：我也把你的写上去，都是你们的。（板书：善于思考）请讲理由。

生：我从"林冲寻思……这想必是柴大官人的师父了。"看出林冲是个善于思考的人。

师：因为洪教头是柴大官人的师父，所以林冲对他非常——（生：尊敬。）有礼貌。从这儿看出他是一个善于思考的人。这是你读出来的。（转身对另一举手的女生）你读出什么了？

生：我觉得林冲是个善于思考的人。

师：观点相同，再补充理由，是吗？

生：是的。因为"洪教头一棒落空……又举起了棒。"林冲见他虽然气势汹汹，但脚步已乱。我从这几句话感觉到林冲善于观察。

师：善于观察，能够很快地捕捉对方的破绽。这是一个善于思考、善于观察的人。

生：我认为林冲还是一个镇定自若的人。

师：镇定自若的人（板书：镇定自若）。说说你的理由。

生："洪教头恼恨林冲……还了个拨草寻蛇的招式。"从这几句可以看出林冲是一个镇定自若、不慌不忙的人。

师：说得好。可我认为林冲最主要的本事还没有说出来，林冲最大的本事是什么？

生：他是一个武艺高强的人。

师：（板书：武艺高强）说说你的理由。

生："洪教头恼恨林冲……还了个拨草寻蛇的招式。"洪教头使出了自己浑身的功夫，而林冲只是把棍一横，没有使出自己的真功夫。

师：洪教头使出了浑身的功夫，把火朝天，劈头打来，如果这一棒打在林冲的头上，会把林冲怎么样？（生：把林冲打死。）置人于死地呀。你看林冲打的人家什么地方呀？（生齐答：腿。）有没有打在人家要害处？（生齐答：没有。）有没有一棒打在人家头上？（生齐答：没有。）林冲仅仅打了一下洪教头的小腿骨，这在武打里面，武林高手叫——点到为止。还有什么补充？

生："这位林武师非比他人，乃是东京八十万禁军教头。"

师：八十万禁军教头，什么军叫禁军？

生：非常大的，在重要的时候才用的精锐部队。

师：保卫皇帝的部队——御林军，也叫禁军，最精锐的部队，人人武功高强。多少禁军？

生（齐答）：八十万。

师：林冲是这八十万禁军的教头，武功了得啊！那是什么样的本事啊。洪教头没有见过大世面，他自认为是柴进的师父，自认为自己有点本事，就谁也不放在眼里了，这真是有眼不识泰山。林冲究竟是什么人？一起读读第七段。

孙双金老师的课堂可以说简约之中张扬着丰盈与美丽。在这一部分的教学实录中，孙老师聚焦人物形象的品质，主要借助对话，引导学生说出自己对林冲这个人物的看法，尊重了学生在课堂上的发言权。对于学生交流的关于对林冲的种种看法，如林冲是一个心胸宽广的人、林冲是一个机智的人等。教师一方面肯定学生，另一方面对学生的发言适时引导，进一步丰富学生对林冲这个人物形象的理解。

品味一堂好课，如同看到一件独一无二的艺术品，每一个细节中都包含着设计者的独具匠心，缺一不可。罗丹雕塑了一个完美的雕像，因为手过于完美就砍掉了它的双手，说明艺术品贵在不完美。课堂则并非如此，教学艺术需要完美，因为教学艺术面对的是一个个发展中的人，这些人是有思想的，他们需要教师在课堂中营造完美的教学艺术，让他们的生命在课堂中得到最大限度的升华。所以，我们需要尽可能追求课堂的完美。

1. 教学艺术决定课堂里的成就

教学艺术是我们其中一个重要的组成部分，是我们必须着力锤炼和打造的，因为它直接决定我们能否上好一节课。常见的教学艺术主要有以下七种：①教学幽默；②教学机智；③教师的语言艺术；④教师的板书艺术；⑤教师的仪容仪表艺术；⑥教师的批评表扬艺术；⑦教师的培优补差艺术。我们说教学艺术决定一位教师在课堂里的成就，就是指教师在课堂中是否巧妙地运用了这几种教学艺术。

教学艺术自身也是一种美。每一位老师经营的方式不同，课堂便会呈现出不同的美。教学艺术的形成就像一位画家在创作一幅艺术品，这个过程中需要绘画功底，还需要巧妙的构思。每一位成功的教师都有一套与众不同的教育艺术。他们独特教学艺术的形成在于：首先有较强的专业基本功，能够驾驭本学科的教材，对学生的心理有较强的掌控能力，还有渊博的知识做底蕴，这些是基础；然后就是他们在此基础上锤炼出一套独具个人特色的教学风格，能够在课堂中做到对学生最好的启发引导，让我们在听课时感受到课堂的美。这便是他们独特的教学艺术。

2. 构建课堂精彩

课堂本身不应该是一潭平静的湖水，只有惊涛骇浪才能在学生的心灵上撞击出智慧的火花，让学生在张弛有度的课堂上进行智慧的探险、知识的构建，进行能力的提升、人格的升华，从而缔造出课堂的节奏之美。这才是精彩课堂的特别之处。

不能深入解剖教材，不能通过教材这个载体激起学生心灵的共鸣，是课堂平淡无奇最根本的原因。平淡无奇的课堂，在学生心中激不起丁点儿的涟漪，难以在他们心中打上深深的烙印，学生在课堂上恍若置身事外，试问这样的课堂效率何在？我们常常苦闷，为什么课堂上经常有学生一直在做课堂的旁观者，其实原因就在于，在他们心里，课堂平静得出奇，他们便在不知不觉中产生了学习疲劳。而要避免这种现象，让每一个学生都积极地参与到课堂中来，消除学习上的倦怠情绪，就需要不断提高教学艺术。

教学艺术的提升，意图在于站稳课堂，在课堂上出精彩。教学艺术是一种教育机智与创造性的体现，是一种实实在在的东西。教学艺术水平高的老师一般都具备乐观、宽容、大气、和蔼、幽默、风趣等个性品质。一堂课里，教师生动幽默的语言、开朗乐观的教态，可以使课堂生辉，使学生充满睿智，使教学达到预想不到的效果。我们在平日的教学中要注重刻意去雕琢自己的教学艺术，不放过每一个教学细节，当我们的教学艺术提高了，我们的课堂也会变得越来越成功。

3. 提升教学艺术的有效途径

教学艺术的提升是个漫长的过程，是教师在课堂教学中经验积累的结果，更是教师在教学中不断主动反思的结果。尤其是反思，对一个教师教学艺术的提高尤为重要。提升教师教学艺术的途径主要有以下几个方面。

(1) 教师要拥有深厚的专业知识

有人说:"只要你具备了精神气质的美,只要你有这样的自信,你就会有风度的自然之美。"一位教师的自然之美、气质之美来自哪里?来自丰厚的知识底蕴。"腹有诗书气自华","为有源头活水来",有诗书作底蕴,教师自然就有自身独特的气质之美。美国社会学家兹纳涅茨基说:"每个人无论承担何种社会角色,都必须具备正常担任角色必不可少的知识。"那么,一名教师应该具有哪些方面的专业知识呢?

链接

舒尔曼架构的教师知识分析框架

一是学科内容知识。二是一般教学法知识,指超越具体学科之上的有关课堂组织和管理的一般原理和策略。三是课程知识,指对作为教师"职业工具"的教材和教学计划的掌握。四是学科教学法知识(教学的内容知识),指对所教的学科内容和教育学原理有机融合而形成的对具体课题、文体进行组织、表达和调整,使之适应学习者的不同兴趣和能力,以及进行教学的理解,可以说是学科内容知识与教育专业知识的融合物。五是有关学生及其特性的知识(即关于教育对象的知识)。六是有关教育脉络(或背景)的知识,包括班级或小组的运转、学区的管理与财政、社区与文化的特征等。七是有关教育的目标、价值、哲学与历史渊源的知识。

舒尔曼认为教师的学科教法学法知识是最重要的,这是教师应该具备的最基本的专业知识。

(摘自邓涛主编:《新课程与教师素质发展》,北京出版社2004年版,第82~83页,有改动)

新课程的实施,对教师提出了更高的要求。要求教师要具有多元化的知识:有广博的文化知识,有系统的学科专业知识,有坚实的教育专业知识,有实践性知识,有边缘学科知识和新学科知识,有最新科学技术和社会科学知识,等等。要达到这样的要求,我们仅仅局限于读教学参考书是远远不够的，唯有进一步开阔我们的阅读视野，读专业书籍、读杂书，我们的专业知识才能得以厚实，才能真正适应课程改革的需要，也才能够从基本上提升教学艺术。

（2）教师要拥有优良的人格

教师的人格，就像一位教师的招牌，决定了这位教师在学生心目中的地位。教育本身就是一个培养人的工程，有人曾经这样形象地形容教师，说"教师是在心尖上行走的人"。也就是说，教育是以人教育人，以人影响人。教师优良的人格决定了学生优良人格的形成。著名教育家徐特立说过："教育的作用是按照一定的社会形式，培养一定的人格，为一定的社会服务。"由此，我们能够看出教育的作用主要在于培养学生的人格。一位有着优良人格的教师是学生朝朝夕夕学习的榜样，他每时每刻的行为都给学生以潜移默化的影响，并在不知不觉中提升学生的人格，让他们渐渐向着人格健全的高地迈进。

身为教师，我们于课堂中的工作直面人的发展，理性看待教学过程，我们必须拥有优良的人格。具体来说，教师优良的人格包括：有与众不同的理想精神，有良好的政治品质、社会公德和职业道德，有强烈的时代感，有优雅的气质和坚强的意志，等等。在教育教学中，教师高尚的人格精神，会使他浑身洋溢着欢悦兴奋和生气勃发的迷人光彩，能丰满自己的个人形象，并深深地在学生心中扎根，成为他们成长路上的典范和前进的动力。

（3）教师要善于积累教育智慧

教育智慧是教学成功的保证，是课堂深入影响学生的关键。教育智慧的形成，绝非一日之寒，它来自教师对教学工作的点点滴滴不懈的思考，来自教师善于捕捉住课堂上的一个个灵感，来自教师的读书与学习，更来自教师自身不懈的努力。教师时时处处都要有积淀教育智慧的意识。例如，让反思成为习惯，及时记录教学中的成败得失，及时为明天的教学融入新的理念；让读书学习无处不在，从而厚实专业底蕴。积淀教育智慧有以下这几个渠道，我们一定要牢记：一是上好课。上课是把我们从实践中得来的智慧又运用到实践中去，通过充满智慧的实践让我们的教育智慧得以升华。二是读书。苏联教育家苏霍姆林斯基说:"教师进行劳动和创造的时间好比一条大河,要靠许多小的溪流来滋养它。教师时常要读书,平时积累的知识越多,上课就越轻松。"苏轼说:"才知源海文始为,腹有诗书气自华。"读书,能让你的脑袋由贫瘠变肥沃,丰富储备,提升教育智慧内涵,能在课堂上游刃有余地施教。三是扎实开展教学研究,提高教育智慧。教而不研就会成教书匠,研而不教就会变得浮躁和没底气。开展教与研,重在能沉得下去,善于对不经意间捕捉到的教育现象进行深入的研究、全方位的探索。不断地研究,各种教学问题才能进入自己的视野,并机智地加以解决。四是写文章,成就我们的教育智慧。写文章的过程,是我们的积累外显的过程,更是理顺我们的思维(思路)的过程。在这个过程中,我们写出来的文章,既是我们思考以及实践成果的外化,更是教师教育智慧积淀的结果。因而,教师要养成随时练笔的好习惯,抓住每一点时间,写一写自己的教学反思,你的教育智慧会成长得更快。

第四节 一切为了专业化发展

　　围绕课堂,站稳是过程,赢得是目标,在课堂里实现人生意图,实现专业化发展,才会持续上出好课来,这几乎是人们的共识。现实是真正能上出好课的教师并不多。阅读吴非的《不跪着教书》,思想随着吴老师穿梭在理想和现实之间。这本书传达的是一种理想教育,畅想我们教师能够昂首挺胸地站立在课堂上,大刀阔斧地开创教育的新天地。"站立",应该是教师立足课堂的最美的姿势。这个姿势,也昭示着我们教师不仅仅是一个教书匠,更应该是一个伟大的英雄。但是,历史上还从未把老师比作英雄的。在我们心中,要有把自己培养成课堂上的英雄,拥有这样的情怀,让自己以最美的姿势站立课堂,从而影响学生的思想、品行和知识的学习,让学生站着学习,站着成长。我深信,只有这样才能上出好课来。

理性研究教学过程，专业化发展才会有前行的方向，才会有前进的动力。做教师，要有"上出好课来"的理想，唯其如此才能坚定地站立于课堂，赢得课堂，取得我们教学路途的成功。斯霞老师，用爱的情感征服了孩子们，创设了饱含爱的氛围的课堂；魏书生老师，用民主科学的方式来引领学生，开创了学生自主学习与管理的先河；朱永新教授，倡导新教育，鼓励教师走上教学研究这条路……正因为他们从课堂做起，潜心研究，首先赢得了课堂，所以才走出了一条让人敬仰的教学之路。

名师站立课堂的姿态，不懈追求专业化发展的过程，是我们最好的学习参考。名师也是从普通老师一点一滴成长起来的，我们昂首仰望名师，也许觉得他们离我们太遥远，其实这种遥远只在咫尺，关键在于我们是否愿意付出别人所不能付出的辛苦。于永正老师辛苦耕耘10年，换来了教学的成功；窦桂梅老师曾经在教学中打过5年的"短工"（详细内容见前面的案例）；魏书生老师教学前被批斗过，蹲过黑屋子，做教师的第一年就教了一批全校最差的学生……名师的成长之路也是坎坷的，但一路的坎坷没能消磨他们的意志，反而更坚定了他们心中的信念，促使他们永不放弃，在自己认定的路上坚定不移地走了下去。

我们一起来看窦桂梅老师的一篇文章《在秋天里站成了春天——十易其稿的故事》。这篇文章发表在《人民教育》上，我看了后深深为窦老师严谨的教学态度而感动。

链接

在秋天里站成了春天

任何一种有目的的活动，要达到预期的目标和效果，都必须精心设计。

公开课教学也是如此。

教学的开头，看似微不足道的一个环节，可能是短短几句话都需精心雕琢，因为学生生命的每一天都需要新的"营养"，为师的你必须悉心"浇灌"，来不得半点马虎。

我教公开课《秋天的怀念》时，仅开头便十易其稿。

在第一稿之前，我已经想了许多开场白，最后我拿出了史铁生在《我与地坛》中的一个片段——这也是在大量阅读的基础上精选出来的：

那时的我，作为她的儿子，还太年轻，还来不及为母亲着想，我被命运击昏了头，一心以为自己是世上最不幸的一个，不知道儿子的不幸在母亲那儿总是要加倍的。她有一个长到二十岁上忽然截瘫了的儿子，这是她唯一的儿子；她情愿截瘫的是自己而不是儿子，可这事无法代替；她想，只要儿子能活下去哪怕自己去死了也行，可她又确信一个人不能仅仅是活着，儿子得有一条路走向自己的幸福；而这条路呢，没有谁能保证她的儿子终于能找到。

此设计目的有三：一是让学生带着和作者一样的自责和内疚情感走进课文，为这堂课的情感定下基调；二是为了体会"好好儿活"作铺垫。因为这句话很好地揭示了母亲心中的"好好儿活"的含义，即让儿子有一条路走向自己的幸福；三是告诉学生该段出自《我与地坛》，抛下"诱饵"，课后让学生循"线"阅读。

日常课，这样设计也许就算可以了。不过，细琢磨你会感觉这样开头明显有主题先行、先入为主之嫌。"诱敌深入""请君入瓮"等等这样的成语突然出现在我的脑海。尽管这样设计下了一番功夫，但改进的想法还是钻进了我的脑子。

于是有了第二种设计。引入台湾儿童诗人方素珍的一首诗——

我不喜欢这个日子
真的
每逢这个日子
我的眼泪就不听话
…………
我不喜欢这个日子
真的
每逢这个日子

我就更想念
睡在荒野中的妈妈

　　这一设计的基本意图是从学生年龄特点入手,从"童真"出发,感受到儿童对妈妈的怀念,同时扩展"广度",补充一首诗,加强语文的积累。感觉这样比第一次引入的中年人对母亲怀念的文字显得要高明些。可事情就怕琢磨——设计还是有些生硬且不自然。因为从儿童眼中对母亲的怀念,到史铁生关于"母亲"的怀念,中间的跨度太大了,而且表达思念之情虽然相同,但背景以及主题完全不同。更担心的是,怕学生"跑题"——孩子爱"发散","荒野中的妈妈"会让孩子产生很多联想,这样一来,要想马上收回心思进入文本教学,恐怕还得绕一个不小的弯儿,这样做反而会削弱史铁生的情感在学生心中应有的位置。

　　怎么办?干脆"删繁就简"——

　　于是,第三稿索性这样开头:

　　1. 读题目:"秋天的——怀念";

　　2. 颠倒还可以读"怀念的——秋天";

　　3. 如果让你以此为题作画,你会画什么?

　　够简洁了吧?这样做的好处是教师可以从学生们描绘的画面——菊花、落叶、作者、妹妹等引入课文。可试教的时候,学生们把秋天的景象描绘得很丰富:什么丰收的麦田,金黄的果实,红红的苹果,把这个"秋天的怀念"的画面涂抹得"五谷丰登",独独缺少一种"怀念"的情愫和淡淡的哀愁。这显然与我抓的"好好儿活"的主题不兼容,情感的脉线没有进入深沉的基调中去感受"好好儿活"带给我们的人生韵味。

　　到底怎么切入这个主题?真是个问题。

　　不妨顺风顺水,以作者简介为开头吧——

　　有一位作家生活在北京,叫史铁生,已经54岁了。从21岁起到现在,坐在轮椅上已经33年。他写的《我与地坛》《务虚笔记》等都很有名。当然,在他写的文字中有很多是写给母亲的。不幸的是,

引述：重教学过程的理性

他的母亲在47岁时就永远地离开了自己的孩子。

介绍完之后，觉得很自然，顺便把作者的生平也告诉了学生——这便是第四稿的开头。但是这样下来的公开课还是显得太"平"，而且这样的资料上网一搜就成，老师不必代替。

偶然间想到史铁生当年不就在清华附属学校读书吗，如果以一位校友的身份引入，再把这段话改编一下，那该多好！于是，第五稿成了——

……有一位曾经就读我们这里的校友，他叫史铁生，现在已经54岁了。遗憾的是，从21岁起，已经坐在轮椅上33年。这么多年，他一直思念着自己的母亲。母亲在47岁时就永远地离开了他。这是他写的一段话，请读一读，看你读出了作者怎样的情感。

孩子们读的还是第一稿中的那段话。如果全部引用则太长，不够开门见山；可出于对作者的尊重，又不能擅自修改作者的文章。于是在第六稿中我这样修剪了开场白的前半部分——

清华附小有一位校友叫史铁生，现在已经54岁了。在他20多岁的时候母亲就离开了他。

接下来该引用哪段话合适呢？我想到了他另一篇文章中的话，于是在第七稿中加上了这段：

"我坐在小公园安静的树林里，闭上眼睛，想，上帝为什么早早的召母亲回去呢？很久很久，迷迷糊糊的我听见了回答：'她心里太苦了，上帝看她受不住，就召她回去了。'睁开眼睛，看见风正从树林里穿过。"——《合欢树》

第八稿是第六稿与第七稿合并起来的定稿。首先自感引人入"情"，而不是"主题先行"——能够让学生总体感觉到儿子对母亲的想念，同时通过这段话唤起对母亲的无限思念，从而激起他们体悟文字的兴趣。

然而，"开头"的故事并没有结束。

有老师举例子谈到我这堂课的设计：起承转合，课堂围绕"好好儿活"，先体会母亲的"咱娘俩在一块要好好活"，再探究"我俩在一块好好活"，最后引申到"我们在一块要好好活"。这位老师特

31

别提到，教师为了让学生更好地体会"好好儿"这个字眼，埋了一条暗线："苦"——母亲活得辛苦，自己的病让自己痛苦，儿子的病让她"苦上加苦"，可母亲要告诉儿子的是要"好好儿活"——接受、承受人生之苦。于是，字里行间体现母亲的"苦口婆心""用心良苦"。以至于作家史铁生终于懂得人生"苦"的韵味——人生怎一个"苦"字了得。

这个"苦"字的评论给我留下了很深的印象，但当时并没有和课的开头联系起来。有意思的是，有一次在外地上课，和学生们一起读《合欢树》中开头的一段时，学生发现了这句"母亲活得太苦了"并谈到儿子怀念母亲好心苦（辛苦）。我没有追问学生到底说的是哪种"苦"，灵机一动，在黑板上写下了"心苦"而不是"辛苦"。让学生从"心"出发，以"苦"为线延展开去，引发了后面一系列的教学……

这就是第九稿的开头。那一次板书时我把开场白的"苦"字加粗、涂黑，并郑重地在教案中提示自己：当学生读到此处时，教师板书"苦"字。

故事到此仍没有终结。课上完之后我开始反思："苦"不正是人生不可缺少的经历么，长路漫漫，谁没有过"苦"的感觉？这文中的"苦"字让我们想到是活之苦恼、苦难、苦心——这各种各样的"苦"便是所谓的"心苦"啊。我们当然有过这样的感受，于是这"苦"中的"好好儿活"是一缕阳光，它提示着我们，人要活出的是尊严，是个性，是自我！

我在自己的第九稿教案中的"苦"后面特意加上了一个"？"，这个问号在第十次课结束的时候，随着教师黑板擦下消失的"苦"字已经化作了学生深刻的理解和无尽的思考。

至今，这十个设计方案仍然保留在我电脑的文件夹中。说实话，十次思考和梳理的过程是颇费心思的。试想仅一个开头就这么"麻烦"，何况课堂40分钟的行走呢？

回过头来看，每一次设计都是有其合理性的，这里面延续了个人的思路和习惯，并没有好坏的分别。或许你会认为这样做有些小题大

引述:
重教学过程的理性

做,但在我的观念里,好课就是这样"炼"成的。

(摘自窦桂梅:《在秋天里站成了春天——十易其稿的故事》,《人民教育》2007年第1期,第51～53页)

如果我们在平日授课时,也能对我们的课堂多一点这样的思考,即使不能十易其稿,但是即使是一次小小的改动,也会令我们的课堂有更高层次的飞跃。

1. 课堂高度决定发言权

理性研究教学过程,是课堂的高度,是一位教师教育智慧的体现。从窦老师的课堂里看得出,一切为了专业化发展,拥有主动姿态是非常重要的,正因为她有了主动权,才有了她在当今小学语文教学上的发言权。作为一名教师,应该有两种高度:一是教育专家的高度。如果教师是一位教育专家,你看到的课堂便充满教育研究的问题,而你也会潜心于课堂,醉心于自己的教育教学领地,一边专注地研究,一边寻求新的教育对策。二是知识渊博、经验丰富的教师的高度。如果你是一位知识渊博而且教学经验丰富的老师,你看到的课堂便会是缤纷多彩的,自身感觉乐趣无穷。这两种高度,对于我们教师来说缺一不可。我们必须有意地朝这两个方向努力,并坚持不懈,才能不断地从一个高度迈向另一个高度。这样说,也许有些抽象,我们可以来举一个例子。作为一名小学语文老师,如果你任教的是一年级,那么你的知识面不要仅仅只限于一年级语文课本,你更应该通读全部的小学语文教材,甚至可以读一读初中的语文课本。当你的视野站在了高处,你便会觉得手里的课本很容易,教起来也会得心应手。

课堂也是如此,站在一个教育专家的角度来审视课堂,你会准确发现自己的课堂真实存在着的教育问题,你也会及时理出头绪,明确地知道该朝哪个方向努力,该以怎样的步子去走,从而有效解决眼前出现的问题;站在一个经验丰富的教师角度来审视课堂,你会发现自己教学方法的不足,你也更会及时想出应对的策略让自己的教学方法得以改良。课堂，需要站得高，站得高才能看得远，才能"一览众山小"，阅尽课堂的真实状态，并确定好自己新的课堂走向。

2. 上好教育人生两堂课

重塑重教学过程的理性，一切为了专业化发展，我们应努力上好教育人生两堂课，包括常态课和观摩课。

常态课的界定在于传授知识，追求朴素和有效；观摩课的界定在于观摩和演绎，给人一种课堂理念的引领，带有方向性质。无论是哪一种课，都是历练一位教师授课技巧的好机会，不容错过。如何上好这两堂课呢？我们先来说一下什么样的课才是好课。

在我们看来，一堂课只有做到"五个有"，才可真正地算是一堂好课。即：

一是心中有学生的课。就是以人为本，从学生实际出发，从学生生命的角度关注学生，真正做到因材施教。

二是有效率的课。就是在教学条件有限的情况下，教学可以充分地实现教学目标，完成教学任务。"效率"不仅指全班同学都有效达成教学目标，而且一定要在课内完成。

三是有意义的课。好课至少要让学生学到一些东西，能力有所提高，有良好的、积极的情感体验，进而产生对学习的强烈需求，使学生越来越主动投入学习中去。

四是有智慧的课。好课不完全是预先设定的结果，而是在课堂教学中，有师生的真情实感和智慧的交流。这个过程，既有教学资源的生成，又有学习和状态的生成。有智慧的课，应该是内容丰富，师生双方活跃，给人启迪的课。

五是有待完善的课。好课聚焦目标，力求完美，但总有待完善之处，在某一点上有所突破是基本遵循。这种课是属于常态下的课，有缺憾的课，不图热闹，不追求形式的课，对教师有感悟，对学生有启迪，因而是扎扎实实的课。

有的老师说，好课的标准容易定，上起来难。听着观摩课，感觉不错，可是平常课能像观摩课那样上吗？窦桂梅老师说："其实仔细想想，公开课就像过日子，如果没有'客人'，可能会终年'粗茶淡饭'，散淡随意，正是那经常光顾的客人，使得日常的'家政技艺'一日千里。所以每次公开课前的心情就好比家中来客必定要打扫庭院、准备盛宴一样，既有准备的紧张，更有展示的兴奋。我的备课，每一次都如《秋天的怀念》那样精心，这似乎成了我必需的生活。每一次研究教材，设计教学思路，每一次授课后，我都会有一些新的问题和新的收获。而当我一次一次记录下这些留待以后作进一步思考、完善时，我相信这种反复的教学历练最终化作的是对人生的修炼。"如果我们能够像窦老师那样，把平日的每一堂课，都看成观摩课，在天长日久的精雕细琢中，我们必定会上好平常课。上好了平常课，又何怕上不好观摩课？这首先是一个教学态度的问题，态度端正，则教学前、教学中、教学后都会用一个积极的态度去对待。只有这样，我们才能在无数的历练中渐渐提高我们的教学智慧。

3. 主动向名师学习磨课

在信息技术发达的今天，教师获得了更多的学习机会。如果你没有被领导委任去外地听课的机会，没关系，我们还可以借助网络这个渠道自我培训。网上有名师的教学视频、有名师的教学经验，你甚至还可以通过微信、QQ与名师展开面对面的交谈，如果你有足够好的运气，还能和名师做朋友，或者拜名师为师。现代网络给我们提供了与名师亲密接触的机会。我们一定要把握好这些机会，与名师学习磨课，让自己也成长为名师。

全国著名特级教师于漪说，她用一生的时间在备一节课。名师的课，都是在磨课中成长起来的，他们平日对课精雕细琢，千锤百炼，最终方显课堂之完美。前面我们提过窦桂梅老师对一节课的开头十易其稿的故事，秉持着一份"磨你千遍也不厌倦"的心态，窦老师磨出了一堂完美的课。把名师当作我们的引路人，借助磨课，我们也会很快地成长起来的。在这里请大家记住磨课有以下好处。

(1) 磨课能够帮助教师深度挖掘教材

磨课前，同组教师都有对教材的不同理解，这种多样性的理解给了教师一个全方位把握教材的机会。在磨课时，教师就可以结合本次教研的主题，以及根据所面临的对象的实际情况确定的教学目标，有的放矢地吸纳，进而取长补短，达成对课程的深刻理解，从而提高自己的课堂教学水平。每个教师对教材的不同解读，给我们指明了方向。以后再次解读教材时，便能从不同的解读方向去解读，从而更能全面地、有的放矢地把握教材的内容，并从中选出切合本班学生实际的解读，进而有效开展课堂教学。在长期如此地挖掘教材的过程中，就会提升自己解读教材的智慧。

(2) 磨课能够培养教师之间的默契感

在磨课过程中，同伴互助、专家指导是离不开的。磨课同时也是集众人教学智慧，共同进步的良好平台。授课教师写出教案后，一般要经过试教、修改、再试教、再修改……一次次的反复，看似反复的每一次却都会有不同的教学效果。在集体反复观摩、反复修改中找出优点和不足，既促进授课教师进行反思，又会让其他参与教师从中获益。通过这样的磨课过程，教师间的合作逐渐走向默契。对某种有效的教学理念达成一致的认识，便能形成一种默契，一种认识上的默契，一种实践上的默契。

(3) 磨课能够让我们更深地了解学生

备课，教师考虑比较多的是怎样设计能使自己在一节课上畅通无阻，直至课堂结束，往往忽略了新课程理念下的教学，学生是主体，学生的需要是第一位的。在磨课时，不同的教学方法都会摆在我们的面前。而这些方法都有其可行之处，但是，这种所谓的"可行"是有限制的，它指向于具体的学生和具体的教学场景。如果选用更利于学生学习的教学方法，就促使我们更进一步地去了解我们的学生。唯有这样，才能选择到切合学生学习心理及个性的教学方法，也只有这样，才能在教学中充分满足学生的需要，实现生生、师生、师生与文本的互动。我们一次又一次地磨课，会让我们更加清楚地知道，在进行教学设计之前，如何去认识我们的教学对象，如何让他们达成最有效的学习,从而精心预设,然后在课堂上达成"以学定教"。所以,磨课既让我们更深地了解学生,同时也让我们在今后进行教学设计前能有意识地去了解学生。

(4) 磨课能够磨出教师的灵感

通过磨课产生的教学设计都会有新的亮点。而且在"磨"的过程中,授课教师都会对所执教的内容产生新的想法,这些新想法,就是教师上好下一堂课的灵感。这种灵感,不但促使教师能上好下一堂课,更能在新的教学中不断生发灵感,进而不断丰富自己的教学智慧,推动自己的课堂教学向更高层次迈进。这样,我们就实实在在地站稳了课堂,赢得了自我及学生的成长。

理性研究教学过程,站稳并赢得课堂,是每个教师成就自己最重要的一环。而成就自己,首先得成就自己的课堂。一个从课堂里走出来的教师,才是最有含金量的优秀教师。而站稳并赢得课堂,离不开教师发挥自己的主观能动性。这要求我们必须主动积极地深入课堂,在实际的教学中,在艰苦的磨砺中,提升自己的教学艺术,用精湛的教学艺术上出好课,提高自己的教学智慧。因为只有智慧地成就课堂,才能真正实现"我的价值",也才算真正站稳并赢得课堂。

第二章　课堂，重亲和力的塑造
——兼谈课堂对话艺术

题记：让学生看见你的爱，可以帮助教师心平气和地站在教育现场。

站稳课堂，重教学过程，凸显亲和力是教师彰显理性的重要举措。至此有必要先要弄清一个概念：何为亲和力？因为只有在课堂中拥有亲和力，教师才可以逐渐地赢得课堂。亲和力原是比喻使人亲近、愿意接触的力量。追根溯源，亲和力最早是化学领域的一个概念，是特指一种原子与另外一种原子之间的关联特性，但现在越来越多地被用于人际关系领域，某人对另外一人具有的友好表示，通常就形容这个人具有亲和力。随着社会的进步、时代的发展，亲和力具有了心理学的含义，即人与人相处时所表现的亲近行为的动力水平和能力。

有句话叫力在则聚，力亡则散！有亲和力的双方就是有共同力量表示的双方，这种友好表示，使得双方合作在一起，有一种合作的意识和趋向意识，以及共同作用的力量。据观察，在课堂上，教师拥有亲和力，能调控亲和力为课堂所用，这是促进成功的关键因素。

随着课程改革的深入发展，人们越来越充分地意识到教师具有亲和力的积极意义和重要作用。作为教师，最大的幸福就是能被学生接受、喜爱、追捧，这不仅是教师"亲其师信其道"人格魅力的表达，也是教学方式、教学手段等教学艺术的彰显。无论是教师的人格魅力还是教学艺术，都是教师不断磨练、实践、积淀下来的独特艺术魅力，这就是教师的亲和力。

在本人看来，亲和力就是一种良性相互作用之力。眼下，我们每一个教师真有必要去体悟一下亲和力的产生之源，搞清楚谁是主动施力者、如何省力等，如此，才可能让自己省心、省力、省事，达成教学的高效。

如果要更细致、更生动地阐述什么是教师的亲和力，我们不妨这样理解：教师在课堂上处理各种突发事件果断而不乏智慧，课堂教学精彩而使人如沐春风，课堂评价恰到好处而又让人怦然心动、热血沸腾，体态语言亲切温和而不失体统，外在态度平易可亲而又稳重得体。亲和力是教师的一大法宝，也是赢得课堂的关键之所在。教师拥有了亲和力，师生关系融洽、观念认同，于是，学生尊敬自己的老师并信任自己的老师，老师便可获得学生的宽容和理解。教师越亲近学生，学生也会越发尊敬老师，那么，课堂教学氛围就会融洽而和谐，就能提升课堂教学效率。

在课堂上，特别是在常态课上，教师所谓的亲和力表现得其实并不理想，师生关系也并非想象的那样和谐美好。虽然，在我们的公开课、观摩课上，可以看到教师对学生语重心长的谆谆教导以及对学生锲而不舍、倍加赞赏的鼓励、引导，然而，教师的这些表现却多是剥离了真实的课堂假象，多多少少带有表演色彩。反思我们的常态课，面对学生的顽劣，教师的耐心受到挑战，教师的个性修养受到考验，所以，很多时候，教师也许在不经意间做出了本不该有的行为举止，于是，学生们很快就会给教师做出评价："严厉的老师""无情的老师"甚至"讨厌的老师"。其实，不管教师们接受不接受，教师们面对的正接受教育的孩子就像一个个精灵，他们有自己严格的是非美丑、善恶真假的评选标准，他们都拥有一颗敏感的心，这颗敏感的心会时刻留心捕捉每一个瞬间、每一次感动。

也许，在老师的面前，孩子们对精彩的选择更苛刻，苛刻的原因应该很简单。教师一旦缺乏亲和力，师生间就会有一道鸿沟，学生们没有了无拘无束、随心所欲，当然，也就缺少了丰富的想象和大胆的创造。如此糟糕的事情，教师应该负有不可推卸的责任吧。

一言以蔽之，打造教师的课堂亲和力，是重教学过程的理性，站稳课堂的前提。

第一节 亲和力与口碑

成功的教师应该是什么样的？一名成功的教师并不一定是荣誉等身、光彩耀目，也不一定在各种竞赛中遥遥领先、独占鳌头；也许他很普通，普通得几乎没有任何官方的荣誉和奖励。但是他一定很富有，一定拥有桃李遍天下的自豪和弟子争相簇拥的骄傲，那就是作为教师自身具有潜在的宝贵教育资源——亲和力，当然，我们也可以用这样一句话来概括："拥有亲和力方能赢得学生，赢得学生方才拥有品牌的力量"。

站稳课堂，赢得学生，方才拥有口碑。为什么要把教师的亲和力提升到这样一个高度呢？在大多数人的眼里，教师的教育能力和教学效果应该取决于教师的智力水平和知识水平。诚然，一个称职的教师应当具有相当的知识水平和智力水平，但教育的本质要求教师的工作不是进行已有知识的简单再生产，而是促进知识由外在形态积极地向内在形态转化。并且，对于教师亲和力的独特作用还有确凿的事实论证。外国学者做过这样的研究：根据学生的成绩和校长、督学对教学的等级评分确定教师的教学效果，最后对一系列数据进行分析，结果表明，教师的教学效果与教师的智力水平只有极小的关系，教师的知识水平同学生的成绩也只有微不足道的关联。可见，教师的知识、智力不再是影响教学效果的显著因素，影响教学效果的主要是教师的亲和力。

1. 拥有亲和力最容易赢得学生

中国有个成语叫"爱屋及乌"，把这个词用在教师和学生之间也是很恰当的。学生喜欢自己的老师，那么就很容易喜欢上老师所传授的学科知识。加之学生们没有苛刻严密的评价标准，对一名教师的教学能力的评价也就是简单的喜欢与否。所以，让学生喜欢上自己是教师的一门学问，也是一门艺术，这能让学生更自然、更大程度地去学习新知识、接受新知识。因此，教师要学会打造自己的亲和力。

现代著名诗人何其芳曾这样回忆他的两位哲学老师："我们那位教授康德和黑格尔的教授，在国外曾获得博士学位。他每次讲课，必定从头到尾把黑格尔和康德的著作精心再读一遍，然而他却无法把他的课教得让人可以听懂。在课堂上，他总是翻着康德和黑格尔的书，东念一段，西念一段，然后闭着眼睛，像和尚念经似的咕噜起来，要抵抗这种催眠术是很困难的。我们另一位教中国哲学的教授，他的讲义倒是事先写好的，上课的时候，总是拿着稿子一句话念两遍，要大家静静地坐着默写。上这样的课实在太闷了，所以我就有计划地缺课，准备缺到不至于被取消学籍为止。"不难想象，北京大学哲学系的教授们一定具备了高知识结构、高智力水平，但他们的教学效果为什么却如此糟糕？原因很简单，这些教授们与学生交往缺少亲和力。也正是因为他们缺少了亲和力，所以才失去了学生——失去了学生学习的兴趣与热情，也失去了学生对老师的尊重与亲近。

在今天，不少教育同仁兢兢业业，努力做好本职工作，他们不迟到，不早退，认真备课，一丝不苟地批阅作业，竭尽所能去提高学生的学习成绩，以为这样的努力就会使工作得到学生认可。但事实上，由于教师身上所彰显的亲和力依然不够，自己依然很难让学生们接受、喜爱。

链接

缺乏亲和力的教师

有一位教师，所带班级的考试成绩总是处在年级前茅，个人也常有研究文章见报，但学生评教满意率却很少能达到平均值。学校为此专门开过一个学生座谈会，想弄清楚其中的缘由。学生反映，对该教师的教学方法、教学能力他们都能接受，但他太过严肃，少有笑脸，与学生谈话时总是居高临下、盛气凌人，学生有事找他，他表现出来的也是一种爱理不理的态度，让同学们望而生畏，逐渐对他敬而远之。

不难看出，这位业务水平如此出色的教师之所以师生关系紧张、不受学生欢迎，是因为他缺乏教师所必需的亲和力。

事实上，对教师亲和力生成的理解也众说纷纭。有人认为亲和力是人天生具备的潜质，这就是我们通常所说的"生来随和"，所以，教师亲和力的高低常常取决于其自身的性格特征——有的教师生来喜欢沉静，有的教师从小不爱亲近别人，有的教师天性活泼，有的教师出生就有丰富的幽默细胞，等等——所以亲和力不能强人所难。当然还有的人说亲和力是后天形成的，靠自己对教学的信心和坚持不懈的磨练。甚至，还有教师这样说：学生对我咋样，我就会相应地咋样……但不管出于哪种缘由，教师都必须打造自己的亲和力，因为这能使学生高效地学习，所以，不能以个人的好恶为出发点。

教师的工作性质决定了教师自身要有强烈的亲和力，这就是教师的亲和动机。亲和动机强，迫切需要得到学生的友谊，得到他们的支持合作的教师，其亲和力就大；亲和动机弱的教师，或无视学生的存在，或把学生当作知识的容器，把自己的权力放在至高无上的位置，等等，其亲和力就一定很小。从这个角度看，亲和力又是与一个教师的教学观、学生观紧紧地联系在一起的。教师有着强烈的人生归属感和事业成就感，才会不断提升自己的亲和力，为个人专业发展助跑。

还是回到古人说的那句话：亲其师，则信其道。在教育教学的过程中，具有亲和力的教师，可以赢得学生的尊敬和信任，也可以获得学生的宽容和理解。学生能热情地学习，主动地思考，就能最大限度地提升教学效果，因为教师的亲和力激发了学生的学习兴趣和学习的主动性。反之，倘若教师不顾学生的感受，我行我素，唯我独尊，就容易引起学生的逆反心理，即使他学问再高，课讲得再好，最终却不一定能实现教学的目标。

教师的亲和力本质上是对学生的爱与尊重。只有发自肺腑地爱学生，才会心甘情愿地真正亲近学生；只有真正尊重学生，才能让学生体会到学习的意义。教师亲和力的核心当是民主平等，教师只有把学生当成大写的"人"，当作自己的亲密朋友，才能容忍学生的缺点，尊重他们的话语权，才能控制自己的情绪，做到以理服人，以情动人。教师亲和力的理论是多元智能，只有相信每个学生都有聪明的火花，都是可造之才，都值得自己花费心血去培养，才能始终微笑地面对每个学生，并热情地关注他们的成长。教师亲和力的目标是个性发展，教师拥有较高的亲和力，才会拥有宽广的胸怀，因而能够理解学生的兴趣爱好，允许学生发展自己的特长，并真诚地帮助他们获得成功。

新时期的教师除了要进一步培养科学文化素养，练好教学基本功，还要注意不断激发自己的亲和动机，努力提高自己的亲和力，使自己真正成为学生信赖、敬佩、爱戴的良师益友。每一位实践在教育一线的教师都应该谨记：拥有亲和力的教师才最容易赢得学生。

2. 课堂亲和力产生的途径

课堂是教师彰显生命力的地方，也是最能充分实现自己的教学理想和教育理念的阵地，所以，一名优秀的教师善于抓住课堂上珍贵的40分钟。不少学校已经审时度势地提出了打造"绿色课堂"的口号，让课堂重新回归本真，不再花哨迭出；提出了"高效课堂"的口号，少做无用功，告别高耗能低产出。细细想来，要实现这些课堂教学目标，教师是关键。那么教师该如何做呢？苏霍姆林斯基说过："一个只会向学生灌输现成的知识，要求背熟、背熟、再背熟的教师，定会激起孩子们的伤心感，而然后便是内心的愤懑。"可见，明智的教师不会让学生生搬硬套，他总会千方百计去吸引学生的注意。只有教师吸引住了学生，学生才会专注于学习。当然，只有教师充分发挥了一名引领者和帮扶者的积极作用，学生才会在课堂上左右逢源，才会捕获柳暗花明的际遇，享受课堂里别有洞天的魅力。若想真正让老师成为吸引、打动甚至震撼学生的角色，教师还必须倾力于课堂亲和力的打造和生成。

(1) 用精湛的教学艺术征服学生

教学是门艺术,教师所从事的是一门大爱无痕、大教无形的艺术。一名优秀的教师应该同时是一名合格的艺术家。可以肯定地说,在教学艺术中,亲和力占有较大的百分比。假如上课没有教学艺术,学生上课的兴味就减去了一半;剩下的一半即使是科学的知识,学生也处于一种被动而僵化的状态。课堂上,教师也应该是一名技艺高超的舵手,能够劈波斩浪,化险为夷。一名身怀精湛教学技艺的教师一定会得到学生的尊重、信服。那么,教师展现给学生的应该是哪些教学艺术,又该如何运用呢?

首先,教师要善于与学生进行心理沟通,拥有一定的教育机智,这是教学的起点。恰当的师生心理沟通能够缩小师生间的距离,减少师生交流的障碍,使课堂教学顺利进行。

全国著名特级教师孙双金一次在杭州大学借班上课。地点在大礼堂,学生坐在舞台上上课,下面听课的老师有上千人,看得出学生们有些紧张。上课伊始,孙老师笑容可掬地走上了讲台,他扫视一周,宣布"上课",师生互致问好。礼堂顿时鸦雀无声,包括听课的老师在内,人人都屏住了呼吸,学生当然就更加紧张了。他是怎么做的呢?

链接

孙双金老师的自我介绍

师:同学们,你们知道我姓什么吗?

生:不知道。

师:我和齐天大圣孙悟空一个姓,姓孙。你们知道孙悟空有什么本事吗?

生:会七十二变,会翻筋斗……

师:孙老师有孙悟空本事那么大吗?你们想有孙悟空那么的大本事吗?

(生想)

师:谁来介绍一下自己?(请三位同学上黑板写名字)为什么叫

这个名字？

（生答）

师：你们的名字都蕴含了父母对你们的期望，多好的名字……

孙老师巧妙地用三言两语就让学生接受了自己，学生对他不再陌生，有了亲近感，所以才造就了孙老师行云流水、精彩纷呈的课堂。从孙老师的身上我们不难体会到一种珍贵的教学艺术，那就是诙谐的语言、轻松的朋友般的对话以及沟通的魅力。

教育机智是教师教学艺术的重要展现形式。俄国教育家乌申斯基说过这样一句话："不论教育者怎样地研究了教育学理论，如果他没有教育机智，他就不能成为一个优良的教育实践者。"不言而喻，教育机智不仅考验的是教师的应变能力，也是对教师能否巧妙地把教育学、教育心理学理论运用到实践中去的重要实践能力的考验。

链接

《挑山工》教学片断

一名语文老师执教《挑山工》一课时，要求甲同学用自己的话描述挑山工的形象，然后请同学们对他的描述进行评价。乙同学站起来说："我认为甲同学所说挑山工都很憨厚朴实不恰当，其实，有的挑山工很狡猾！"接着便举了自己去旅游被挑山工欺骗的事情。他的话音一落，立刻引起一阵骚动。老师也一怔，但随即微笑着说："甲同学说挑山工用自己辛勤的劳动来维持生活，用自己的劳动为旅游者服务，因此说他们是憨厚而朴实显然是没有错的。但乙同学的意见也有一定的道理，因为现实生活中也确实有那样的人。所以我以为将甲同学刚才说的'都'字改为'一般'，大家说怎么样？""好——"大家对此表示同意。

一位成功的教师，他的亲和力总是处于不断地聚集之中，教学艺术只是他行动的表述语。此案例中，教师如果简单地对学生进行否定，不仅会让课堂显得生硬，而且会疏远师生关系。真正尊重学生的个性表达，关注学生的生命成长，这才是最重要的教学艺术。当然，尊重是一门艺术，尊重学生的同时，和风细雨的语言表达、体贴入微的神态表情、流露着真诚和关爱的一个动作细节都是教学艺术的重要组成元素。

(2) 拥有渊博的知识加亲和力更能征服学生

自古以来，人们就对教师作了这样的诠释："传道、授业、解惑"，教师应是拥有知识并能及时地传授知识的博古通今、博学多才的人。但在现代的教育教学中，据观察发现，传统的要求与现今时代的要求已有所不同，今天的课堂要能征服学生，仅拥有渊博的知识还不够，还必须有亲和力，才能真正赢得学生，并进而赢得课堂。

拥有渊博的知识，教师的课堂才有底气；拥有亲和力，方才使教师的底气转化为教学的灵气，课堂才会充满生气。拥有渊博的知识是学生对教师的要求，也是教师的专业特征对教师的要求。教师的知识越广博，课堂上越能得心应手。大诗人陆游说："汝果欲学诗，工夫在诗外。"教师应该是博与专结合，博才能"采百家之说，成一家之言"，才能回答学生提出的上至天文、下至地理的各种问题；否则，便不能与时俱进、赢得学生。教师拥有渊博的知识，讲课时才能旁征博引、喷珠吐玉、妙语生春。教师拥有渊博的知识，才会在课堂上"书到用时不觉少""信口说出皆成章""腹有诗书气自华"。也只有教师拥有了渊博的知识，才能高屋建瓴、开阔思路，才能使自己的课堂推陈出新，独具匠心。

作为一名教师，只有明白提升自我亲和力的重要性，才能自觉地进行修炼。例如，教师在这个飞速发展的时代不能懈怠，要与时俱进，既要做该学科的专家或"经师"，也要做其他学科的"杂家"。一名天文、地理、财经、体育、计算机等都精通的教师才能把学生领进知识的大千世界，满足学生们的好奇心，激发他们的求知欲，让他们"上穷碧落下黄泉"，还学生一个遨游知识海洋的夙愿。

(3) 用真诚的爱心征服学生

教师既是课堂的导演，也是课堂的演员。爱，可以导演和经营；但集导演和演员于一身的教师绝不能做一名言不由衷的爱心演员，教师要用自己真诚的爱心走进课堂、走近学生。

有这样一句话说得好:"神奇的爱,使数学法则失去平衡,两个人分担一个痛苦,仅有半个痛苦;两个人共享一个幸福,却有两个幸福。"我们相信教师的爱是能在学生身上创造奇迹的。教师的爱能让学生由无知变得善良,由淘气变得成熟,由一厢情愿变得善解人意,由沉迷消极变得奋发向上。

在学生面前,教师要学会微笑:当学生发言精彩时,微笑是真诚的嘉奖;当学生表现欠佳时,微笑是善意的宽容;当学生成绩优异时,微笑就是甜蜜的分享;当学生一时受挫时,微笑就是信任的期待;当学生顽皮时,微笑就是正面引导的轴承……这才是教师真诚的爱,不是生硬的做作之态,而是对学生的理解、信任和热爱。

爱学生,不是只爱成绩优秀的"好学生",其实"后进生"更需要老师的爱。真心与每一个学生交流,摘掉有色眼镜,相信每一个学生都会成功,相信学生身上的潜力,清楚课堂上的教学死角,负责任地让每一个学生都能在课堂上得到展示、发挥和提高,并且负责任地对待每一节课,每一个课堂难点、重点。关注课堂细节就是关注学生,也才能称得上对学生的真诚的爱。

教师的亲和力往往可以通过掌握精湛的教学艺术、拥有渊博的知识、胸怀真诚的爱心来生成。我们不难发现,如果教师能够做到这些,也就征服了学生;在一定程度上讲,教师征服了学生也就征服了课堂,也就赢得了课堂。

3. 优秀的课堂离不开亲和力

教师的亲和力,是教师站稳课堂、生成自己品牌的重点之所在。在我们看来,课堂中教师的亲和力彰显的是和谐。因为教师对学生的付出,赢得了学生的感激,于是,他们积极配合,努力投入。这样一来,学生学习有兴趣了,教师工作也轻松了,课堂对于师生就是一个流连忘返的地方,置身其中,就能充分享受到教与学的幸福。教师的亲和力是创造课堂品牌最强劲的动力。

优秀的课堂应该是生机盎然、洗却铅华的；一个有亲和力的老师，能时时做到尊重学生，并真正能平等地与学生交流对话。优秀的课堂最鲜明的特征是：学生喜欢上课并陶醉其中，可以无拘无束地表达思想，课堂充满活力，如夏花般烂漫无比，新知与能力能有效生成，教学效果显著并能使师生和谐而远离功利，一个个鲜活的生命体能有个性地发展，自由地成长。在这样的课堂上，学生们会拥有对课堂的一种期待，能找到学习的自信和自我的尊严，也能体会到学习的乐趣和幸福。当这些积极的因素都融入学生的学习中的时候，对学生来讲学习就是一种幸福、一种乐趣。可见，优秀的课堂离不开亲和力。

要站稳课堂，优秀课堂永远是一大品牌。让品牌产生力量，几乎是天下所有教师的追求。怎样才能成就优秀课堂上的亲和力？我们不妨从以下几个方面考量。

（1）用亲和力让学生拥有一种幸福的期待

拥有亲和力的教师能够培养出热爱学习的学生，并引导学生好学、乐学。孔子认为："知之者不如好之者，好之者不如乐之者。"学生喜欢的课堂是可以让他们感到轻松的课堂，能够张扬个性的课堂。只有这样的课堂，才能让他们在学习中享受乐趣，在展示中获取成功，并在一次次成功中获得幸福的期待。

在教学生活中不难听到学生们议论：哪一天最幸福，哪一天的课是好课，哪一天的课最轻松。在学生眼里，经历喜欢的老师的课堂似乎就是在过节日，碰上自己喜欢的课便欢呼雀跃。学生们为什么会对这些课情有独钟？当然不可否认的是跟课程特点（内容）有关、跟学生的喜好分不开，但是也不能回避的一点就是在这样的课堂上教师们具有强大的亲和力。

在充满期待的课堂上，学生们思维更活跃，精力更集中，学习更积极，当然学习效果也就不言而喻了。如此周而复始的反复，必定是一个良性循环，让学生的幸福感持续久远。可以毫不夸张地说，教师的亲和力成了学生努力学习的动力支持。

（2）用亲和力让学生找到学习的自信和尊严

教师的亲和力还表现在对学生的理解和尊重上。教师应谨记陶行知先生的那句话："你的教鞭下有瓦特，你的冷眼里有牛顿，你的讥笑中有爱迪生！"具有亲和力的教师，他会放下教鞭，没有冷眼，拒绝讥笑；他会体谅学生，并能从学生的实际出发，不仅从成绩上关心学生，更从心灵上关注学生。

有这样一个可以让教育者反思和学习的故事：一个独臂乞丐到一户人家乞讨。那家的老妇人指着门前一堆砖对乞丐说："你帮我把这堆砖搬到屋后去吧。"乞丐很生气，以为这是在刁难自己。老妇人不生气，俯身搬起砖来。她故意只用一只手搬。乞丐怔住了，他最终也俯下身子，用他唯一的手搬起砖来，一次只能搬两块。他整整搬了两个小时，终于把砖搬完了。老妇人递给乞丐 20 元钱。乞丐接过钱，很是感激。老妇人却说："这是你自己凭力气挣的工钱。"故事中老妇人对乞丐表现出来的尊重，以及由此产生的乞丐对老妇人的感激，这是老妇人在用智慧诠释着隐形的亲和力。

教师的亲和力在课堂上应该表现为对学生学习情况的尊重：全面把握学情，循着学生的学习现状去开展学习活动，达到对每一个学生的尊重；允许犯错误，尊重学生的成长规律；允许发表不同的见解，尊重学生的个性；一个机智的点拨，一句振奋的鼓励，还有一种宽容的态度，能抚平学生心里的失落，巧妙地处理在课堂上的失误，实现对学生信心的尊重。也许，教师对学生的包容、开放、和善的态度要比教给学生学习方法更重要，因为这能唤起学生的学习动机，促进他们积极进取，不退缩，不抱怨，自然，学习的效果会于无形中得到提高。

教师的亲和力往往产生于教师的激励、唤醒、鼓舞中。因此，在课堂上，教师要尽量鼓励学生提问，鼓励学生合作，鼓励学生交流，并进而在这个过程中使学生撞击出思想的火花，彰显学习中有价值的东西。一个懂得用艺术的眼光和手段去营造积极的课堂氛围，达成课堂高效生成的教师肯定是一个具有亲和力的教师，其学生也一定能乐学善思、亲师信道。所以，教师的亲和力不是课堂华丽的外包装，而是教师从更深意义上表现出的对教育事业的执着、负责和探索。

第二节　表扬是最管用的技巧

站稳课堂，理性研究教学过程，赢得学生方才拥有品牌。其实在我们看来，打造品牌多是一个师生共建的过程，真正要让学生走近与走进课堂，常常表扬学生是一个非常简单而有效的方法。但在具体的教学中我们却发现，表扬虽然是一个最为古老的教学方式，可很多教师要么没有表扬的习惯，要么遗忘了对学生的表扬。一位教师想要拥有亲和力，而又没有对学生的表扬，可以想象其教学过程真要获得学生的认可是多么艰难，更何谈获得课堂以外的人的认可。

教师亲和力的高低常常取决于一个人的性格特征，如有的人生来不爱笑，有的人从小不爱亲近人，有的人天性爱热闹，有的人具有丰富的幽默细胞，等等。但亲和力又与教育者对待教育的态度密切相关，把教育当成事业、当成艺术、当成追求的教师，其打造亲和力的欲望就很强烈，就会想方设法地利用各种途径锤炼自己、提升自己，从而让自己的亲和力逐渐增强。乐于打造亲和力的教师，他时时追求教育的最高境界，时时把学生放在第一位，引导学生积极主动地投入学习之中，高效率地成就他们。由此看来，亲和力是与一个教师的教学观、学生观紧紧地联系在一起的。

让表扬大方而又自然地走进课堂，教师和学生都会获得更多的收获。在我们看来，要在课堂中产生亲和力，表扬是最有效的方法。因为，有亲和力是促成合作的起因，只有具有了合作意向，才会使双方真正为着一个共同的目标真诚合作。

教师表扬学生产生的作用与意义是巨大的，许许多多的案例都证明了这一点。例如，美国心理学家威廉·詹姆斯说："人性最高层次的需求是渴望别人欣赏。"所以，人们相信，课堂上教师情真意切的表扬激励，是对人性高层次需求和发展的激励，它会使学生感到如沐浴春风，求知的积极性被充分调动起来。就连我们的俗话俚语也这样讲："好孩子是夸出来的。"这话的确有道理，表扬的话语能让学生感到来自课堂和教师的丝丝温存，滋润学生的心田，能让学生心里感到愉悦，能激起奋进的勇气。可以说，表扬就是学生的心灵鸡汤。

作为教师，我们心怀仁慈，真诚地接纳每一个不同特质的学生，做到公平公正。在课堂中应学会微笑，一个板着脸的老师会让低年级学生害怕，高年级学生厌恶。作为教师，肯定您的每一位学生，因为每一位孩子都希望得到这样的肯定；欣赏每一位孩子，因为每一位都有可欣赏之处，都有被欣赏的心理需要。不要以成绩论高低，"煮分"论英雄，要善于发现每个学生的优点，针对他们的个性特点有针对性地使劲地夸夸自己的学生。如此的行为，才能引发学生对自己的信任，才更能提升亲和力。

1. 表扬是优秀教师的法宝

教师的亲和力是站稳课堂、培养良好个性、求知成才、立人立业的重要条件，是交往沟通、增进友谊、构建和谐的坚强动力。在课堂上，学生都渴望与教师亲近，都希望表现自己。此时，教师的亲和力便能发挥感染、凝聚和号召的作用，有效达成学生的愿望，表扬则是其外在的生动呈现。

亲和力即是"对距离的想法"，其最基本的功能就是与其他物体占有或者共享同一个空间的能力。亲和力也是爱、喜欢或其他积极的情绪态度的综合表现。它有多重性，是动态的。

在《林肯传记》中有这样一句话："人人都喜欢受人称赞。"一名优秀的教师不会吝啬对学生的表扬，他会巧妙地对学生进行肯定、表扬，也会让学生在表扬中找到自信，获取成功。

链接
　　　　　　一个令人遗憾的教学片断

一位老师教《金色的细雨》，生字学完了，老师请一位学生读生字卡。一个"柁"字挡住了去路。"谁来告诉他?"老师问。一位学生站起来,把正确的读音告诉了处境尴尬的同伴。随即,老师让他连读三遍。"记住了吗?""记住了。"接着写生字。生字写完了,临下课前,这位老师又把"柁"的卡片举起来,请开始读错了的那位学生读。这一次,他读对了。可是,没想到老师却沉着脸儿对他说了这么一句话:"学习一定要用心。"这位学生灰溜溜地坐下了。这位同学坐下来,"知错能改"的他难道不该受到表扬吗?如此沮丧的结果对小孩子来讲怎么能不令人伤感、难过呢?

这不禁让我们想起了著名特级教师于永正的课堂。于老师是一个颇具亲和力、深受学生们喜爱的老师,在他的课堂上常常能听到会心的笑声。所以,无论是从课堂氛围上讲,还是从教学效果上来考究,于老师的课都是我们学习的好榜样。

于老师在课堂上非常注重对学生的表扬和激励。他在执教《高尔基给儿子的信》时,刚开始上课,同学们还没有进入状态,回答不够积极,课堂氛围也险些陷入低谷。于老师不慌不忙地这样激励学生:"大家可以大胆地举手发言,回答对了,要表扬的;回答错了,也是要表扬的!"话音刚落,果然有同学举手回答了。可是这个同学的回答却是错误的,面对回答错误的尴尬,这位同学却受到了于老师这样的表扬:"回答得很好,大家都要感谢你啊,正因为你的回答,我们离正确的答案更近了。"

于永正老师在课堂上巧妙地表扬了回答错误的学生,不仅激起了学生们探求正确答案的求知欲,而且在更大程度上保护了同学们学习的积极性。由此也就不难理解在于老师的课堂上为什么会有那么多出彩的亮点。

成功的教师之所以能站稳课堂,提高成功的概率,重要因素之一在于教师的表扬自然贴切、生动有趣,容易拨动学生的心弦,激活学生们的思维,促使其以高涨的情绪全身心投入课堂学习中来。因此,对学生进行适合时宜的表扬,是调动学生积极性的有效之举,是优秀教师的法宝,也是教师走向优秀的法宝。

课堂上，表扬学生体现出的亲和力的魅力在于"亲"。"亲"，就是热爱之情，体现为爱心、关心、温暖、支持、信任、帮助等，有亲才有近，有亲才有爱，有亲才有力。一个人，一脸威严和冷漠，让人望而生畏，唯恐避之而不及，是不会有亲和力的。只有怀揣爱心，以同情、友情、亲情、爱情和热情陶冶自我，关注社会、关爱学生，互相打动、互相感染、互相影响，才能凝聚成一种超常的智慧和力量。

课堂上，表扬学生体现出的亲和力的魅力也在于"和"。"和"，包含和善、和蔼、和谐、和睦、和合等义。"和，故百物不失；和，故百物皆化"，"德莫大于和"。"和"，既包含有对人与物的爱、包容、理解，展示出人的内心世界的深厚、博大、充实，也包含有对万事万物和谐相处、共同发展的理解与追求。一个教师如果只有霸气而无和气，只有高傲而无谦和，只有尖刻而无和善，对问题堵截，对意见压制，那就会成为孤家寡人，是难有作为的。

课堂上，表扬学生体现出的亲和力的魅力还在于"力"。"力"体现于一个教师的素质和能力。亲和不是一团和气自然而成，而是需要通过说服引导、批评教育，甚至进行积极的思想斗争才能做到。如果只有亲和的愿望，力度达不到，学生照样不买账。

"亲和"动机强，如鱼恋水，其亲和力就高；"亲和"动机弱，无视对方的存在，甚至凌驾于其上，亲和力就低。"亲和"要求教师的作风要实，爱贵诚，情贵真，不打诳语，以心相见，让人感到可近可亲，才会有吸引力与相容力。如果冠冕堂皇、华而不实，就会让人觉得是做作而被拒绝。"亲和"方式要得体，重视细节，尊重学生。多一些亲和力，课堂将更加美好，更加和谐。

2. 课堂表扬学生的尺度

在课堂中，一位教师能站稳课堂，需要心中有爱，自然亲和，像阳光一样微笑，给人温暖的感觉。我们非常反对教师在课堂上拿亲和力做秀。教学亲和力是一种协调师生关系，激发学生创新精神，推动素质教育发展的重要力量。它贯穿于教学过程的始终，它是以学生为中心的，与传统师道尊严不相容的，是新课改理念下一个不可缺少的因素。教师只有在充分尊重学生天性的基础上，调动情感、情绪、审美、创造等因素，激活学生的自主与创新意识，才能让学生在感知、体验和顿悟中迸发出灵感的火花。

每个学生都喜欢得到赏识，都希望得到表扬。在新一轮的课程改革中，人们大力提倡对学生的赏识教育，也提倡要多表扬学生。我们在上一节的论述中也充分认识到了表扬的积极作用和重要意义。然而，我们也不难看到，表扬泛滥，掌声如雷贯穿课堂的始终，教师对学生不敢批评，唯恐与新课改的精神实质相悖。这样反而失去了表扬应有的尊严和魅力。

恰当而准确的表扬，才能使学生明确自己的长处和优点，激起学生的进取心和荣誉感，使大家产生一种羡慕、向往的心理从而树立良好的风气；相反，那些信口开河、随心所欲的表扬，不但起不到鼓舞激励的作用，反而会使教师的公信力下降。因此，教师的课堂表扬要有一定的尺度。一要选择适当的时间进行表扬。在学生课堂表现最佳时，老师要给予及时的肯定和表扬。切忌回过头去，翻陈账。二要掌握好表扬的火候。老师对学生的表扬要适度，不能夸大其词。如"你的回答是全班最好的、最棒的"，这样的激励会失去表扬的真实感，容易造成学生以自我为中心的性格特征，看不到自身的缺点，陷入性格偏激的泥潭，同时还会影响课堂资源的继续开发和生成。三是表扬的"点"要具体准确。表扬的用语要具体生动，如"你的回答非常精彩，如果声音能再响亮一些就更好了"。这样，老师不仅肯定了学生的成绩，而且指出了努力的方向。切不可用"很好、太棒了"之类空洞无物的"万能公式"表扬学生，这只会使学生产生惘然心理，萌生取悦学生、偏爱学生的错觉。四是表扬要公平公正、机会均等。教师要避免在课堂上对表现优秀的学生大加赞扬，而对表现欠佳的学生冷眼相待。教师更要留心发现表现欠佳的学生身上的"闪光点"，并给予及时的肯定，增强其信心，促进学生积极转化。

在课堂中，教学调控上教师非常有必要重视亲和力的打造。一般来说，教师在课堂要同时扮演演员的角色、导演的角色、节目主持人的角色。学生在教师特意营造的亲切和谐的教学环境中就能够放松紧张的心理，克服畏难情绪，进而主动学习，培养自己的创造性思维。在课堂上教师要给学生以自由度，要让学生敢于说话，敢于争辩，无所顾忌。某教师在上《庄暴见孟子》一课讲解"不与民同乐"的两幅画面时，说："我们要读出'愤怒'的感情。"一学生大胆说："我认为应读出'怨恨'。"教师当即引导全班学生品味，表扬了提出不同见解的学生（其实学生对课文的理解更准确）。一种新见解的萌芽是艰难的，教师要以亲和力去激发学生创造性思维的火花，而不能为了面子、权威而压制或排斥学生难能可贵的积极性和创造力。

教师在表扬语言上也要体现出亲和力。教学语言是一门艺术，是体现教学亲和力的最重要的形式，是教师开启学生心灵的门扉，是对学生进行语言训练的一面镜子。如果讲课时教师语言干瘪无味，缺乏情感、文采，学生就会毫无兴趣，昏昏欲睡，也就达不到语言训练的要求。教学语言要有它独有的风韵格调。例如说，内容要准确科学，遣词造句应简洁明了，说话态度宜亲切自然，表达感情要朴实动人，声音语调讲究抑扬顿挫，速度节奏力求张弛有致，语言格调庄重得体，又要诙谐风趣……总之，教学语言要具有直观性、客观性、启发性、诱导性、可接受性等。教师直观性的语言，能够为学生理解知识创造良好的条件。对课文中难以理解的，做到深入浅出、通俗浅显，使学生易于接受；枯燥乏味的，尽可能地描述得生动有趣；学生没见到的情景，要描绘得形象逼真，让学生如见其人、如闻其声、如临其境；复杂纷繁的，要条分缕析，如同在X光下透视物体一样。充满魅力的教学语言如同一块磁石，把学生紧紧吸引住；如同一把钥匙，开启学生思维使学生豁然开朗，兴趣盎然。有时，为了调节课堂气氛，只用几句幽默的话就引得学生开怀大笑；有时，通过范读激发学生的情感，个个声泪俱下、泣不成声。可见，教师的语言应该是最有表现力、最有感染力、最有亲和力的。

表扬，多是一种及时、有效的教学评价。现代教学论认为：学生是具有成长潜能的主体。教师恰当的表扬能促使学生积极参与教学过程，并有效启动学生的下一次学习活动。然而，在传统教学中，教师的教学评价却缺少亲和力，其作用未能得到充分的发挥。长期以来，对学生的评价过于注重学业成绩而忽视全面发展和学生个体差异，过分关注结果而忽视过程，严重地制约了素质教育的推进，挫伤了学生的自尊心和自信心，影响了学生的身心健康发展。怎样提高教学评价的亲和力，进而促进学生的成长和发展呢？首先，要改革现行的考试制度，力求评价内容、评价方法的多样化。让学生从死记硬背、题海训练中解放出来，不再成为考试的奴隶，不再成为高分低能的受害者。其次，要重视学生在评价过程中的主体地位。评价要改变由教师单一评价学生的状况，在教学过程中要多给学生自评、他评的机会，要提倡评价的开放性、合作性。再次，教师的教学评价要以鼓励为主，要因人而异，要客观公正。对基础差的学生，评价应重在鼓励其参与，帮助其提高；对基础好的学生，评价应重在激励他们创新，让其百尺竿头，再上一步。最后，要注重评价学生学习的过程，包括学生的学习态度、学习状态等，让学生从过程（教与学的过程）中感受到来自教师表扬语言中的力量，并进而充满激情地投入学习之中。所以，评价时，绝不能以学生的成绩高低为标准，绝不能以学生行为的优劣为前提。

当然，表扬作为一种有声的"阳光"操作工具，还应发自教师的心灵深处，是课堂情感和课堂真情的自然而然的流露和表现。教师廉价的、流于形式的、言不由衷的表扬是不可取的。只有把握住表扬的尺度，在真诚、具体、准确、合理、适时的基础上，表扬才能发挥其固有的魅力。

3. 亲和力是教师表扬时的生命线

经过多年的讨论，人们在师生关系上似乎已经取得了共识，这就是师生之间应该建立民主、平等的关系。但是，置身于现实教学活动中的教师究竟怎样做才能与学生建立起民主、平等的关系？我们认为，师生关系良好与否的关键在教师，关键在于教师在教学活动中能否以真诚、真实和正当的心态构建起自身的亲和力。这既是一种精神状态和境界，同时也是教师修炼的过程。

站稳课堂，在教学过程中让学生感受到你的爱。表扬会带给学生学习的无穷动力和自信心，每一名教师都应该对此深信不疑。曾经听说过这样一个故事："从前有一个人，用两个坛子盛满了米，他要做出两坛米酒来。他每天都对其中的一个坛子说一些赞美它、表扬它的话，而对另一个只说些贬低、批评的话。就这样时间一天天过去了，他每天赞美的这个坛子的米发酵了，香气四溢，酿出了美酒，而另一坛子的米却全部腐烂了。"

故事讲到这，一段教师的亲身经历可以论证表扬对学生学习的重要性。

链接

智障学生也考及格了

班上有一个智障学生，做事反应有点迟钝，表情也略显木讷。据说这个学生自一年级以来，考试从来没有及格过。接手这个班以后，这位教师发现这个学生并不像想象的那样愚钝，或者说不像传说的那样愚钝。相反，他老实憨厚，很少不交作业，他从来不与同学打闹，绝对服从别人——家长、老师、同学甚至是女生的安排。也就是说，这是一个很听话的学生。前几次的考试，他都没有及格，但成绩并不是不可救药，老师相信这个学生能考及格。于是，教师开始频频表扬该生。期末考试，该生居然考了67.5分，这是他入学五年以来第一次考试及格。

智障的学生居然也能考及格，这就是表扬的力量。表扬的确能促进每一个同学的发展与提高。这位教师的经历也在《窗边的小豆豆》中的小林宗作校长身上得到了印证。小林宗作校长在"说话"节目中鼓励一个本来"没有什么可说"的男孩开口讲故事，本来大家认为不可能的事情，通过小林宗作校长的表扬与鼓励，小男孩最终居然能声音响亮地开了口。这就不得不令人相信：表扬能使每一个学生顺利完成自己的学习任务。

"不是聪明的孩子常受表扬,而是表扬会使孩子更聪明。"表扬就如灿烂的阳光,能让美丽的花朵竞相开放,能使濒临枯萎的小树重现生机,能使每一个学生都能在班级里健康成长。为此,我们每一个教师应做到以下两点:热情、温情和真诚。

(1) 热情和温情

走出师生关系的迷途,直面现实的教学世界,我们会发现不是师生关系决定着教学活动,恰恰相反,是教学活动决定着师生关系,尽管师生关系影响着教学活动的质量和水平。苏霍姆林斯基说:"一个只会向学生灌输现成的知识,要求背熟、背熟、再背熟的教师,定会激起孩子们的伤心感,然后便是内心的愤懑。"当前,师生之间的冲突多起来,如果教师的观念还停留在传统的家长式管理和封建式的师道尊严上,必然会失却亲和力。我提倡以热情和温情构建亲和力。

热情,就是教师在教学活动中始终保持轻松愉快的心情、朝气蓬勃的精神、平静幽默的情绪、宽容大度的胸怀,始终微笑着面对学生。教师要坚持用这种状态去感染学生,在学生面前始终充满自信和朝气,与充满朝气的学生形成共振,构建自身独特的魅力。有了这种魅力,在突发事件面前,我们就不会感情冲动,不会"因怒而滥刑",失去常态;在有缺点或失误的学生面前就能控制住自己的情绪,处理问题就会有分寸、有节制、有办法。

温情,就是爱字当头,用浓厚的爱意和真切的期待感化学生,做到三个字"爱、尊、平"。从学生方面看,由于他们年幼稚嫩,有的攻击型性格明显,容易冲动;有的性格孤僻,回避性行为特征突出。面对这种种问题,教师要由表及里认清其实质,采取恰当措施予以解决。温情能增添师生间的亲和力,有助于师生关系的和谐发展。温情里有精心的教育意图,因为温情是以柔克刚,教师的施教必须有恰当的角度和时间,要精心选择时机;温情里包含了教师的气质和涵养,是教师内在美的一种体现;教师的温情能铺设师生间的一片蓝天。

(2) 真诚

真诚既是良好教养的人应备的品质,更是教师应有的美德,是教师亲和力的核心。真诚不是一种知识,而是一种态度、一种情感、一种体验、一种信念。因而，真诚不是通过简单模仿，也不是通过理论学习所能获得的。人的真诚意味着其生命的体证，而不是以他律的方式说教。真诚地对待他人，也才能赢得他人的真诚。即使是一些道德训诫的话语，如果是发自你内心的精神世界，是充满你的信念的崇高精神，那么，这些话语也会像磁石一样，对于那些不信赖的人产生吸引力，而你就会成为他们的精神支柱和指路明灯。真诚需要的首先是勇敢地面对自己，没有任何虚伪和造作。不诚则无物。如果一个教师在道德上的自我是虚伪的，是两面派，不仅会使他丧失权威，失去亲和力，而且会使学生成为不可教养的人，这是师生的共同不幸。美国教育家罗杰斯曾说："当我如实地表现自己时，当我不必带上盔甲去比试，而是无所顾忌出现时——当我能接受这个事实：我有许多缺点和错误……这时，我就能更为真实。"今天，当我们为冷漠、敌对甚至悲凉的师生关系不断地抱怨和哀叹的时候，我们应该用罗杰斯的这段话躬身自省：我们是否付出了真情？是否献出了真知？是否展现了对善的追求和对恶的憎恨？当真诚成为了我们的思维，融入了我们的教学生活，我们便真正拥有了亲和力。

第三节 "暗示"中融汇着亲和力

新课程改革是一次具有挑战性的、全面的教育创新，融汇了后课程观，以注重教学过程为新努力方向。新课程理念指导下的教学，强调让学生去体验知识发生发展的过程，强调探究性的主体教学法，强调发挥学生的主动性，以学生为主，建立互动的师生关系，在教师的引导下，自觉地、有序地促进学生的全面发展。而教师是课程的实施者，是影响课程改革成败的关键因素。但是在这一过程中，有许多教师却感觉到，"学生主动学习的少了，被动学习的多了；上课不认真听讲的多了，睡觉的、梳头的、看口袋书的多了；好学生越来越少，问题学生却越来越多"。这着实使得一部分教师感到头痛，甚至有的教师被学生气得自己不能把课上下去，中途离开课堂。可是，下一节课怎么再去上课呢？在我们看来，用成功暗示法，多能打造出有生命力的课堂。因为"成功暗示"是一种心灵的对话。

"成功暗示"，其实暗示的前提就在于让学生获得成功。这一策略在很多教学中已经创造出了一些人们意想不到的奇迹。

链接

成功暗示的故事

1900年以前，德国有100多名勇士先后独自一人做了"驾驶单座折叠式小船横渡大西洋"的冒险，结果惨遭失败，葬身大西洋。然而，一名精神科医生林德曼博士却让人出乎意料地完成了冒险活动。事后，他得出结论说："在大洋上孤身搏斗，最可怕的不是体力不支和风浪的袭击，而是自身产生的惶恐和绝望！"他说，在航海过程中，他一直在内心深处鼓励自己，相信自己一定能成功。他时时在内心呼唤"一定要成功！一定要成功！"他就是用这样的方式维持了自己的坚毅并战胜了恐慌。

林德曼博士用"成功暗示"的方法，使自己能以积极的心态面对危机，这种积极的心态影响了人的情绪和生理状态，最大程度上调动了人的内在潜能，发挥最大的能力，使人摆脱困境，走向成功。

同样道理，教师也要善于运用"成功暗示"的策略，充分调动学生的学习积极性和主动性，增添学生战胜困难的勇气和信心，从而最大限度地调动学生成功的各种有利因素。

1. "成功暗示"是一种教学艺术

站稳课堂，教师的亲和力源自一个"爱"。教师只有发自肺腑地爱学生，才能真正地亲近学生、关心学生，才能激发学生对于真理的追求。学生得到教师的爱，自然而然地会激发出对教师的爱，反馈回去，形成爱的双向交流。心理学家称之为"动情效应"。有的老师肯定会反驳我，难道我们不爱学生吗？学生上课睡觉难道不该叫起来吗？他们犯错误难道不该受到批评吗？这些都是应该的。可我们见到的叫醒学生常常是这样的——"×××，你又睡着了，站起来，站到后面去听讲，我看你站着是不是也能睡着？"学生犯错误的时候是这样的——"你怎么搞的，不是告诉过你不能这样吗？你怎么老是记不住呢？下次你如果再这样，我就把你爸爸妈妈叫来，问问他们是怎么教育孩子的。"我们说这种教育不能说教师不负责任，否则，教师大可放任自流；但是，这样的"爱"学生是消受不起的。可不可以试着这样：走到睡觉的学生身旁，轻轻地叫醒他——"你是不是哪儿不舒服？要不要带你到医院去看看？"或者"昨晚是不是又熬夜学习了？"这些礼貌、委婉的话语，像涓涓细流抚过学生心田，使学生感到格外舒畅、亲近，既叫醒了学生，又拉近了彼此的距离。对待犯错误的学生，我总是先问清原委，然后这样说："这件事情肯定是你做错了，但我知道你绝不是故意的（给他个台阶下），老师和同学都能原谅你的错误，你下次能不能不再这样做了？"你觉得学生会不会接受呢？俄国哲学家别林斯基说过："爱是教育的工具和媒介，对孩子的信任是教育成功的保障。"

莎士比亚说："一个人往往因为遇事畏缩的缘故而失去了成功的机会！"在教学活动中，教师要恰当地进行积极的成功暗示，让学生时时都能在心里对自己说"我能行"，并在行动上表现出来，从而给学生前进的勇气。这应该是教师需要潜心研究的一种教学艺术。

（1）成功暗示是一门语言艺术

语言艺术是成功暗示技巧所必备的：教师的语言要得体，言辞表达要真诚。成功暗示需要教师选择恰当的语言，因为成功暗示是一门语言的艺术。同样是激励学生积极回答问题，对不同的学生可以有不同的暗示：

"相信我们班的学生都是最棒的！"（说给全班同学听，鼓励积极大胆发言）

"回答得不错，再想想，一定会更好！"（有针对性地进行评价，期望得到更精彩的表现）

"动脑想想看，老师相信你!"（学生学习遇到障碍，教师需要必要的等待）

"只要你积极动脑，认真思考，成功一定会属于你!"（总结学习方法，对学生的一种尊重和要求）

积极的暗示有利于调动学生的积极性，增强学生的自信心，从而有利于课堂目标的达成。

（2）成功暗示需要洞悉艺术

机智的教师在课堂上应能感知和捕捉学生的"精彩"，迅捷地为学生架起通向成功的扶手。一个深刻的问题，学生的回答哪怕只有点滴的精彩，教师也应该紧抓这点精彩，可以由点到面地引导，也可以横向纵向地分析，让学生的回答精彩继续，进而达到触类旁通、收获多多的理想境地，让学生获得成功和信心。洞悉，在于教师有智慧地瞅准眼前的情势，及时挖掘蕴含于其中的积极因素，把它巧妙转化为学生前进的动力。

（3）成功暗示是交谈的艺术

教师对于学生的成功暗示，说到底是对学生的鼓励，鼓励的有效性源于教师真诚的期望。教师的态度要使学生具有自信心和成就感，所以，就要求教师真诚地进行表达，跟学生诚恳地进行对话。这自然要求教师不能为交谈而交谈，不能流于形式，不能把些许溢美之词作为哄孩子的"小把戏"。成功暗示应该是教师和学生在课堂获得成功推进后的心灵的共鸣，应该是教师对学生即将取得的成绩的真实的期待，对学生取得成绩后的真心的祝福。

（4）成功暗示是营造的艺术

让学生接受教师的成功暗示，教师的行为表达有时候也很关键。例如，当学生自信地站起来回答问题，却又有错误时，教师应给予赞许的眼神，并通过另一种方式告知该生，回答有误、如何改正等。当学生取得了进步，教师应及时报以掌声，让他们振奋精神；当提出的问题有难度时，教师应给他们提供思考的方法，留出足够的时间让他们思考……

成功暗示不是教师对学生简单地进行表扬，它需要因人因地因时采取不同的方式，如果千篇一律，千人一面，便会使学生的积极性受挫，使得成功暗示无法达到预期的良好效果。所以，教师要掌握暗示的技巧，运用好成功暗示的艺术。

2. 成功暗示的课堂策略

很大程度上来说，教师的亲和力来自宽容。列宁说过，青年人犯了错误，连上帝也会原谅的。在实施新课改的今天，教师面对的已不是上个世纪那些"很听话"的学生了，今天的学生追求个性解放，有时会表现得很"另类"。这就要求我们在接受学生的同时，也要接受他们的缺点。其实只要我们静下来想一想，学生所犯的错误，无非也就是迟到了，与别的学生发生些小矛盾了，作业没有完成了，成绩不理想了（在有的老师眼里，这也算是一个错误），等等。其实，他们的有些错误在我们的学生时代也都是不同程度地存在着的，我们应该以宽容的眼光去对待他们。

课堂是种植人生美好的场所，是开启生命诗意的旅程，是放牧心灵明澈的河流。对教师来讲，课堂是一首理想的诗歌，课堂上的成功暗示便是课堂不断完美、更加生动的重要组成元素。为了使课堂更加丰盈，教师也应该自觉地遵循成功暗示的课堂策略。

(1) 有针对性地进行成功暗示

学生个体是一个不断成熟、不断发展的生命个体，他们的智力水平、兴趣爱好、所处的环境、人生阅历都不同。那么，我们在课堂教学中，对学生进行成功暗示的方式也应该有所区别。同样，课程不同，教师的教学方法不同，对学生实施暗示的角度、力度、深度也应该有所不同。在今天的新课程理念下，我们的课堂也应追求不断更新、不断变化的动态生成。自然，我们所追求的成功暗示也应该有针对性，既要符合学生的年龄特征、认知水平，还应该体现学科的特点，体现课堂的独特之处。

(2) 成功暗示要遵循炉火效应

成功暗示要像靠近炉火感到温暖一样，要及时、适时。在课堂教学中，教师必须及时把握住学生的点滴进步并进行成功暗示，应尽量少对学生的课堂表现做"事后诸葛亮"，尽量避免类似"对了，上节课中你如果能加入这样一种推理一定会很出色的"的话语。课堂是师生共成长的天地，教师只有融入教育智慧，善于捕捉课堂中细微的现象，及时把握，及时暗示，这样才会使学生看到自己前方的希望，教学效果才能达到最佳。

(3) 成功暗示要关注生命成长、品格塑造

每个学生的生命都是独特而充满个性的。在课堂中，他们会生发一些独特的想法，或许有些与本节课无关，但我们不能一棍子打死，而应在肯定他们敢于思考的基础上加以正确的引导。或许有些一直表现不佳的学生这次回答了一个简单的问题，虽然错了，但至少他有勇气站起来回答，我们就应该给予肯定，然后再给其指一条明路。甚至有些学生还可能做出严重违反课堂纪律的事情，我们仍不能有过激的行为，不能伤害他们的自尊，而应弄明白其背后的原因，合理地进行引导……学生的这些行为，是他们个性的彰显，虽然有的方式不对、时间不对，但作为一个鲜活的生命，其向往成长的目标是可贵的。所以，我们仍应该给予积极的成功暗示。

在教学中，教师要以积极的心态和状态去赞赏学生，要善于从多个方面、多个角度，用多把尺子去评价学生。尤其是对那些品行存在问题的学生，更应该在尊重他们的基础上，通过课堂这一特殊的场景对其进行成功暗示，让他们在这样的暗示下走到我们所希望的道路上来。

(4) 成功暗示要配合教师的非言语因素

心理学的研究证明：如果把表情、声音作为非言语交流的符号，那么言语只表达信息的7%，即信息大部分是靠非言语来表达的。在评价中，教师正确地运用非言语评价，即用面部表情、身体姿态、手势和声调等对学生所做出的肯定或否定的评价，有时也很有效，并能产生"此处无声胜有声"的独特评价效果。

暗示有着不可抗拒和不可思议的巨大力量。几乎可以肯定地说，成功暗示会对学生在心理和心智方面产生积极的促进作用。心理学家

普拉诺夫认为，暗示的结果使人的心境、兴趣、情绪、爱好、心愿等方面发生变化，从而又使人的某些生理功能、健康状况、工作能力发生变化。成功暗示会指导着学生的心理、行为，使学生不自觉地按照成功的方式行动，非常容易接受他人提出的建议，并由此增强学习的信念、自信心和动力。深谙成功暗示的课堂策略，对教师的教育、教学，对学生的高效学习都有积极的作用，是教师赢得课堂的重要保证。

3. 打造富有生命力的课堂

为了站稳课堂，课堂应该是富有生命力的。富有生命力的课堂得力于尊重学生、师生平等、师生互动、高效率低耗能等一系列关怀生命的行动。而这些，需要教师的亲和力作为基础。

教师的亲和力不完全是与生俱来的，它需要不断地自我锤炼。我们都知道，思想是行动的先导，观念是行动的灵魂。尤其是现在的教育，所有的知识内容在不断地变化，在不断地深化。学生的知识面非常宽，有的学生涉猎的范围比教师还广。在这样的背景下开展教学活动，教师不但要加强自身学习，加强自身修养，利用一切可利用的时间进行自学和业务进修，还应该开展研究。缺乏这样的行动，教师打造自己的亲和力就没了底气，也就无法真正有效地在课堂中施与积极的"成功暗示"。

美国教育家吉诺特有这样的一段话："在学校当了若干年教师后，我得出了一个令人惶恐的结论：教学的成功与失败，我是决定的因素，我个人采用的方式和每天的情绪是影响学生学习气氛和情境的主因。身为教师，我具有极大的力量，能够让孩子们活得愉快或悲惨；我可以是创造痛苦的工具，也可以是启发灵感的媒介；我能让学生翻脸，也能使他们开心；我能伤人也能救人。"

教师应是课堂教学赋予生命色彩的润滑剂，关注每位学生的情感体验，充分调动一切情感因素，形成良好的"情感磁场"，让学生主动地、积极地学，体验学习的乐趣和喜悦。

(1) 表扬给学生提供充足的阳光、空气和水分

和谐的学习氛围对学生来说至关重要。有人曾指出：活跃、和谐、民主、平等、欢乐的课堂氛围是学生潜能、创造性、积极健康的人生态度生长发展的"阳光、空气和水"。和谐的学习氛围是学生主动学习的保障。课堂评价语言就是教师营造和谐学习氛围的一大法宝。

和谐氛围的营造关键在于教师。课堂上教师的表扬会使学生如沐春风，心灵获得滋养，增强学习的兴趣，激发对学习持久的热情。可见，表扬能唤醒学生内在的积极主动性，使学生爱上学习，喜欢上课堂。表扬是生命力课堂所必须具备的阳光、空气和水分。

表扬是一种让人深感不可思议的力量，上文已对表扬及如何表扬作了相关的论述，这里不再赘述。

(2) 成功暗示给学生补充必要的催化剂

在华沙，一群儿童在嬉戏。一个吉卜赛女巫托起一位小姑娘的手，仔细看了看说："你将会是世界闻名的伟人！"预言应验了，这小姑娘就是后来的居里夫人。女巫的成功暗示是居里夫人成功的催化剂，因为幼小的居里夫人从心眼里相信自己会成为一名伟人。为此，居里夫人一生都在这个暗示的潜移默化的影响下工作，最后成就了伟大的业绩。

在课堂上，教师给予学生的不仅仅是知识，更主要的是学生们挑战自我的勇气以及获取成功的魄力。"不怕失败的学生""聪明的学生""最令人骄傲的学生"，这些也许原本都不是真实的，但不可否认，的确是有了这样的成功暗示后，学生们更加努力地学习、更加自信地学习，并进而走向了成功。

(3) 成功的教师是学生成功、课堂高效的重要支撑

教师具有较强的教学亲和力，是教育教学艺术日臻成熟的重要标志。增强教师教学的亲和力，可以赢得学生的尊敬和信任，可以获得学生的理解和宽容，即使教师在教学方面有所欠缺，学生仍能热情地学习，主动地思考，就会获得良好的教学效果。可以说，不断增强教学亲和力，是教师提升自身素质的一个重要的努力方向，也是打造生命课堂的重要动力来源。

有生命力的课堂要求教师必须吃透教材，了解学生，明确目标，精心预设，更需要教师不断去挖掘、去领悟、去创造性地使用、整合各种教学资源，随时捕捉生成性资源，激活课堂教学，灵活调控课堂教学，促进课堂的有效生成，让课堂变得更有活力。同时，还应合理整合学生生活经验、教师的教学经验和教学机智、学生间的学习差异、师生间的交流启发，乃至学生在课堂中出现的错误，等等。这些，需要教师进行积极的成功暗示，才能使课堂真正成为学生生命成长的地方。

在这个过程中，需要教师以真挚的爱生之情去换取学生对教师的好感，与学生进行和谐的情感交流，营造融洽的课堂教学氛围。要达到这种状态，教师就必须力求教态亲切、语言温和、方法巧妙，以更具亲和的姿态打造一种支持型、保护型的环境，增强学生的学习自信心。富有生命活力的课堂，对教师的亲和力提出了更高的要求，教师必须眼里、心里都有学生，有让每一个学生都获得属于他们的成长的信念，如此，才能以成功暗示去引导学生，让他们从心理上亲近教师及课堂，情感上与教师融洽起来，从而主动积极地参与到学习中，提高学习的效率，为教师赢得课堂铺路。

第四节　重亲和力，反对噱头（耍花招）

站稳课堂，凸显教师的亲和力，在课堂教学中师生真诚对话，有效互动极为重要。即教师为了倾心打造亲和力，需要运用多种策略和教学智慧，来恰当地调控课堂，让课堂成为引领学生走向成功的起点。

站稳课堂，要重教学过程的理性，重亲和力，反对噱头。例如，教师恰当地采用幽默艺术，来缓解课堂的紧张和学生的压力，这样，教师的智慧就在幽默的语言和有效灵活的课堂调控中显露出来。的确,幽默的课堂语言可以使知识变得浅显易懂,可以使学生精神放松,使课堂气氛变得和谐。幽默感强的老师可以使学生感到和蔼可亲。当幽默营造出一种热烈的氛围时,不但学生乐于听课,而且会发生共振效应,老师的水平也能超常发挥,取得极好的效果。

教师亲和力打造过程中,有一个度的问题。需要注意的是,课堂需要扎实地引导学生学习知识、习得能力,有效地达成教学目标。因此,课堂的调控绝不是为了课堂幽默和笑声刻意制造噱头,不是买椟还珠,否则会得不偿失。

1. 几种无效的课堂调控

课堂教学中,教师为了站稳课堂,必须适时调整课堂的起伏、快慢、收放、疏密、动静的变化。如果学生的发言出乎教师的意料,课堂朝着远离教学目标的方向滑去,教师却回天乏术,那么这就是典型的课堂失控。课堂失控的根源在于教师没能进行有效的课堂调控。课堂上鼓励学生畅所欲言,不等于没有方向、没有限制。也就是说,教师不能随心所欲,学生也不能无所顾忌。在对日常教学的观察中,我们发现有以下几种无效的课堂调控。

(1) 课堂关注缺乏公平

在不少课堂上,有的学生频频举手发言,有的学生则从不举手发言,常常一节课下来,发言的总是那几个学生,很多同学只是坐冷板凳。这样的课会失去多数学生的参与,久而久之,课堂就变成了少数学生的天下。教师的调控缺乏面对大多数同学的公平性,使多数学生被边缘化。这很大程度上是由于教师的亲和力低下,没能唤醒大多数学生的学习欲望所致,以至于无法进行更为公平的调控。

例如,在一节公开课上,教师激情飞扬地讲述着。教师偶尔提出个问题,不少学生举起了手。举手的学生得到了老师的关注。然而,在教室的最后几排,几个孩子没听多久,便躲到课桌下面玩耍,而老师却没有发现。还是坐在后面听课的老师蹲下去劝说,才让这几个孩子又重新坐在了位置上,不过他们仍是东张西望。显然,教师在课堂

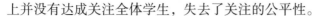

上并没有达成关注全体学生,失去了关注的公平性。

(2) 知识技能强加于人

教师不尊重学生的认知特点,课堂只注重知识的传授,却忽视了学生技能的获取,更忽略了过程、方法的课堂调控。也就是说,教师将知识强加给学生,这只会加重学生对学习的反感,降低学习的积极性。

例如,在一节小学六年级上"复杂的分数应用题"的教学中,老师出示了这样一个题:小华读了一本书的3/5又10页,还剩45页没看,这本书有多少页?当学生读题后,老师问:解答这道的关键是什么?学生思考了好一阵,感觉无从下手。于是,老师便说:"这个题,我们应该先找准单位'1',找到对应的量和对应的分率。"然后,老师便写出解答过程。结果,学生听完了,也不知道其具体的方法,只知道这样做,却不知道为什么要这样做。可以说,今后遇到类似的题,他们还是不会做的。

(3) 课堂表扬名不副实

在课堂上,对学生的表扬不能因地、因人进行,对学生的表扬泛滥,且缺乏变化,而对于学生的批评和建议则不敢越雷池半步。正因为对学生的表扬名不副实,所以难以调动学生的学习积极性,这种调控让课堂走向被动。

像今天,不少的课堂充斥着:"棒棒棒,你真棒,我们一定要赶上。""说得太好了。……"其实,到底棒在哪里?好在哪里?表扬没有具体的内容,学生也不知道自己的回答究竟好在哪里,其他的学生也不知道他的哪点值得学习。所以,渐渐地,表扬在学生的心中也激不起哪怕丁点儿的涟漪了。

(4) 课堂讲授偏离主题

教师为把课上得丰满、大气,课堂的引导偏离了主题,如有的课脱离了教学目标,有的课背离了学科特征,把语文课上成了思品课,把数学课上成了手工艺课,甚至把英语课上成了体育课。

例如,有位老师上《鸟的天堂》一课,在让学生了解"鸟的天堂"的情况时,利用多媒体出示了16张有关榕树的图片。结果学生

69

欣赏完这些图片时,几乎是陶醉了。而要真正了解大榕树为什么会成为"鸟的天堂"时,他们却回不过神来。

(5) 课堂调控易放难收

收放不能自如运用。课堂上,为使学生成为学习的主人,让学生积极主动地学习,应放手给学生、自由交流、各抒己见,但是却发现收手很难,课堂纪律涣散,教学效果大打折扣。

链接

《伯牙绝弦》教学片断

师:伯牙鼓琴时,"志在高山""志在流水",钟子期都能从琴声中感受得到。难道伯牙就只弹了这两次吗?

生齐:不是。

师:是啊,伯牙肯定弹过很多首曲子,钟子期都能明白。那我们就来想象一下他可能想到过什么,请同学们联系生活来完成下面的空。

(课件出示:伯牙鼓琴,志在＿＿＿＿＿＿＿＿＿。钟子期曰:"＿＿＿＿＿＿＿＿＿＿＿＿＿＿。")

(学生思考了几分钟,然后纷纷举手。)

生:伯牙鼓琴,志在杨柳。钟子期曰:"善哉,春风拂面,杨柳依依。"(鼓掌!)

生:伯牙鼓琴,志在春风。钟子期曰:"善哉,春风和煦,春意融融。"(鼓掌!)

生:伯牙鼓琴,志在果林。钟子期曰:"善哉,鸟语花香,空气清新。"

生:伯牙鼓琴,志在教室。钟子期曰:"善哉,朗朗兮若教室。"(生笑!)

……

(一晃13分钟过去了,学生似乎还未尽兴。然而,已到下课时间了,老师只好匆忙地结尾。)

师:刚才同学们说得太精彩了。所以,"伯牙所念,钟子期必得之。"还有一点内容我们没理解完，下节课继续。下课。

应该说，这位老师在教学中注重文本与生活的联系，其目的是拓宽学生的视野，引导学生主动地理解和体会文本内容。这是值得肯定的。从这个片断中，我们不难看出，他是想通过这一拓展，让学生能自然而然地理解"伯牙所念，钟子期必得之"这句话。其实当学生能举出几种后，他应就此打住，引入对后面内容的理解，而不是无休止地拓展下去。

(6) 对课堂冷场手足无措

教师提问学生，学生不配合，无人回答，教师急得满头大汗。教师的教学设计没能符合学生的实际，不是从学生出发，不为学生服务，加之缺乏调控的智慧和经验，教师就只能束手无策，不知如何把课再上下去。

课堂教学是师生共同参与的双边活动，它是一个由师与生、教与学彼此控制的系统。现代教育心理学和教学论的研究告诉我们：课堂教学的效果不但取决于教师如何教、学生怎样学，还取决于一定的教学环境。如何做到师生双向交流，提高教学效率，使学生学得有趣、学而有得？这就需要教师调控好课堂，改变课堂气氛沉闷的局面，把"活水"引进课堂，使学生变被动为主动，化沉闷为热烈，化华而不实为名副其实，激发学生的学习兴趣，提高教学效率。

2. 课堂调控的原则

调控即调节和控制，课堂调控是指教师在教学过程中对课堂教学的管理和控制，以最终实现教学目标和任务的达成。

作为课堂的最高管理者，在课堂教学及其管理中，教师扮演着举足轻重的角色。要使课堂教学效应有最大化的发挥，有效的调控就显得非常重要。缺乏教学调控保障的课堂，往往会像一匹马驹，一旦脱缰便变得不可控制，再好的教学设计也只能兴叹回天乏术。这使得我们必须仔细打量这一课堂教学中存在的关键元素，并琢磨其内在的原则和规律。

（1）课堂调控要尊重学科特点

不同的学科，其教学方法、教学策略都应该有所不同，课堂调控的策略自然也应该有所不同。拿教学目标来说，它是教学策略制定的前提，是教学重点和难点确定的依据。那么，教师在讲授教学内容时，教学目标是课堂教学调控的灵魂。教师要根据课堂实际和学科特点做必要的课堂调控。如果仅仅是原封不动地按照教材的要求平铺直叙，不分详略、不按主次地讲解，就会使学生如同嚼蜡，教学也将面临失败的境地。

当然，无论怎么调控，总要使课堂体现出自己的本色。语文学科侧重于感性的情感教育，语文教师的调控要努力富有激情、词句优美恰当；数学学科侧重于理性的思维和研究，数学教师则应该在调控中体现出自己缜密的思考和逻辑推理；物理、化学学科侧重于研究和思考，物理、化学教师的调控便要体现出对这种素养的培养和呵护。尊重学科特点才能使课堂调控变得真实、有效，也才能在这样的调控中强化教师的亲和力。

（2）课堂调控要尊重认知规律

教学内容是学生开展学习活动的载体。教学内容的选择得当，能有效提升教与学的效率，所以需要教师结合学生的认知结构用心筛选。在教学中，教师要合理调控教学内容，使之符合学生的认知规律，使学生更有效地掌握系统的知识，培养学生更严密的逻辑思维能力。

捷克教育家夸美纽斯主张"应当循序渐进地来学习一切"。如果教学内容不按一定的顺序，杂乱无章而无法有效地调控，学生就会陷入紊乱而没有收获。正如乌申斯基指出的："知识只有形成了系统，当然是从事物本质出发来形成的合理的系统，才能被我们充分掌握。脑子里装满了片断的、毫无联系的知识，那就像放得杂乱无章的仓库一样，连主人也无法从中找到他所需要的东西。"可见，把握规律在课堂调控中的意义非同小可。

有效选择教学内容，在课堂上抓住学生的学习情况适时调控教学

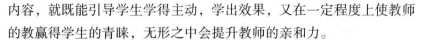

内容，就既能引导学生学得主动，学出效果，又在一定程度上使教师的教赢得学生的青睐，无形之中会提升教师的亲和力。

（3）课堂调控要恰当得体

链接

不恰当的课堂调整

在一节语文课上，老师叫一个同学朗读词组。这个同学站起来扭扭捏捏好半天，就是不出声。老师火了，厉声说道："你读呀，读错了也不要紧，我不会怪你的。"同学憋红了脸，终于读道："公（松）树、杨树、柏树……"课堂里一片大笑。教师忍不住笑问道："公树？你们家母树呢？"这个学生羞愧有加，从此还在同学中得到个外号"母树"。

案例中教师的课堂调控是不恰当的，他没有保护好学生的自信心，也没有激发起学生的学习兴趣。在教学中，教师的调控要恰当地调动学生的学习兴趣，尊重学生的认知水平，尊重学生的个性发展，还要尊重学生的人格尊严。当然，恰当得体的调控还要尊重学科特点、运用巧妙的语言艺术、充分调动积极的课堂因素，真正让教师"任凭风浪起，稳坐钓鱼台"。

遵循一定的原则进行课堂调控，会使课堂更加精彩。课堂调控应是一项多元组合的教学保障策略，更是一项教师教学控制的高级艺术。它需要教师在教学实践中不断地体会和内化，只有真正形成调控的能力，才能在动态的教学现场中挥洒自如，令课堂起死回生，也才能在如此的调控中提升自己的亲和力。

3．课堂调控的策略探讨

动态生成的课堂会是多样的，调控运用得好，学习效果才会好。可以说课堂调控决定着课堂的成败。那么，面对动态生成的课堂，教师该如何调控呢？

(1) 投其所好，求"热"

"热"指师生之间营造的亲近感，说得通俗一些，这就是情感上的备课。例如，特级教师于永正一次借班上课时，他提议换一种问候的方式。首先，于老师精神饱满、笑容可掬地问候学生："同学们，好好上课！"学生顺口就要说"老师，你好"，忙改口说："老师，好好上课！"此时，师生相视而笑。于老师顺着说："谢谢同学们，我一定好好上课。"这新颖的问候，使学生变得兴奋起来，使刚才还有些拘谨的学生一下子活跃起来了。因为是借班上课，师生之间很陌生，而于老师以新颖、生动的问候，吸引了学生，为接下来的课堂铺垫了快乐的基调。

当然，"热"也有失败的例子。一位教师上课时，同样也是笑容可掬，态度和蔼，提的问题也很适度、精炼，但课堂上的学生总是"热"不起来。原来，这位教师平常就不爱言笑，认识他的学生都有些怕他，所以课堂上师生情感难以呼应。

因此，要想在课堂上师生情感交流顺利，教师在平时就应建立良好的师生关系，这样才能在课堂上实施有效的情感调控。但是，课堂上师生之间仅有亲近感是不够的，教师还应通过幽默的语言、激励的话语、丰富的情感来激发学生的学习兴趣，这些都是感情备课的一部分。也只有这样，教师才能在这样的氛围中与学生渐渐拉近距离。

(2) 灵活多变，求畅

课堂上，如果学生被困在一个问题里始终绕不出去，该怎么办？变。这是对教师教育机智的考验，因为不懂变通，就无法正常进行教学。这时，教师要用一个"变"字来调控课堂。

第一，降低思维坡度。在教学中，遇到学生思维阻滞，有时是因为教师提问不当，有时是问题难度太大。如果此时教师能及时改变提问内容，降低思维坡度，学生就可以顺利通行了。

链接

《小蝌蚪找妈妈》教学片断

有位教师在教学《小蝌蚪找妈妈》时，这样问学生："小蝌蚪变成青蛙的过程是什么？"结果，没有学生知道该怎么回答。因为"过程"这个词太抽象，对于低年级的学生来说不易懂。为了应付老师的提问，学生只好乱猜。接着，老师适时调控课堂，换成"小蝌蚪是怎样一步一步地变成青蛙的"，学生就容易回答了。

第二，改变讲述角度。

链接

《狼和小羊》教学片断

学习完新课《狼和小羊》，教师问学生："学了这篇课文，你明白了什么道理？"除一个学生说出"狼很凶恶，小羊真可怜"外，其余学生不知道该怎么回答，于是课堂交流中止了。这时，教师灵机一动，提出了另一个问题："如果你是这只小羊，你会怎样做？"这一问题打开了学生想象的大门，点燃了学生思维的火花。有的说："我会大声喊妈妈来帮忙。"有的说："狼是个坏家伙，一看见它我就马上跑掉。"还有的说："当狼向我扑来时，我就往旁边躲，让狼扑个空。"然后，教师引导学生将他们的办法与课文中小羊的办法进行比较。这时，学生很容易就会说："对像狼这样的坏家伙，我们要机智勇敢地同它作斗争。"

第三，改变教学方法。

链接

《黄继光》教学片断

在教学《黄继光》时，一个学生站起来问："老师，课文中出现的'战斗''战役'与'战争'有什么不同？"遇到这种问题，很多教师会让学生先查字典，然后再给学生口头辨析它们的不同点。这样的解说，学生一点兴趣也没有，课堂气氛很快就会"冷"下来。但这位教师发现这一现象后，立刻做了补救："那么，这三个词语的不同点究竟在哪里呢？"说着，他从讲台上拿起一支粉笔，依据课文内容边画边讲——1950年,美帝国主义发动了侵略朝鲜的战争(随手在黑板上画了一个大圆圈,写上"战争")。这场战争中包括了许多战役,其中一次叫作"上甘岭战役"(随手又在大圆中画了一个中圆,写上"战役")。夺取597.9高地就是其中的一次战斗(接着又在中圆内画了一个小圆圈,写上"战斗")。通过教师生动的讲解,学生很快就领悟了"战争""战役""战斗"三个词的异同了。

灵活多变的课堂调控,更能调动学生参与的积极性和主动性,使学生的学习变得顺畅起来。那么,学生在这样的学习状态中思维活跃,自然也调动起了教师的情绪,整个课堂就处于一个和谐的氛围之中。在这样的氛围中,师生的关系便融洽起来。

(3) 剑走偏锋,求奇

不管教师怎样精心设计,课堂上总是很难避免会发生一些意外,这些意外对整个教学过程构成了"险情"。经验不足的教师常被这种"险情"难住。所以,在遇到这些问题时教师要及时"排险"。

链接

《我们成功了》教学片断

一位教师在教学《我们成功了》时,开始的预案是这样的:先给学生讲讲自己成功的经历和心理感受,再引出课题,同时进入课文学习。而当教师正要开始授课时,窗外却传来了响亮的鞭炮声,学生的注意力一下子被分散了。这时,教师索性抛开教案,顺势问:"你们刚才听到了什么声音?"学生回答:"放鞭炮的声音。"教师又问:"你们猜猜为什么要放鞭炮?"学生纷纷举手回答,有的说可能是有人结婚,有的说可能是新店开张,有的说可能是搬新房……这时,教师话锋一转,说:"不管是结婚、新店开张,还是搬新房子,都是属于个人和家庭的成功,但你们看到过通过很多人努力才成功的热闹场面吗?你想去感受一下吗?"学生马上情绪高涨,响亮地回答:"想。"这位教师就这样巧妙地将学生的注意力拉回到了课堂上。

在课堂上大胆地转移学生的注意力，看似偏离了课堂，实则是为了把学生分散的注意转为集中到课堂上，这是创造性地运用课堂资源，也是欲擒故纵的奇招。同时，如果课堂上突然出现了尴尬的事，教师巧施妙计，将它嫁接到教学的主干上，就会起到意想不到的教学效果，这比硬把学生拉回课堂的效果要好得多。

在课堂中，教师不能简单地对待学生的错误和自身的失误，应学会"将错就错"，寻找"契机"，运用策略合理调控，这样往往可以使教学取得事半功倍的效果。我们不难发现，课堂的调控技巧是丰富和多变的，如何使课堂变得更有生命力和竞争力？需要教师合理而又大胆地融入亲和力这一重要元素。也许，在不少时候教师会发现："踏破铁鞋无觅处，得来全不费工夫"，又或是"山重水复疑无路，柳暗花明又一村"。到那时，你会发现，课堂调控就是如此轻松，如此有成果。

第三章 课堂，重执行力的彰显
——兼谈课堂管理艺术

题记：站稳课堂，一位教师前瞻理想执行能力的高低，多通过管理艺术诸多细节反映出来。

站稳课堂，理性研究教学过程，双学目标的达成是教师永远的价值体现。在我们的课堂中，贯彻既定的人生意图，前面章节已经从完成构建和谐生命课堂的预定目标，打造亲和力这一角度加以阐述。在本人看来，实现教师的人生意图，以及将人生规划转化成为课堂效益、成果，提高课堂的管理能力——执行力，也是有效的途径。

我们说一位教师能按时按质按量完成自己的工作任务，就是指课堂管理的实效性，它包含完成任务的意愿、完成任务的能力和完成任务的程度。教师是课堂管理的第一责任人。一个课堂管理意识淡薄、轻视课堂管理、课堂管理能力不高的教师是很难上好一堂课，很难保证教学质量的，甚至有时连正常的教学都进行不下去。从这个意义上说，有效的课堂管理对提高课堂教学效率、提升教师的执行力起着重要的作用。

教师课堂执行力的核心问题是提高课堂教学的有效性，通过遵循教育规律的实践行动，改善课堂教学模式，追求课堂教学的高效性。要想提高课堂教学效率，一个最根本的指标就是要积极地完成各项教学任务。完成教学任务的具体目标就是教学管理目标的落实，让学生在教师的实践指导下达到各项综合素质和能力的提高。教师的工作成就主要体现在学生收获的多少上，学生收获的多少很大程度上又要看教师执行力的高低。

为了站稳课堂，教师应该建立一个良好的、和谐的课堂沟通环境。通过沟通，解决好"想执行""能执行""会执行"的问题，把执行融入教师的意识和时时刻刻的行动中，并由此感染、影响学生，又让其变为学生自发自觉的行为。

一位教师的课堂执行力，不仅是一个战术层面上的问题，也是一个战略层面上的问题；它是一个系统工程，更是一门学问。它必须充分融入一个学校的各个方面，渗透到学校的战略、目标、文化等各个方面。

在我们的课堂中，一位教师拥有的执行力强，更多地表现在他在教学的每个阶段与环节都做到一丝不苟。例如，完成教学任务的效率高，对课堂里出现的问题与事情的分析有深度还有广度，以及面对课堂中的变化能采取正确的办法。在这一过程中，教师要不断通过有效的方式提升自己的课堂教学执行力，不断强化自身的权威，让课堂管理高效运行。

"课堂执行力就是竞争力"，这一命题应该是永远成立的。纵观无数课堂里教师的管理能力，我发现执行力表现为三个层面：第一个层面是按照学校命令和规则做事的过程，简单讲就是能够听话照做；第二个层面是按照预定的计划行为的过程，简单讲就是做事讲章法；第三个层面是将想法变成现实的过程，简单讲就是规划得以实现。

目标可以复制，差别就在于执行。执行力在很大程度上就是认真、再认真，跟进、再跟进，追求、再追求。关注细节，身体力行，积极督促，恰当指导，让管理与执行同在，落实目标，为提高效率服务。面对困难，要有勇往直前的勇气，要有脚踏实地的干劲。

我们发现课堂执行力体现出来的管理艺术有五个关键词：沟通、协调、反馈、责任和决心。在这里，沟通是前提，协调是手段，反馈是保障，责任是关键，决心是基石。

在课堂教学中，往往每个人都不拒绝改变，但每个人都拒绝被改变。事实上，在和谐高效的课堂管理下，不愿被改变的人却悄然被改变。这就是高超的课堂执行力的正面效应。

第一节　创建高效的课堂执行力

有人说,"策划 + 执行 = 成功"。好的策划需有好的执行才能取得成功。真正有效的课堂管理,重过程的功夫在课外。成功的管理能力——执行力的打造,也永远要通过强有力的实践,通过课堂的成效来显现。那么,如何看待课堂的成效?一个重要的标志就是:每个学生在课堂上都有实实在在的进步。为此,教师在课前的教学预设,以及在达成教学目标的过程中,都必须围绕使学生有明显的进步来着力,这样的课才可能取得真正的成功。

在课堂中,教学的预设其实是就是策划。那么到底什么是策划呢?三国时的诸葛亮,他干的活就是策划,而关羽、张飞、赵云干的就是现在的销售经理、生产经理等干的事。现实是,往往围绕某一特定的教学内容,已经有不少人设计出了一些非常优秀的教案预设。就像许多策划人在策划时喜欢采取大手笔、大运作的策划一样,他们一出手就可能要搞得如"惊天地、泣鬼神"一般。策划的创意非常好,策划方案也写得相当诱人,可不少教师真正去执行时,却傻眼了——出现了根本无法执行或不知如何执行的现象。问题在哪里呢?就在于预设脱离了学生的实际!

在教学中,课堂的成功最终都会以学生的进步作为参考标准。教师、课堂、学生三者的关系,多像是"大炮与炮弹"的关系。课堂是个大炮,攻击敌人需要有炮弹,而制作这个炮弹的过程就是预设。在课堂这一实战中,能否以最低的代价换取最大的胜利,其核心有两个:一是炮弹的质量,二是炮手的水平。炮弹质量好、杀伤力大,但炮手的水平低、命中率(执行)差,也同样发挥不了作用;即使炮手的水平高,无奈炮弹的质量差、杀伤力太小,即便命中到敌人最多的地方,收到的效果也微乎其微。所以炮弹需要好炮手,而炮手更需要好炮弹。

在这一小节里，我们将围绕着学生的进步这一话题，全面思考课堂管理中执行细节的处理方法与策略。

1. 从关注学生的优缺点开始管理

课堂的预设，即使是再完美的创意、再好的策划、再经典的方案，如果不能够落地生根，如果不能坚决执行，这样的策划只能是空中楼阁，只能是一厢情愿，除了浪费课程资源外，不会产生任何实质性的效果。因此，一套执行策略和保障机制就起到了决定性的作用！

课堂是师生展示个性的舞台，是师生双向互动，共同分享教与学乐趣的场所。真正的课堂是高效的，老师的慧眼紧紧地盯在学生的进步上，才能用心去执行，随学生的学习情况有效变换教学的策略，从而赢得课堂，赢得效率。优秀的教师必定善于在课堂教学中充分发挥他的执行力。

（1）关注缺点的补短教育

在课堂上，我们不难发现，相当一部分教师把自己的角色定位为检察官、医生。他们的眼睛无法看到学生的优点，更多的是关注孩子的缺点。他们死盯着孩子的缺点，对他们进行批评、说教，恨不得孩子马上把那缺点"砍掉"。这是一种典型的补短教育。事实是，我们的策划如果忽略任何一个执行细节，都可能会使整个策划全盘皆输，使课堂管理陷入山重水复之境。

链接

家豪在课堂上的境遇

"家豪，你这个令人头疼的家伙！"老师们说。英语课，他不找ABC，专找老师、同学的麻烦；美术课，不认真听课，颜料不涂图画，专涂同学的手、脸，甚至衣服；音乐课，没几天，书不见了，再过几天，人也要同学去找，才能拉来，可来了，又惹麻烦，不是阴阳怪气就是捣乱；微机课上，第一个钻进去，马上玩起了游戏，津津有味……

"家豪，一个令人厌恶的家伙！"同学们说。上课时，忽然头部"中弹"，不用想，肯定是他扔的小纸团；要上讲台板练，经过他坐的地方，你得预防"陷阱"，说不定来个"绊马索"，说不定"飞来横祸"：挨上一拳，飞来一脚，骂上一句……活动时，成事不足，败事有余，跳蚤似的……

老师在课堂上面对家豪一筹莫展，觉得他屡教不改，思想、学习、态度……似乎什么都差，于是，干脆放弃他！

从短处着手弥补，可能永远成不了人才。从小家豪的经历，我们可以清楚地看出他在每一位教师眼中都是缺点大王，已是无可救药，教师索性放弃了对他的教育。但是，从不同的角度观察孩子，也会发现，虽然家豪是调皮的，但也是可爱的。他玩游戏投入，反应灵敏，他内心依然有追求上进的需求和愿望。如果教师针对他表现出的这些亮点，设计出适合的教学方案，并对他表现出的优点进行热情的肯定与鼓励，情况肯定会有所不同。

课堂最怕的是什么？为了补短而吸引孩子的注意力，经常会出现一些不负责任的"拍脑门儿"的预设。我们在一线走访中发现，不少的课堂教学与某年新疆五家渠青湖公园为了吸引游客，开展了一系列游园活动类似。有人为此策划了一个捉鸭子的游戏：买来许多鸭子，放在湖中，游泳的游客若将鸭子捉到，便归己所有。策划者原以为游泳的人是不会那么轻易捉到善游的鸭子，鸭子多灵活敏捷呀。结果呢：当一声令下后，在岸边早已急不可耐的人们，像箭鱼一般冲向鸭子。鸭子从未见过这种阵势，吓得在水中不知所措，一个个呆若木鸡。很快，这些鸭子全部"束手"被擒。一场原以为有趣的"捉鸭子"的游戏，成了"送鸭子"，仅仅几分钟就结束了。如此策划实在令人捧腹。关注学生的缺点，即有进步就是不错的，但关键是看我们如何策划，以及如何进一步教育。可以肯定地说，任何补短的教育，绝对不是批评式的呈现，更多的是一种非常严谨的符合教育规律的预设方案，在课堂衍生成无数的鼓励，而不只是一场闹剧或游戏罢了。

(2) 关注优点的扬长教育

古人云:"教也者,长善而救其失者也。"在教学中,教师将过程管理集中在发展每一位学生的优势上,这无疑是最适合人之本性的一种教育。综观很多成功的案例,我们不难看出,学生的进步都因从关注学生的优点开始,从让学生扬长而着手教育策划的。

链接

小宇是个幸运的孩子

小宇,一个九岁的男孩,三年级的学生,自卑孤僻,缺乏进取心。上课总爱走神,不是发呆看外面的云朵,就是在桌子下自己玩东西。要是上课的教师个性温和,他就偷偷地在下面看课外书。由于经常听课精力不集中,作业不能认真完成,学习成绩低下。由于常常受到批评,他对老师、同学产生逆反心理,对正确的管教产生抵触情绪。没有想到,来了个新班主任李老师后,小宇就变了。李老师利用小宇的闪光点促其改正不足。小宇从小喜欢看课外书,他的课外知识比较丰富,但是因为不懂得科学分配时间,做事拖拉,以至迟交缺交作业现象非常严重,学习成绩也一直停滞不前。于是,在教学中,李老师多次表扬小宇热爱看课外书的好习惯,并在课后经常和他就看书中遇到的问题或现象进行讨论。同时提醒小宇,如果他能更好地分配时间,处理好学习与课外拓展的关系,他会更加受益。李老师还跟他有约定:如果他能在一定时期内按照要求做了,家长和老师都有奖励。一开始,小宇坚持了一个星期,只在自由活动时才看课外书,并按时交作业,刚好遇上了数学测验,因为在课堂上认真听讲了,所以他考了从没得过的80分,师生都兑现了当初的诺言。初尝甜头的小宇开始意识到了认真听课学习的重要性,有意识地慢慢改正自己的坏习惯。

在我们的课堂,如果教师的执行体系科学,执行教学计划更会得力。同样的,盯着学生的优点而教学,与盯着学生的不足而教学,效果会有明显的不同。我们做过调查,课堂执行力低下,有40%是因为缺乏有效的课堂管理流程，20%是因为执行的战略、战术不明确，15%是操作者的执行能力不足，还有15%是因为教师的责任心不够，10%因为信息沟通不畅直接导致执行的走样。从调查数据可以看出，60%是因为教师的原因。因此，教师是执行的主体，是执行成败的关键。

链接

学生被难住时不同教师的处理办法

在课堂上，同是学生被教师的课堂提问难住，甲、乙、丙三位教师的处理办法各不相同。

教师甲：（语气很重，冲着该生）整天上课开小差，结果怎样？这么简单的问题都不能回答，太笨了！坐下！

教师乙：（生气，但不表现出来）坐下。谁来帮他？

教师丙：（微笑、和蔼地）别急，回忆一下，我们昨天学过的内容，当时你听得很认真。想想，昨天××同学是怎样回答的？

（学生思索片刻，说出了与问题答案相关的一句话）

教师丙：（很兴奋）对呀！看来，你是很棒的！

（学生体面地坐下，并投入后面的学习中）

高效执行力最重要的前提，就是必须有周详的战略规划。三人的处理办法孰优孰劣，读者心中都十分明了。教师丙的课堂调控充满智慧，手段高明，随机灵活的对话，不但引导学生回答出了问题，还保护了学生的尊严，让学生愉悦、自信地投入新的学习中，让人无不为之赞叹。课堂执行力的实施是需要精细化管理的，因为如果你从一开始就出现角度偏差，那么就像两根有共同端点的射线一样，刚开始差距很小，但是差距会随着射线长度的增大而变得越来越大。

为了站稳课堂，实现课堂既定目标，就要加强课堂管理。课堂管理不是空谈教学策略，它应该是细微而现实的，它是每一个细节的探究和较真。执行的关键在于透过教师的管理影响学生的行为，并形成自己的习惯和行为认同。一位教师拥有好的课堂执行力，学生一定会用心参与到学习中,讲究速度、质量、细节和纪律;整个课堂的教的目标与学的目标会一致,师生的行动也会一致,从而有效协同,形成合力,高效达成课堂目标。

2. 直接指向结果——优秀的课堂管理成就学生的进步

自17世纪夸美纽斯创造出"班级授课"的教学组织形式以来,课堂管理就客观地存在于教学过程之中。一堂课的成功与失败,很大程度上取决于教师的课堂管理水平。优秀的课堂管理成就着学生的进步与发展。

直接指向结果,优秀的课堂管理往往能成就学生的进步。现实中很多课堂成了今天迈向明天的一个必经过程。正如有一则故事所呈现的情景一样:一个小和尚担任撞钟一职,半年下来,觉得无聊之极,"做一天和尚撞一天钟"而已。有一天,主持宣布调他到后院劈柴挑水,原因是他不能胜任撞钟一职。小和尚很不服气地问:"我撞的钟难道不准时、不响亮?"老主持耐心地告诉他:"你撞的钟虽然很准时,也很响亮,但钟声空泛,没有感召力。钟声是要唤醒沉迷的众生,因此,撞出的钟声不仅要洪亮,而且要圆润、浑厚、深沉、悠远。"其实,很多时候,我们在课堂中的表现也和小和尚差不多。长此下去,不但教师未能从中得以成长,而且会贻误学生的一生。那么,教师如何在课堂这有限的时间里,迅速走出倦怠,唤醒潜在的能力呢?简单地说,就是直面结果,向结果要价值。为此,我们必须向课堂管理要结果,从而有效有力地执行。深信为结果而战,一定能有更大的收获。

(1)课堂管理松紧有度才可进退自如

重课堂过程,课堂管理要有好的结果,强有力的执行才是最好的保障。课堂加强管理,执行才有力度,那么,结果才有含金量。优秀的课堂管理,教师的管理执行作用是极为明显的,因为这其中融入了智慧,调控准确得当。如果教师只一味地注重过程,没有对结果的期盼,只是走了该走的教学程序,势必会导致课堂执行力低下。若想真正建立强大的执行力，一定要奔着良好的结果而去，让良好的结果与之共舞。

我们的课堂有时就像挖井一样，它的结果是挖出可用的水源。如果让你挖井，结果你挖了几个坑都不见水，那么，无论你有多累，这都不是我们所要的结果。追求结果的最优化，就要求在课堂管理中做到松紧有度。也只有松紧有度，管理才会进退自如，结果自然满意多多。

课堂管理中重过程，教师不能控制过头，不能死板地讲究课堂纪律，一味地追求"紧"，所谓"一张一弛是文武之道"说的正是这个道理。自然，我们在课前、课中，以及课后，都要时时告诫自己，时刻查找自己在课堂中的不足，做到"一日三省吾身"，刷新自己的观念，更新自己的行动，做到既纪律严明，又对学生保持尊敬。墨子说，"一个人对另一个人有兼爱之心，就不会有恨"。在课堂上，以尊重学生的个性为出发点，从爱学生开始进入教学流程，并时时让爱为学生的学习铺路，我们想没有好结果都难。

（2）科学运筹关键在合理运用时间

近年来，目标教学已经成为一种时尚，几乎被大多数教师奉为圭臬。你往往会在不经意间听到"只要目标任务完成了，一切都成功"的言语。这种极端的课堂管理倾向不但会导致对教学过程的忽略，而且以缺乏过程为支撑的结果作为考核标准，也会引发很多新问题。因此，我们在课堂管理过程中不但要注重目标，也要注重过程，只有将目标与过程相结合才能达到控制与发展的目的。

优秀的课堂管理，教师能够科学运筹时间，在课堂教学管理过程中合理安排，有效支配教和学的时间，提高教学管理工作效率，让学生在有限的时间内收获最大化。

教材不等于教学内容，教师必须对教材进行再处理与再创造，把教学内容做适当有效的调整，这样可以大大提高教学的效率；同时，要把握知识的生长点，采用新旧知识最佳衔接、交叉、渗透等方法，尽快扩大学习的效果，对"感知、理解、巩固、运用"等各个环节要规定时限，明确教师该做什么，学生该做什么，使课堂教学保持一定的教学节奏；采用隐性复式教学——在有限时间内向不同水平的学生传授足够的信息，就必须科学地分配信息，调动全体学生的学习积极性。

科学运筹时间，还要了解学生的心理活动规律。教学实践经验告诉我们，师生精力最旺盛的时间在每节课的前半小时，那是最有效的时间。因此，要为每一堂课设计一个精彩的开头，在有效时间内突出解决好每一课的重点和难点，力求有一个坚实的课的中部，形成课堂教学的合理的、自然的节奏，使各个部分内容自然衔接，环环紧扣，并留有一个饶有回味的结尾。在课堂教学管理中，教师应视学生即时的学习情绪，在教学安排上做适当的调整。

（3）把握好生成过程，力求迸出火花

优秀的课堂管理过程必定能看到教师的教学机智闪烁的火花。教师在教学过程中，常常会遇到偶然因素或特殊的情境，这时就需要教师机智果断地临时改变原定的方案，及时调整教学内容或顺序，让课堂有精彩的生成。这样的生成过程促使知识信息的传递、反馈与师生情感的交流融汇，让学生愉快、轻快、自信地学习。

链接

《草船借箭》课上生成的精彩片断

一位功底扎实的教师给学生讲《草船借箭》。即将下课时，不料先后有两位学生举手，提出应将课题的第三个字改为"骗"和"偷"。面对这一突发情况，只见这位教师微微一笑，首先表扬了这两位学生的创造精神，肯定他们的说法表面看也有道理，之后话锋一转：但对正义斗争来说，迷惑敌人，使之上当是应该的，"骗"敌人是我们的策略，"偷"敌人是我们的绝招，我们用的是毒药治毒伤。接着又从作者意在赞扬诸葛亮的动机出发，指明"骗"和"偷"都含有"不还给别人"之意，用这两个贬义词不当，所以只能用"借"。最后自然引出一问：同学们想想，诸葛亮借来的箭在何时何地还呢？学生异口同声回答：打曹军时在战场上还。

执教者善用激励法，瞬间就解决了学生突然提出的疑难，且言简意赅，画龙点睛，其组织教学应变能力之强令人由衷赞叹，这无疑是把教育机智发挥到了完美的境地。从很多课堂中可以看出，行政命令中的执行力强制性明显，课堂教学中，其道德约束上的执行力则建立在较强的自觉性基础之上。这种执行，既是一种有意识的刻意而为之，也是习惯性的坚持。值得注意的是，我们课堂上必须防止"歪嘴和尚念歪了经"的现象出现，即产生了执行力扭曲。课堂中，如果不把握好生成过程，其管理就会使得执行力成为异己的力量，从而降低课堂的信度和效度。

3. 体验课堂乐趣是为师的责任

课堂是师生共同经历的"生命场"，也是学生成长的体验地。在这里，学生是主人，教师要学会做平等中的首席，要引领学生去探究、去感悟、去亲历、去提升，要在教学中给每个学生提供思考、创造、表现及获得成功体验的机会，让他们在这过程中体验到乐趣。

在课堂教学中重过程，教师要让教学流程说话，关键在于能将说真正转化为做。教师要学会欣赏每一位学生，发现每一位学生的闪光点，并在课堂的一切流程中体现出来，把他们的优点转化为课堂教学的优势资源，并推动课堂教学向纵深发展。

链接

三个教学情境

情境一：在一节低年级计算教学课上，教师用开火车的形式，让学生进行快速口算练习。坐在我前面的小男孩回答："8+5=12。"教师狠狠地说："8+5是12吗？"就没有让这个孩子坐下。这之后，教师每显示一张口算卡，这个小男孩都举起小手，但这位教师一直没再让他回答问题。下课后，我问这位学生："老师根本不叫你回答，你为什么每次都举手呀？""老师，我总想要对一次呀。"是呀，孩子总想用行动来证明他也能会的，想用正确的回答来弥补他刚才没有答对的遗憾,这是学生的心理需求。每个人都有自尊心,老师,你是否能及时了解到每个学生的心理需求?

情境二:一位三年级女生下课后,带着很难受的心情向我倾诉:"张老师,我今天上数学课特别难受。""什么事?""老师提问我一个问题,我正在想用哪种方法更好,但老师不容我想一想,以为我不会,就让我坐下,让另一位同学回答了。我越想越难受,我明明快想出来了。"在课堂上,教师就这样一个小小的行为,竟给这位女生带来心理上的伤害。其实,我们教师面对不同个性的学生,有时候一定的等待也是对学生的一种尊重,等待也是一种教育。

情境三:在山东聊城茌平县杜郎口镇杜郎口中学的教室内,72位中学生挤在一间三面黑板、一面是窗户的教室内,个个积极主动地在写着、听着,发表着不同意见。他们个个精神饱满,在积极地思考。当时我很感叹地说:"真没想到,在这简陋的农村中学,学生个个面带微笑,充满自信。"我随意询问了五位学生:"你们上课时为什么如此快乐、积极地学习?""在课堂上我们有乐趣。"他们的回答让我冷静地、理智地思考这样一个问题——他们为什么说课堂上有乐趣呢?但又为什么当今有相当一部分学生有厌学情绪呢?

在课堂教学中,教师要重视学生阳光心理的培养,这需要教师自己首先要有阳光的心理。教师对自己所从事的职业、对每个学生要有一种爱,要有一种情,要有一种责任,把职业提升为自己一生为之奋斗的事业。其次,教师要读好一本书,即青少年这本书。教师要教育学生,先要了解他们,要了解不同年龄阶段、同一年龄阶段不同学生以及同一学生不同状态下的心理需求。教师一方面要满足每个学生合理的需求,这样学生才能有快乐的心理。把快乐带给学生,我认为,这就是教师对学生的爱。另一方面,对学生不合理的需求,教师要加以引导、教育,既让他认识这不合理,又让他进入到合理中来,这是教师的责任。

为了提高课堂执行力,建议每一位教师重视课堂教学的六个维度:一是长度,即在有限的可用时间内增加课堂教学的实用时间;二是宽度,即教师为每个学生服务,也就是在课堂中力争满足每个学生的合理需求,在阳光的课堂中培养学生的阳光心理;三是高度,即教师课堂教学的创造性,要重视教师个人教学风格的构建;四是密度,即课堂教学内容及学生的参与度;五是深度,即在学生知识技能学习过程中,学科思想方法和学习策略的自然渗透;六是适度,教师的教和学生的学均要寻找适合自己的,因为适合自己的就是好的。

第二节 教学过程目标是"跑道"

站稳课堂,需要教师在课堂管理中增添"跑道"意识。重课堂管理,则需要教师在课堂教学中,有效调控师生之间、学生与学生之间的动态探究过程,使动态探究效果最优化、最大化。有了科学合理的课堂教学目标管理,教师就能充分认识课堂责任,并了然于胸,才可以肯定地说教学效果一定不错。教学目标的管理与执行,关键在于每位教师对课堂目标有正确的认知与把握。课堂实施目标管理,常常会出现目标不到位、执行不合理等情况。甚至有些教师并没有意识到目标的存在,更无从谈起对它的管理,以及有效的执行。而导致这种情况出现的原因是教师没有真正建立目标管理的意识。

重教学过程的理性,我们必须明白:教学过程目标是"跑道"。强化课堂教学中的目标意识,才能充分实现课堂调控的优化。明确的目标使学生学习有方向,在心底自然生发一种动力,在学习中自然就能主动参与,并根据学习目标实施自我调控,从而能极大地调动学习的积极性与主动性,控制和调节学习心态。这也有利于教师不断提高教学控制的自我适应与应变能力。

1. 教学目标是执行的结果

为了站稳课堂,教学目标是整个教学过程是否利于师生共赢共生的首要前提。一切的教学形式、教学方法、教学手段都必须以教学目标为依据来确定。在课堂教学中进行目标管理，必须树立责任意识。在课堂教学中，有效制定目标是教师的首要责任。能履行好这份责任，就要求教师必须知道和了解教学的最终目标，期望它是什么，为什么如此地期望于它，对它进行衡量的标准是什么，为什么是这样的标准。只有每位教师正确认知了课堂教学目标，才能更主动积极去制定目标，并进而完成自己设定的目标，实现自我管理及自我激励。

教学目标既是教学活动的出发点，又是教学活动的归宿。课堂教学必须围绕具体的教学目标来展开。达成教学目标的过程，也是调控课堂的过程，更是目标管理执行的过程。其关键在于每位教师对课堂目标有正确的认知，以及借助课堂氛围的营造，使课堂在目标的指引下，从生成走向生成。值得注意的是，虽然在每一堂课中，这样的目标没有太多的愿景、战略、方针策略等大方向和大目标，可也必须从细节出发才行，通常那些小指标的集合就是课堂目标。因此，从某种意义上讲，教学目标其实就是执行的结果。

链接

《桥》教学片断

师：今天我们来学习《桥》，看到这个课题，你有什么问题想问吗？

生：写的是什么桥？桥有什么特点？

师：你们问的都是很实在的想法。请读读课文，看看这次提出的问题与第一次是否相同？

生：课文的表达方法有什么特点？

生：老汉是一个怎样的人？

生：明明写的是人，为什么用"桥"做题目？

（教师顺势梳理出以上三点学习目标）

……

师：大家读了课文，觉得课文的句子与以前我们所学的有什么不同？

生：很短。"像泼。像倒。"

生：简短的句、段，来渲染紧张气氛。

师：读读老汉把儿子从人群中揪出的一段话，用换词的方式来读，把"老汉"换成父亲，把"青年"换成儿子，大家觉得效果一样吗？

生：不一样，这里是设置悬念。（"文章在表达方式上的特点"这一目标得以落实）

师：是不一样。作者为什么要这样写呢？老汉是一个怎样的人？

生：老汉像一座山立在洪水中，他是无畏、冷静的人。

生：老汉凶得像豹子，把儿子从人群中揪出。他是不徇私的人。

（在这个环节中，教师抓住文中表现老汉精神的重点语句、关键词语，采用多种方法，品悟读、感情读、换词读、想象说、看图讲等，将学生带入感人、悲壮的故事中，使之为老汉那令人震撼的情怀所深深感动。）

品读这个片断，不难看出课文研读的过程就是落实目标的过程；目标的达成就是教师教学执行力的结果。我们通过对不少成功课堂案例的探究发现，课堂教学目标的管理非常有必要从大处着眼，小处着手，才可能在每个环节稳扎稳打、步步为营，将各项措施与目标紧密联系在一起，将目标落实到位。此外，提高课堂目标管理的执行力，保质保量完成教学任务，还应从细节入手，分解工作目标。分解课堂目标，既能让学生跳一跳摘到属于自己的"桃子"，从而增强学习的信心，又能有效管理课堂目标。

2. 防止"跑马"现象

教学目标具有明显的导向意识。在课堂上，教师在执行教学目标时，由于设定和执行缺乏科学性、细致性和严谨性，常常出现"跑马"的现象，常见的有以下几种。

（1）目标不够明确

据调查资料显示，53%的教师不清楚教学目标，不能通过有效的教学形式达成教学目标，结果却用大量的时间演示多媒体课件。课件设计有大量的图片、声音和动画，这些感观的过度刺激和教学环境场所的变化，很容易使学生分散注意力。他们的精力不是集中在教学内容上，而是被漂亮的界面和外部环境所吸引，导致注意力涣散、反应迟钝。34%的教师在课件制作过程中过分重视课件的美工制作，课件中常常出现与教学内容无关的图片，界面繁琐，内容与形式牵强附会。这些都会造成学生注意力不集中，冲淡教学主题，冲淡学生对学习重点、难点的关注，最终影响教学目标的实施效果。

链接

脱节的颜色课教学片断

一节低年级的关于 colors（颜色）的课。授课老师在运用水彩笔教学单词 red 等和句型"What color is it? It's…"之后，发给孩子们一些图片，让他们按照老师的要求涂色。因为小朋友动作慢，又容易分心，等涂好颜色就差不多下课了。这样，后半节课几乎成了美术课，学生的着色活动完全脱离了语言的交际，未能达到通过画画引导学生巩固语言知识的目标。

（2）创设的教学情境脱离教学目标

课堂情境是为更好地实现教学目标而创设的。这是现代管理学之父德鲁克1954年在其名著《管理实践》中最先提出的，其后他又提出"目标管理和自我控制"的主张。德鲁克认为，并不是有了工作才有目标，而是相反，有了目标才能确定每个人的工作。如果一个领域没有目标，这个领域的工作必然被忽视。然而，我们在一些课堂中却发现，一些花哨的情境创设并不指向目标，反而成了课堂的累赘。

链接

《认识乘法》教学片断

有一位教师在执教《认识乘法》这节课时,创设了"游乐园一角"这个情境,让学生观察画面,并说说发现了什么。

生:我发现这儿真好玩!有空中缆车在转呢!

生:我发现有过山车、火车。

生:我发现过山车开得好快啊!

生:我发现小鸟在天上快活地飞。

生:我发现那座大房子门前有路通向小桥,而小房子门前却没有路。

……

10分钟过去了,在教师的肯定中,学生不断提出新的发现,教师仍不断地提问:"你还发现了什么?"

看到这里,许多人心中就会产生疑惑:这是在上数学课还是上看图说话课?这节课的教学重点到底是什么?虽然课堂气氛空前热烈,学生的回答对后面的教学根本没有任何帮助,教师完全把本课的重点——认识乘法抛在脑后。这一课例提醒我们:在教学过程中,教师一定要分清主次。因为教学过程中情境的创设只是为了激发学生的思考,为教学目标这个中心服务。当学生已经具有了一定的意识,进入了学习的角色之后,教师应当适可而止,千万不要被一些情境所牵制,忘了本节课的教学目标、重点和难点。

我们时常听到关于鲸鱼搁浅海滩的报道,有些新闻说是这些鲸鱼在集体自杀,并对它们自杀的原因感到困惑。鲸鱼研究专家在对鲸鱼进行跟踪研究的过程中发现,它们之所以搁浅在海滩甚至暴死滩头,是因为它们追逐沙丁鱼的缘故,是这些微小的沙丁鱼将这些庞大的鲸鱼引入死亡的歧途。鲸鱼是因为追逐眼前的小利而死亡的,它们经不起蝇头小利的诱惑,将自己巨大的潜能和力量耗费在没有多少意义的小事情上,结果葬送了自己的生命。可见,不论动物的体型、种类,如果目标选得不好,结局是一样的悲惨。我们的课堂目标管理又何尝不是这样的呢?

(3) 片面追求热闹，偏离教学目标

花哨的课堂在当今真还不少，这样的教学其结果实质是偏离教学目标的。例如，在一些公开课上，多有唱、跳、演、玩等环节，课堂简直成了游乐的舞台，歌曲、表演、游戏等内容非常丰富，整节课学生都处于兴奋状态中，一个游戏接一个游戏，高潮迭起。如此的教学，学生有思考的时间吗？我们曾听过一节课，话题是有关"Christmas party"的一段对话，重点句型是"What do you like? I like…"和"Do you like…? Yes, I do. / No, I don't."。教学活动围绕圣诞节的文化背景展开，老师课前准备了大量的道具：圣诞树、小星星、圣诞老人、圣诞卡、长筒袜等，还精心布置了教室，美化了黑板，设计了游戏活动。学生群情激昂，毛毛躁躁学了几个单词之后，按捺不住地开始了模仿圣诞老人的游戏。我们观察到：学生大多数单词发音不到位，句型操练不充分。而且整节课只有几个"圣诞老人"练习了这堂课的重点句型，其他学生则在欢笑声中"热闹"地结束了全课。

(4) 思路不清晰

古人讲"凡事预则立，不预则废"，说的就是目标管理的高效达成来自充分的准备。在对无效教学现象的分析中我们可以发现，教学目标时常厘定不清，习惯表现为割裂课堂教学三维目标之间的关系，片面强调认知目标。

链接

生字"菜"的教学片断

师：小朋友，怎样记"菜"字？

生：菜，上下结构，上面草字头，下面是采字。

师：还有其他方法吗？

生：上面草字头，下面彩色的彩去掉三撇。

师：很好，还有其他方法吗？

生：上面是辛苦的苦去掉古，下面是彩色的彩去掉三撇。

师：很好，还有其他方法吗？

生：菜，上面是花字去掉化字，下面是彩色的彩去掉三撇，合起来是"菜"字。

师：很好，还有其他方法吗？

生：……

这课堂上，教师通过数十种方法引导学生学习一个生字，而各种方法之间并没有实质的区别，这无疑使学生们越记越复杂。生字的学习和记忆作为双基之一，是否能通过这样的探究来实现过程和方法维度的目标呢？生硬地追求过程和方法，是否是新课程精神所在？答案是否定的。

新课程强调将知识与技能、过程与方法、情感态度与价值观的三维目标整合于课堂教学实践中。然而，由于教师不能准确理清三者之间的关系，致使情感态度与价值观目标在教学实践中或被忽视或成了穿靴戴帽。我们只有对目标做出精心选择后，课堂才会充满生机与活力。

(5) 活动不充分

现代教学的一大特点是讲究创造性，要求培养学生的动手能力、独立思考能力和批判思维方式。而这些，都需要学生主动积极地参与到课堂学习之中，通过他们有效的活动去进行自我锤炼、自我否定、自我超越、自我提高。

然而，今天的不少课堂，在新课改旗号的掩盖下，依旧是"一方讲台小天地，一个教师独角戏"。学生到哪儿去了？在课堂中隐身了。他们依旧在老师喋喋不休的讲解中，或无所事事，或昏昏欲睡，或窃窃私语，或左顾右盼，或各行其是……这样的课堂，是低效或无效的课堂，这势必会造成课内损失课外补的现象，会严重加重学生的负担。

在课堂教学中，我们首先要根据学生的现状确立好恰当的目标。其次，教师要发挥自己的指导作用，讲授时做到深入浅出、画龙点睛，留给学生一个可参与的空间。最后，教师还应精心设计，分析哪些材料让学生自学，哪些材料由教师精讲，哪些材料用讲练结合形式进行；考虑精讲火候；研究怎样才能使讲解富于启发性，把教学的重点从"教"转移到"学"上，使学生变被动为主动，真正成为教学活动的主体。这样才能培养学生独立学习的能力和对所学学科的兴趣，激发他们的求知欲望，增强学习信心和主动学习的积极性。

（6）目标控制措施不得力

由于多媒体课件的使用，教师的讲解脱离了过去的边讲解边板书的教学模式，知识点切换较快，学生笔记的速度跟不上，部分学生会因为一味低头抄笔记而影响了上课效果。为了完成教学任务，某些教师向学生无休止地灌输知识，变成现代化的填鸭式教学。课件演示速度太快，使得基础稍差、又想做笔记的学生跟不上教师的速度，再加上长时间看屏幕，很疲劳，容易造成精力不集中，这样就慢慢失去了学习兴趣，也使教师难以控制教学目标。

在教学中，我们不能让多媒体变成"媒体多"，不能用多媒体代替板书，应始终胸怀目标，充分预设好多媒体，根据学生的学习状况恰当使用课件。课件要真正用在学生思维受阻处，用在"愤""悱"之处，用在学生情绪低落处。要让多媒体与学生实现互动，让学生的学习来控制多媒体，而不是用多媒体来控制学生的学习。有效控制课堂目标，我们才能选择好恰当的教学手段、教学方式，让目标引领学生超越自己。

3．重视教学目标的管控

课堂教学中进行目标管控时，我们至少应注意八个问题：一是明确目标是什么？即实现目标的中心问题、项目名称。二是达到什么程度？即教学达到的质、量、状态。三是谁来完成目标？即教学过程与环节中的负责人与参与人的确定与角色转换。四是何时完成目标？即如何预定好教学流程，以及当学生的课堂学习发生变化时如何改变课堂流程走向。五是怎么办？即应采取什么样的措施、手段、方法才能更有助于目标的达成。六是如何保证？即给予什么样的资源配备才能使目标不偏离，以及课堂中随教学的进展还可能会有什么样的资源可开发。七是是否达成了既定目标？即如何对教学成果当堂进行检查、评价。八是如何对待完成情况？即与奖惩安排的内容挂钩，并有效进入下一轮目标管理循环。

今天，我们通过观摩很多的课堂教学发现，在他们的课堂上都能感受到其教学目标的存在；但是，在达成目标的流程中，目标却是时隐时现，效果不很理想。这是为什么呢？深入探究其教学过程，以及对课堂细节的把握，我们进一步地发现，这样的课堂仅仅是在口头上、形式上重视目标，做起来却流于形式，教学有悖目标管理的初衷，目标成了课堂的附属品，似乎是想起来了便渗透一点，教师在很多时候就是自顾自地赶进度，其结果自然是事倍功半。在课堂教学中运用目标管理，教师要树立"以目标为导向，以人为中心，以成果为标准"的观念。

（1）重视学生的参与

大诗人陆游对儿子说："汝果欲学诗，工夫在诗外。"有效的目标管理也是如此，精彩在课堂，工夫在课外。目标的有效管理以何为评价标准？当然，其评价指标很多，但其中最重要的就是"学生参与的度"和"参与的质量以及由此带来的学习结果"。所以，课前的预设很重要。那么，如何以备课来实现学生的积极参与呢？

深圳市小学教研员蒋老师在谈教师如何备课时，提到了自己的一些做法。打开一篇新课文，应该怎样读？怎样制定教学目标？他不是根据教学参考书而定，而是请几个学生听自己读课文，让他们发表看法，自己再不停地练习，询问学生学这一课想学到些什么？我们不能不欣赏他的教学态度与智慧：欲使学生真正成为学习的主体，让学生积极地参与到课堂学习之中，那么，课前准备时就必须将学生融入备课环节，让学生参与教师的课堂备课，充分听取学生的意见，大胆吸纳学生参与目标的制定。让学生参与目标的制定，不但使自己的备课直面学生的学习，而且也在学生的率先参与中明晰学生对目标的冷暖感知，从而确定好课堂目标。这样一来，教师就能在课堂上实现有效把握和控制目标的达成，并对课堂目标的理解更加深刻，也能引导学生更加积极地参与到课堂学习中来，真正提升学习目标的达成度。

蒋老师在教学《春联》一课时，整堂课紧紧围绕"让学生在与春联有关的系列活动中，对春联这种中国固有的文化形态特点和意蕴有所发现和体悟，从而感受中国传统文化的魅力"这一目标，设计了"说过年、议春联、贴春联、评贴法、读春联、赛吟诵、说发现、议意蕴、拼春联、写春联、赏春联"这样环环相扣、互为衔接、逐层推进的教学板块。课堂中时有精彩闪现。在这一节课，我们看不到繁琐的问答、生硬的讲授或是机械的练习，取而代之的是学生不断被唤醒和激起的情感，全身心参与的活动，真切丰富的体验和灵动智慧的发现。

(2) **重视管理的过程**

"一滴水中见大海，一粒沙中看世界"，透过课堂，我们看到成功的背后都隐含着一种共性的东西，那就是课堂教学的有效、高效离不开清晰、集中、恰当的教学目标，也离不开围绕目标环环相扣、步步达成的教学流程，即课堂教学的目标管理。

目标的达成更多地体现在过程中，单纯地追求结果等于教条和虚无，等于对目标的践踏。教学中引导学生学习的过程就是一个不断实现既定目标的过程，这既要求教师在课堂的不同时段，根据学生的情况恰当地进行目标管理，更要求教师力争实现目标管理结果的最大化，从而实现高效课堂的总目标，为赢得课堂打下坚实的认知基础。

(3) **注重目标管理成果**

目标具有标准作用，可以用来对质量进行评价、调控。课堂教学效果到底如何，最后要以目标的达成度作为检验成效大小、差距多少、质量高低的标准尺度。可见，目标不仅是一堂课的出发点，也是判断教与学的结果、检验教学成效的标尺。在质量管理过程中，课堂教学目标的控制是重要一环。所以说，注重课堂教学成果是目标管理的一大特点，强调成果不但要关注成果本身，更需要对造成成果的影响因素加以认真分析。这要求教师在完成课堂教学任务后，需要和学生共同分析成功和不足之处。教师在教学工作中往往容易将主要精力放在目标的实施阶段，而对于课后的分析总结没有认真科学地落实实施，从而影响到对教学情况的全面把握。

新课程背景下，教育的视野由"知识"转向"人"，转向"生命"，转向"学生"，课堂教学的价值意义、方式方法等就更值得我们去审视、去反思、去重构。教师学会教学目标管理，创设一种有利于学生主动参与的学习环境，让学生用已有的经验积累，亲历与环境的交互过程，亲历整个学习实践活动全过程。这样，学习往往就能够成为学生生活及成长的有机组成部分，课堂也会充满着鲜活灵动和意义生成。

第三节 巧借现代信息技术带来高效

课堂教学仅靠一支粉笔唱响讲台的时代已经过去。教学中的多媒体，由当初的引进到推广，再到现今的逐步普及，可谓发展迅猛。看来，在教学手段中，现代信息技术占据主导地位已是大势所趋。我们发现，如果不管好现代信息技术在教学过程中的应用并用之恰到好处，更会让教学出现浮躁现象。

教学过程中重过程管理，应用现代信息技术贵在管好并"精用"。其实，目标管理体系在实施中存在不少变形走样的情况，加大对课堂目标的多角度管理，已经是不必再争论的事实。随着现代信息技术的发展，计算机辅助教学进入了课堂。课堂教学的单一化、程式化势必成为启发学生思维、培养学生素质的绊脚石。如何将传统的教学手段和计算机辅助教学有机结合起来优化教学？我们首先必须了解计算机辅助教学的优势和误区。为此，在本小节中，专门针对现代信息技术作个小小的探讨，以求抛砖引玉。

1. 课堂上现代信息技术的优势

"一块黑板、一支粉笔、一张嘴、一本书"或"板书加挂图"的传统课堂教学基本上是教师自我表演的天地，较少有学生参与的机会。社会在进步，教育在发展，授课方式也随着现代信息技术的发展而变化着。多媒体走进课堂，它以图文声像并茂、过程展示充分、反馈及时有效的特点，给课堂教学带来无穷的魅力。

现代信息技术在课堂上的优势主要有以下三点。

(1) 增强学习兴趣，激发学习动机

计算机将文字、图形、动画和声音有机地编排在一起，具有强大的计算功能和信息处理功能，对图形可以进行伸、缩、移、旋、切、拼、补等变换，为学生提供丰富的感性材料，使内容形象化，增强其表现力，使学生的多种感官同时得到刺激，有利于增强学习兴趣，激发学习动机。现代教育学的实践证明：学生在获取知识时仅依靠听觉，那么3小时后能保持70%，3天后仅能保持10%；若仅依靠视觉，则3小时后能保持72%，3天后可保持20%；如果综合依靠视觉和听觉，则3小时后可保持85%，3天后可保持信息量的65%。运用多媒体教学系统，可以使学生以交互方式进行学习，有利于学生参与，激发学生的兴趣，帮助学生建立新旧知识之间的联系，调动学生的学习主动性和积极性，使学生自觉地学习。

(2) 有利于培养学生的创造性思维

例如，在数学课堂上，计算机辅助教学可以引导学生观察、思考、猜测和尝试，对数学对象进行多重表征，使学生深入理解数学知识。通过数学实验激发学生创新的灵感，有利于培养学生的创新精神和实践能力。

(3) 节省教学时间，增加课堂信息密度

在传统的"黑板＋粉笔"的教学模式中，教师有时需要用较长时间写出一串长式子，画出图形或图像。有了计算机辅助，便能克服困难，让图形直观、动态，便于学生理解。在几何教学中，计算机可以将学生不易理解的几何图形的变化、运动过程模拟演示出来，将抽象的内容直观化、具体化；但要注意处理好抽象思维与形象思维的关系。数学思维以抽象思维为主，在学生思维发展过程中，过分地依赖具体形象，则不利于学生抽象思维的发展。由于传统教学偏重逻辑能力培养，学生的形象思维偏差。

现代信息技术在课堂上的运用，可以帮助教师拓展其他资源，能充分挖掘教材中的有趣因素和艺术魅力，唤起学生的学习兴趣。可让学生真正成为学习的主人，努力拓展更宽更广的空间，激活学生的思维，让学生的学习有源头活水，使学生思维在自主、合作、探究中得以拓展，如此，课堂才会变得精彩异常。智慧的教师善于凭借各种有利资源，并融入自己的智慧，在课堂上展现出教师的创造性、丰富性、灵活性。这样的课堂不但生气勃勃、扎实生动，更是可行的、有效的、可持续发展的。

2. 走出技术辅助教学的误区

（1）现代信息技术，装点课堂教学的"门面"

有些时候，教师为了制造花哨的场面和轰动的效应，而勉强使用计算机。为了"公开课""评比课"而使用计算机的现象可说是普遍存在。计算机辅助教学作为一种现代化教学手段，并不排斥传统教学手段，二者有机结合、优势互补，才能获得最大的教学效果。我们都知道，并不是所有的教学内容都适合采用计算机辅助教学，有时通过教师的语言、板演、手势及通过观察学生的表情、提问等反馈手段能完成的，就不必使用计算机。当然，这要求教师必须根据课堂实际灵活运用教学策略，因势利导，往往会获得更好的效果。任何一种现代化的教学手段，都只是教师开展教学活动的工具，其作用的有效发挥必须依靠教师的科学设计、精心组织。再就是，教师对学生特有的人格影响是任何教学手段都无法代替的，而计算机所具有的功能强大的计算和信息处理功能以及直观化、动态化效果，也是传统手段无法匹敌的。所以，我们不能厚此薄彼，应实现二者的优势互补，使计算机辅助手段在适当的时候发挥它应有的作用。

前不久听了一位数学老师执教的《角的认识》。该教师在课前让学生制作了活动角，课堂上先让学生实际动手操作，比较角的大小。其实，课前的准备过程已经帮助学生在头脑中建立了相关意象，而课堂实际操作中也已经很好地解决了教学重难点。但教师觉得还不够，又利用Flash制成声色结合的完美动画,将比较的过程重新演示了一遍。这个动画俨然成了一个摆设,费力费时,画蛇添足。多媒体是教学的辅助手段,但它不能喧宾夺主。试问,还有什么手段比学生在动手操作中有所获得更难得呢?

(2) 课件制作,书本插图的"翻版"

在一些课堂上,有的教师展示的课件和学生课本上的画面没有什么两样,只是色彩不同或者增加一些"动作"罢了,课件成了教材的"翻版"。这样做,不仅没有什么实在意义,反而浪费了人、财、物和时间。

课件的制作应力争弥补教材之不足,激发学生之思维,实现与学生的交互,而不是"换汤不换药",只是把课文插图换个位置来展示。

(3) 以"电子板书"代替"黑板板书"

有的数学课件把教案搬上屏幕,以"电子板书"代替"黑板板书",上课时教师只需点击鼠标,对其他教学手段置之不理,使课堂由"人灌"变成"机灌"。这些只是简单应用了计算机的演示功能,教师成了播放员,学生成了观众,大大降低了学生的学习积极性,使学生在日复一日这样的低效学习中丧失学习的兴趣。从课堂教学效益角度讲,有些用传统的教学手段就可以讲得清楚的知识点,如集合,教师就没有必要浪费大量的时间制作课件,采用计算机辅助教学。从学生身体健康角度讲,过多过滥的电子板书,学生容易产生眼睛疲劳乃至视力损失,反而影响学习效率,降低学习兴趣,减弱学习动机。

(4) 过分追求快节奏

计算机辅助教学固然可以节省教师作图、板书时间,加快课堂节奏,增加课堂教学密度,但有时欲速则不达。在课堂上,教师把教案搬上屏幕,讲课只需点击鼠标,配上讲解。当学生正在思考这一页的问题时,屏幕已经显示到下一页的内容;或者当学生正在解题过程中,屏幕上已经显示出标准答案——解题思路、步骤、结果。这样,学生可能会放弃自己的思考,不利于学生的独立思考。学生学习是有一个认识、思考、探索的过程的,应处理好计算机速度"快"与学生学习"慢"（有一个过程）的关系。

在使用计算机辅助教学时，教师应心中有目标，目中有人（即学生），遵循他们的学习规律，控制好课堂的节奏，适当的时候停一停，给学生留出思考的时间，让学生的思维有喘息的机会，让他们更好地参与学习全过程。

（5）人机对话取代人际对话

有的计算机辅助教学课件以计算机的演示代替了教师的教，忽视了教师作为教学过程的组织者和指导者的作用。在有条件的情况下，学生一人一机或两人一机，以人机对话取代人际对话，学生参与课堂限于在计算机上做题。当学生答对时，屏幕显示出"你真棒！""你真聪明！"等类似的表扬词条；当学生答错时，显示出"再想想"等。事实上，学生在计算机上完成选择题或填空题是方便的，但完成解答题就很困难，姑且不谈证明题的思路设计，就是数学表达式的输入就存在严重的障碍。一些数学的演算、分析，语文的板书等，利用传统教学的纸和黑板反而更方便。单纯地用计算机，最大的缺陷在于不利于学生的笔头及口头表达与相互交流。师生之间的情感交流是必需的，教学过程是一个十分复杂的过程，教师的一个微笑、一个简单的手势，哪怕仅是一个简单的动作，有时在提高教学效果中都起着重要的作用，教师的启发、诱导有利于学生创造性思维的培养。但这些，计算机是无法实现的。

（6）过分依赖，丢失了课堂教学的灵魂

教学中恰当地融入多媒体，会收到直观、形象的良好效果，有利于激发学生学习的兴趣和求知欲，调动起他们学习的积极性。但是，我们也看到不少老师，在多媒体课件中集中了大量的声音图像信息，用图文声像把一堂公开课几乎都武装到了牙齿，恨不得课堂的每一步骤、每一环节，教师的一举手、一投足，都有声像、图文来进行配合。本来只需用几句话、几张图片或简单的体态语就能让学生清楚、明白的地方，也不分青红皂白，非要用多媒体来代替，好像没有了这现代化手段就不能成其为一堂课了。这样一味地追求直观性，追求课堂的奢华，反而干扰了学生的注意力。因为每播放一首曲子，每闪现一幅图画，学生都会新奇好几秒，甚至几十秒，学生的注意力被转移了，学习的兴趣被迁移了，应用于学习实践的宝贵时间就被无端地浪费了，既降低了教学效果，又影响了学习兴趣。多媒体成了插足课堂教学的"第三者"，它替代了学生的读书、思考和实践，学生在课堂俨然成了一个观众。一节课结束，学生只感觉热热闹闹过了一节课，脑袋里除了那些图片信息，什么也没留下。

（7）过多过滥，让课堂成了"四不像"

有的教师在课堂上交替使用各种多媒体手段，无论教学实际是否需要、需要多少，满堂课都在声、光、电中进行，让人眼花缭乱。在一节品德与生活的课堂上，教师不仅将"三机一幕"全部派上了用场，还展示了课件。一会儿放一段让学生观看，一会儿放一段让学生讨论，一会儿放一段让学生个别发言。学生们忙于观看教师制作的节目，还要应付教师的提问，哪有时间去思考和分析。在教学过程进行不到一半时，许多学生便已跟不上教师的思路了。教师依然乐此不疲地操作着多媒体。下课铃响了，教师仍在忙于展示；上课铃又响了，教师还是没有把"节目"播放完。这样的多媒体教学，令听课者木然。

很多时候，教师的课件只是把课本搬到了屏幕上，把原来的"照本宣科"变成了今天的"照屏幕宣科"；学生围绕着教师设计好的课件进行学习，不敢出任何"漏洞"，上课时小心翼翼，否则会影响课的"正常"进行。

殊不知，这样的多媒体教学把原来的"以学生为中心"变成了今天的"以课件为中心"，不仅大大阻碍师生、生生之间的交流，而且严重影响和限制了学生的思维。这不正是在现代化教学手段的掩饰下，走着应试教育的老路子吗？

完全依赖多媒体课件，教师就容易受到已定型的课件的影响，完全围绕课件讲课，缺少了课堂教学中最为精彩的"即兴发挥"，把原本的"课件辅助教师"变成了"教师辅助课件"。课堂上，教师的教学变成了操作鼠标，学生的主要活动变成了看看屏幕。画面的频频变换，使学生目不暇接，思维处在了休眠状态。这种课堂教学，不过是一种"新款"的"满堂灌"、一种新型的"填鸭式教学",只不过是将"满堂灌"变成了"电子灌"而已。学生除看到了几个好看的画面,记住了某个事物个别的、零散的特征外,其余是一无所获,根本没有思考活动的参与。长此以往,学生形成了思维上的惰性,将严重影响学生思维的发展。

3. 应用现代信息技术的管理策略

在知识经济时代,信息素养已成为人的科学素养的重要基础。为了站稳课堂,在推进教育信息化的过程中,我们提倡计算机辅助教学。但如何最大限度地发挥计算机辅助教学的效能,更好地为教学服务,为学生服务?我们不妨从以下几方面着手。

(1)媒体设境,激发兴趣

夸美纽斯说过:"兴趣是创造一个欢乐和光明的教学环境的重要途径之一。"兴趣是最好的老师,兴趣能激发出学生强烈的学习动力。我们使用多媒体,同样要有利于引起学生的学习兴趣,让学生动力十足地投入学习之中。例如,我们可结合本节课的学习内容,以及学生的学习特点,把身边同学做游戏时有趣的情形、蔚蓝色天空上朵朵美丽的白云、悠扬动听的音乐融入课件。上课伊始,老师就可利用多媒体创设出吸引学生的情境,让学生自然而然地产生参与课堂学习的积极性、主动性。

应用现代信息技术,应该转变教育观念,以先进的教育理论为指导。现代教师要改变一本教案、一支粉笔、一块黑板、一张嘴就能完成教学任务的观念。但现在不是告别"黑板+粉笔"的时代,也不是告别书本,只需敲击键盘、点击鼠标的时代。更多的应是这几者的有效、有机融合,同时,还必须把握好谁为主、谁为次的问题。只有这样,才能真正发挥多媒体应有的作用。在多媒体广泛运用于课堂的今天,需要教师不断地加强学习。采用计算机辅助教学,从表面上看,教师的讲课时间少了,绝对权威地位减弱了,而实际上对教师提出了更高的要求。教师应由单纯的知识传授者转变为学生"信息内化"过程的指导者和促进者。教育部 2000 年颁发的《中小学教师信息技术培训指导意见》中指出,通过信息技术培训,既要使中小学教师建立科学的、基于信息技术的现代教育思想和观念,还要逐步提高教师的信息素养和应用信息的能力。计算机辅助教学离不开教育理论的指导,同时也促进了教育理论的发展。教育的现代化首先是人的现代化,只有掌握了先进的教育理论,才能对教育的实践过程作出正确的决策和评价,才能保证教育改革的正确方向。计算机辅助教学能给课堂带来生机和活力,但计算机不是决定性因素,起决定作用的是教师,是信息时代教师的教育观念。

(2)善用多媒体,突破难点

计算机辅助教学最突出的特点是计算机和学生可以进行对话(当然不是以人机对话取代人际对话)。在设计课件时不要只出现简单的"对话",如可以采用超文本结构,学生与教师可以在课件运行时改变与控制教学活动的内容和顺序,不仅能呈现信息,而且能接受学生对指定问题的回答,并对回答给予判断和评价,提供反馈信息;可以根据学生的需要,为实现自主学习创造环境,真正实现因材施教,避免出现好学生"吃不饱"、差生"吃不消"的现象。

恰到好处地运用多媒体能有效提高教学质量和效率,特别是能根据不同年级的学生特点,能自我控制推出的时机。如果适量地运用多媒体手段,能让课堂由静变动、化抽象为形象,突出教学重难点,达到最佳的教学效果。拿语文来说,有的课文,无论教师讲得多么精彩,学生也很难体会、理解。例如上《丑小鸭》一课,当学生学习到丑小鸭变成美丽的白天鹅,丑小鸭欢呼雀跃地快乐时,若单靠老师的讲解,丑小鸭变成白天鹅的高兴劲学生也很难体会到。为了更好地帮助学生感悟,教师适时地发挥多媒体特有的功能,及时地演示了与之相关的情景。这样,不但能使课堂教学的难度大大降低,而且使教学结构和学生的认知结构发生了根本性的变化,学生的思维活动向独立、主动、深刻、全面发展,突出了课文的重点,突破了教学的难点。多媒体课件也是理解词语的好帮手。《荷花》一文中有"挨挨挤挤"一词,如果能适时地播放稀疏的荷叶,然后以动画形式依次再现许多的荷叶紧挨在一起,学生看着画面,什么叫"挨挨挤挤"就准确地理解了。在理解"白荷花在这些大圆盘之间冒出来"时,这一"冒"字写出了荷花生长速度快、生命力强的特点,学生较难理解。这时,再适时地运用多媒体课件,向学生展示一个栩栩如生的动画情景——挨挨挤挤的荷叶中冒出了许多荷花,从而使学生准确地体会了"冒"字的意思,解决了教学的难点,化难为易,实现了教师手写口授难以达成的教学效果。

(3) 频度适中,拓展适度

对于多媒体的运用,应保持教学过程的理性,建立科学合理的评价机制。首先,不能把是否应用了多媒体辅助教学作为评价一节课质量高低的唯一标准。其次,评价一节多媒体课成功与否的标准应该是:是否有利于学生的主动参与,是否有利于揭示教学内容的本质,是否有利于课堂交流的高效实现,是否有利于学生的思维和技能培训,是否有利于难点的突破,是否有利于目标的落实,等等。

有些教师为体现教学手段的现代化,在一堂课中尽可能多地使用多媒体,以为多媒体用得越多,学生的参与率就越高,所教授的教学内容越易于让学生掌握,因而课堂效率也就越高。其实,这种做法往往会架空课堂教学的主体,让教学的主基调没有生成和落实的可能。频度过多地使用多媒体教学,就会喧宾夺主,违背了多媒体辅助教学的宗旨,使学生在课堂上走马观花,只看热闹,不重内容;同时,也会使课堂教学流于形式,使学生不能静静地思考,不能由表及里、由浅入深地认识所学内容,自然就谈不上真正发挥学生的主体性。这更会把学生和教师、学生和学生之间的对话变成冷冰冰的人机对话。多媒体的使用,只有把握一个度,才能真正发挥其作用。

一位教师在教学《瑞雪》时,适时地运用多媒体让学生欣赏大片大片的雪花从昏暗的天空中纷纷扬扬飘落下来的情景之后,就指导学生反复朗读这一段,还让学生反复朗读课文中描写下雪时的句子。接着再次设置情景,放着音乐,把教室的窗帘拉起来,布置了一个"昏暗"的环境,再让学生看着画面,老师启发学生仔细观察。然后让学生闭上眼睛,插上想象的翅膀,把看到的、想到的用言语表达出来。学生在情景的感染下，想象力非常丰富，思维的闸门打开了。教学中，不论在哪个环节使用多媒体，教师都要明确：使用多媒体是为了挖掘教材中的情景语言点，是为了活化教材，创造真实的语言情境。

恰当地运用媒体，才能真正点燃学生思维的火花。我们的教学内容中，并非所有的都适合计算机辅助教学。教师三言两语能讲清楚的，就不必用多媒体；如果用其他教学手段就可以解决的问题，教师也没必要花费大量的时间制作课件。再就是不能一堂课全程使用计算机辅助教学，这样容易忽视教师的主导作用，在重点难点的内容上，如中学数学中的"函数图像问题、定值问题、轨迹问题、空间图形问题和一些比较复杂的图形或较难画出的图形"，如果其他教学手段无法讲清楚时，可用计算机辅助教学。同时，教师设计课件，不要只注重外在形式，应注重实效，应遵循学生学习的心理特征、认知规律和注意力规律。

适度使用多媒体的平实的课堂，不仅能充分调动学生的积极性，激发学生的求知欲，活跃学生的思维，拓展学生的想象力，而且能提高课堂效果、优化课堂结构。我们要记住的是，多媒体永远只是辅助手段，在教学中，我们不可喧宾夺主，同时也要注意实用。

（4）设计多媒体课件时把好质和量

一是把好多媒体课件的质。除了形式与内容融为一体外，多媒体课件的设计更体现一种服务意识，服务于教学重难点，服务于学生的思维和实践，服务于教学目标。同时，在课件素材的选择上，注重精挑细选，追求淡雅，让课件能引发学生思考，而不是分散他们的注意力。

二是把握好多媒体课件的量。整个教学过程≠课件，这是一个"铁律"。课件思想只是教学整个流程中的一个小系统，它不代表教学的全部。我们在预设时，可设计详细一些，做好交互；在使用时，则必须以"学"定使用。学生能掌握的，我们就不必生硬地再点击课件。一般来说，一节课的多媒体课件数量在3个左右为宜。

第四节 重"放养"轻"圈养"

站稳课堂，加强课堂管理，对合作学习的掌控，特别是对于提高教师的执行力的思考，在现代教学中已是一个非常值得关注的话题。合作学习，作为新课程倡导的三大学习方式之一，它有力地挑战了教师"一言堂"的"专制"，课堂上学生有了自主、合作的机会，学生的主体意识得到强化，学生从被动服从向主动参与转化，学生潜在的创造力得到发掘。对于合作学习的课堂来说，把握好"放养"与"圈养"的度，更是一位教师课堂综合素养的反映。

高效课堂中，关于"放养"与"圈养"，这其实是一个形象的比喻。例如，我们平时里去菜市场购买鸡蛋，鸡蛋一般会有两种价，那些放养的鸡下的蛋要比圈养的鸡下的蛋贵得多。在我们课堂中，师生互助合作学习，学生学习所获得的成绩就像那鸡蛋一样，可能分值都差不多，但产生的价值及社会认可度一定会有所不同。我们的教育不全是为了分数而进行的，培养出富有开拓精神的人才，才是我们的最终目的。

高效课堂中的合作学习多重"放养"轻"圈养"。合作学习有利于师生间、生生间的情感沟通和信息交流，有利于思想的撞击和智慧火花的迸发，有利于思维的发散性、求异性。课堂合作，在融洽、和谐的环境里，师生都充分发挥各自的积极性，做好各自的事情，才能共同发展，共同进步。在我们看来，课堂合作学习应重"放养"，轻"圈养"。

1."放养"与"圈养"——两种不同的合作教育场

著名教育家冯恩洪讲过，"圈养出规范，放养出个性"。他道出了课堂教学中两个不同的合作教育场的不同结果。

"圈养"式的教育是封闭式的，其特点是整齐划一，培养出来的学生如同工厂里用同一模具制造出来的产品，有很多共性，但缺少个性，知识面狭窄，依赖性强，离开老师便无法学习；这种教育方式容易扼杀学生的创造性、主动性和灵活性，它严重束缚了学生的独立思考、独立判断能力，使学生缺少独特的个性与自主、自立、自理能力。"圈养"，是让每一个学生课堂上成为一名"合格"的学生：既需要知识的丰富，也需要人格的养成；既需要学会做学问也需要学会做人。

　　"放养"式的教育则是开放的。"放养"是指把学生带到课堂之外，有组织、有目的、有计划、有效果地实施教育教学活动，提倡学生亲力亲为，深入体会，从而达到教学目的的一种教学方法。这里的放养指的是让学生脱离教师的掌握与牵引，回归到自主、个性的学习状态。"放养"能让学生的特长得到充分的展现，能给他们更广阔的发展空间，"放养"能有效调动学生的学习积极性，并进而培养他们的个性。

　　今天，我们必须转变教育观念，大胆开发学生的潜能，开展"扬长教育"课程模式的研究，将学生按程度分为不同层次班级，因材施教，以满足不同学生的学习需求；根据学生发展需要进行第二课程的实践，作为发展学生特长的最佳突破口；尝试学有所长、以长补短、全面发展的评价方式，让"金苹果"成为学生心目中的"理想"。所以，有效"放养"，才能真正成就有个性、有特长的人才。

　　"圈养"是面对全体学生进行的教育，是培养合格学生的必要手段；"放养"是给学生更广阔的天地，让学生寻求到更适合自己发挥的空间。课堂教育应以"圈养"为主，"放养"为辅，因为"圈养"出规范，"放养"出个性；课堂中要减少"圈养"的时间，增加"放养"的机会。有了"圈养"的意识，便有了"放养"的空间，学生就能在学校中自由自主地生长！

2. 合作学习关键在细化好合作的流程

放羊有两种方式，一种是放养，一种是圈养。圈养的羊因整天关在圈里，虽说不担心吃喝，但被压抑太久了，一旦打开圈门，就再也不想回来，只想在外撒野。所以要守住圈门，不可打开。而放养的不同，每天，你打开圈门，它就会在外撒欢，但是一到黄昏，太阳落山了，它就会自己回来，因为在外撒欢了一天后最盼的是回家。所以只需每天打开圈门，不要担心它会不会归家。这是多么睿智的话！令人折服！其实在课堂中也一样啊，尽可能多采用"放养"的方式，打开学生思维的闸门，而最终而快乐地学习着。

链接

《蜡烛的燃烧》教学片断

课堂上，执教教师给每组学生提供了一组材料，包括蜡烛、烧杯和火柴等，让学生动手验证自己的猜想。教师的话音刚落，学生就迫不及待地动起来。下手快的学生一抢到火柴就开始点火，有的拿到了烧杯，有的在争抢蜡烛；什么也没有拿到的学生一脸沮丧；还有一些学生并没有参加实验活动，而是三三两两地聚在一起，眉飞色舞地讨论着什么。一时间，整个科学课堂里叽叽喳喳、乒乒乓乓……教室里可谓是"热闹"极了。

本案例中，教师提出一个要研究的问题后，既不给学生分组，也不具体分工，马上便要求学生合作学习。结果教室里一窝蜂似的嗡嗡叫，看似学习讨论热热闹闹、轰轰烈烈，实际上只有少数学生在讨论问题，大多数学在谈天说地凑热闹。这种合作学习毫无效果，这是一个失败的合作学习案例。

从上面的案例中，我们不难看出，课堂上学生也是一个独立的个体，有自己的思想。需要自己的空间和时间，来思考自己的问题。只要他心中有度量的尺在，不过分，不出格，为什么不给对方空间与自由？学生有足够的空间与自由，这样学习才不会累，才会感到课堂的美好，才会没有那么多的怨恨……

(1) 提出问题

课堂上，如何进行"放养"与"圈养"，是有很多讲究的。"放养"和"圈养"究竟孰优孰劣呢？这不能一概而论，两种方式各有千秋，最重要的是都不能走极端。适当的"放养"，符合学生天性，也能够让学生无忧地自然成长，有助于培养学生开朗、健康的个性；适当的规范约束，让学生养成良好的行为习惯和集体意识也是非常必要的。其实，合作学习的前提是教师要提出有研究价值、与本节课的学习有关的问题，并让学生知道合作的目的与方向，如何进行才能直达目标。只有这样，学生才能学有所获。

链接

评选"最佳搭档"

教师用图画和配音为学生呈现了一个故事情境：一个晴朗的早晨，小兔高高兴兴地去散步，走着走着，忽然看见小松鼠急急忙忙向他走来……然后问学生：假如你和同桌就是小兔和小松鼠，接下来你们会干些什么呢？请你们演一演故事中的小兔和小松鼠，看看哪对同桌是最佳搭档！

在这个活动中，教师给学生提出共同的学习目标："根据图画内容，续演故事"，而且要评选出"最佳搭档"。这个学习任务把同桌两个人绑在了一起，所以同桌必须通力合作，才能演好故事，拿到奖项。

在我们的课堂教学中，只有做到在"放养"过程中有制约、有激励、有示范、有提示，孩子们才会健康地成长。

(2) 分解任务

小组合作，必须充分发挥每个小组成员的积极性、能动性，才能使合作有效。也就是说，合作学习时的小组分工也是有讲究的。在高效的合作课堂中，小组的建设是有效的载体，小组内的分工明确细致则是高效课堂有效实施的体现。课堂里，我们都有义务、有责任给学生最优质的教育。因为每个学生身上都有闪光点，所以，在教学的过程中，只要大胆尝试，勇于探索，完全能寻找到一条最适合学生发展的教育之路，寻找到适合他们发展的契合点。我们的课堂"只要敢为学生想，没有达不成的"。这就是教学的基本任务，也就是"圈养"应该达到的教育目标。要学习这一管理智慧，并把它运用于我们的教学实践中。我们必须时常思考这些问题：学校的现状如何？学生的发展怎样？是不是每一个学生都得到发展了？针对学校实际，梳理清晰"每个学生发展"的目标，明确"每个学生发展"的思路，形成"每个学生发展"的具体方案，然后创造性地予以执行。

没有分工，就没有合作学习。为了更好地达成教育目标，小组分工要明确细致（如哪位同学当小组长、哪位同学是中心发言人、哪位同学做记录、哪位同学作汇报等）。最好能分解任务，让每一位成员知道本组或自己要做什么；只有每个人都有事做，他们才能主动参与到合作中，从而达到较好的效果。我们长期进行这样的训练，学生就能形成习惯，就会自觉地在合作时进行角色轮换，获得充分交流、展示的机会，并在有条不紊的合作学习中得到提升与发展。

（3）个人探究

从前面的论述我们知道："圈养"是面对全体学生进行的教育，是培养合格学生的必要手段；"放养"是给学生更广阔的天地，让学生寻求到更适合自己发挥的空间。在"圈养"的教学环节，必须留出时间，充分让学生主动积极地参与到学习中，进行有效的个人探究。这是给学生以独立的思维空间和时间。个体的思维往往带有独特性，学生自身的感受由于其个体阅历、体验的差异而带有主观倾向，学生对某个问题的探究过程也会有所不同。所以，在教学中，我们应该先安排学生独立思考，让他们借助已有的知识积累，再整合新知，进行属于自己的新的认知构建。当学生有了初步的想法后，再引导他们进行探究、交流，共同解决问题。这就为小组合作学习打下了基础，同时也能为不爱动脑思考或学习有一定困难的学生提供进步的机会，这对提高这部分学生的学习能力是有帮助的。

(4) 组内讨论

小组合作之初，组员接到探究任务，进行了明确的分工之后，就可以进行合作探究了。在合作学习的组内讨论阶段，可采用的方式很多，如小组成员间的比赛等，但大体以讨论探究为主。小组成员根据自己的理解发表见解，互相交流，互相探讨。在此过程中教师要做好指导。同时，教师要训练学生掌握必需的合作技能：引导学生学会表述，促成学生言能达意、不说题外话，清晰表达、以理服人；引导学生学会倾听，不随便打断别人的发言，努力掌握别人发言的要点，对别人的发言做出评价；引导学生学会质疑，听不懂时，请求对方作进一步的解释；引导学生学会组织、主持小组学习，能根据他人观点做总结发言。对于一些难点问题，只有通过这样的合作交流，他们才能逐步完善认识，深化感受，同时在交流和碰撞中学会理解他人、尊重他人，共享他人的思维方法和思维成果。

(5) 全班交流

单纯的"圈养"与单纯的"放养"都不是我们所提倡的。"圈养"固然能够培养孩子团结协作的集体意识，但同时也造成了孩子独立自主、创新意识的缺乏；尤其是意志、品质往往会出现问题，"大家怎么做，我就怎么做"这种跟风意识很大程度上就是来源于"圈养"教育模式。

在全班交流的环节，简单一点的是以小组为单位，让每个小组的报告员代表本组向全班进行学习成果汇报（报告员不能只由好学生充当，可以是一个，也可以是两个，可以经常换，具体由各小组定）；在这展示中，让优者更优，弱者变强。也可以针对某一组的学习成果，大家再次展开讨论补充。对于每个小组提出的疑问，可以请其他小组提出解决办法。这里想强调的是："放养"的好处在于能够给予学生自由发展的空间，有利于学生智力开发、个性发展，包括培养学生独立认识、解决问题的能力等。鉴于我国目前教育中的"放养"条件普遍不具备的状况，因此，研究在学校"圈养"中适当"放养"应该是一个有效的途径。

(6) 激励评价

在合作学习的每一环节，都应该适时把握"圈养"与"放养"的方式方法，只有这样，学生才能提升参与度，其参与才能真正发挥作用。成果展示后，可让学生对小组学习情况进行评价，看看哪一组学得更好，哪一问题探究得比较好，哪里还需要改进，等等。教师适当点评，点评时不能只注重结果，要关注到小组活动的整个过程，特别要关注那些落后学生的学习状况，对他们的进步及时表扬激励。教师还可建立小组合作学习档案，对学生合作学习情况及时记录在案，以跟踪学生的成长轨迹，有的放矢地引导学生成长。

3. 合作学习中把握好"放养"与"圈养"的度

有人认为合作课堂，就是自主学习，放手让学生自己学习，教师在课堂中过多地介入，就有"干预"之嫌。教师应该做什么、能够做什么，成为许多教师的困惑。其实这是对合作课堂的一个误解。合作学习不仅仅是指生与生之间合作，也包含着师与生之间的合作。如果教师放任学生自由学习，自己置身事外，那已不是放养，而是野养；如果教师管得过多，那又变成了十足的圈养，让学生一本正经地接受知识。其实，以学生为主体的合作课堂并不排斥教师的说与做，关键是说什么、做什么，怎么说、怎么做的问题。因此，合作学习的课堂既需要"圈养"，也需要"放养"。只有这样，教师才能关注课堂上的生命，善待课堂上的生命，让生命在课堂上拔节；只有这样，才能让学生不仅学会规范，成为合格的人，更让他们的长处得以发挥，个性得以彰显，成为有特长的人。

(1) 教师放手有度

现代教学的一大特点是讲究创造性，要求培养学生的动手能力、独立思考能力和批判思维方式。那么，在课堂教学中，教师首先应发挥自己的指导作用，该讲的精讲，讲到实质处，讲到点子上，讲出精彩，不该讲的坚决不讲。其次，教师还应精心设计，从学生学习的实际出发，深入分析哪些材料适合学生独立学，哪些材料必须合作学，哪些材料必须讲练结合（边讲边练，或以练带讲），哪些材料该在何时呈现。同时，在教学中，不能死板地执行教学预设，必须根据学生在课堂中的学习情况灵活选择学习内容。只有这样，才能充分激发学生的学习兴趣，让他们充满信心地参与到学习之中。

链接

《窃读记》教学片断

师：有的同学说课文写得像日记一样真实感人。那么，你认为哪里写得好呢？

生：我喜欢第二自然段。作者写自己的心理活动，有用引号引起来的，也有直接写出来的，而且这一段就写了回想、安心和担忧几种不同心情的转换。这几种心情都因为她太渴望继续读完那本书了。

师：你注意到了作者对复杂心理活动的描写。的确，这种种心情的变换皆源于对读书的渴望。你能读出这种感受吗？

（学生有感情地朗读第二自然段）

师：知道他为什么把心里想的读得这么慢吗？

生：因为作者是在心里想，有点像自言自语，是边走边回忆。

师：体会得好！大家都试着读一读这段。

生：我特别喜欢第三自然段。读后就仿佛看见了一个小女孩奋力从大人中间挤进店里，瞪大眼睛在书丛中寻找，一遍又一遍，终于惊喜地找到那本书。

生：我也喜欢这一段，你看作者匆忙地"跨进店门"，因为人多个矮"踮起脚尖"，灵活地"从大人的腋下钻过去"，把短发弄乱也没关系，一直"挤到里边"。为了读书着实做了一番拼搏。

师：说得多好！你们都注意到了作者细致的动作描写，让我们感觉到了小女孩身上那种强烈的求知欲。请把喜欢的段落多读几遍，进一步感受作者语言的魅力。

生：我最喜欢这句："急忙打开书，一页，两页，我像一匹饿狼，贪婪地读着。"作者把自己比作一匹饿狼，太形象了，狼饿了就会大口大口吃个不停；而作者终于找到了自己喜爱的书，是急忙打开书，一页、两页不停地读下去，对文字像狼对食物一样贪婪。

师：多么形象地表达出自己对读书的热爱呀！这样的描写还有很多，把你找出来的语段读给大家听。

"教育的真谛在于实现人的社会化与人的个性化的和谐发展"。读到这里，我们眼前仿佛出现了一个高明的放风筝的人。风筝在他手中放出，高高地飞远（读进去，想开来），而在他手里的那根线收放自如（教师语言的引导），这是多么美丽的风景啊！

（2）学生自主有度

传统的保守的教学特点是"圈养式"，教学内容控制在极其有限的篇目里，学生视野狭窄。例如，尽管有课外的语文读本，但是认真读的学生并不多，这样就很难提高阅读鉴赏能力。现今，"放养式"教学法已经成为一种发展趋势。所以，我们的教学应该多多实行"放养式"，探索出"放养"的有效途径。

新课程理念提倡自主学习，课堂中学生的活动应当是一个生动活泼、主动而富有个性的学习过程。我们来回顾一位教师执教《桂花雨》的教学片断，从而领略他那张弛有度的学习魅力。

链接

《桂花雨》教学片断

师：请同学们选择自己喜欢的部分练习有感情地朗读，读完后，想想、说说你为什么喜欢读这一部分？为什么这么读？

生：老师，我喜欢读的是："摇花对我来说是件大事，所以总是问母亲：'妈，怎么还不摇桂花呀？'"

师：请你说说为什么喜欢读这一句子。

生：因为我从这个句子体会到作者盼望摇桂花的迫切心情。

师：那你觉得该怎么读？

生：我觉得这个"妈"字应该读长一些。（生试读）

师：谁有不同的看法？

生：我觉得这个"妈"应该读得短、快一些。

师：为什么？

生：因为读得短、快一些才能读出作者盼望摇桂花的迫切心情。（生试读）

师：谁还有不同的看法？

生：我觉得这个"妈"可以读得长一些，不仅可以读出作者盼望摇桂花的迫切心情，也可以读出作者的撒娇。（生3试读）

师：请同学们用你自己喜欢的语气读读这句话。

全体学生试读，读出自己喜欢的语气。

朗读教学很容易流于形式，我们的不少教师会在课堂上对学生说："用自己喜欢的方式读你喜欢的段落或是句子。"以为这样就是尊重学生，让学生拥有自主读书的权利。遗憾的是教师的初衷没有得到实现，一些不喜欢读书的学生选择最短的那一个自然段一扫而过，即使爱读书的孩子也是选择默读，课堂上既没有悦耳的书声，学生的脸上也无法看到被语言打动的神情。这样追求形式的"自主"是虚假的。让学生用自己喜欢的方式读，我们仍要给予有效的指导；尤其是那些学习有困难的学生，他们需要我们有力地扶一把。

（3）从圈到放，渐进有度

教育教学是有规律的，对学生的合作学习指导也无不应遵循教育规律。这是一个从圈到放、循序渐进的过程，是不可能一蹴而就的。

在"江、浙、沪第三届小学语文教学研讨与观摩活动"中，王春燕老师执教的《桂花雨》一课有一个片断堪称对学生圈、放适度的经典。

链接

王春燕老师《桂花雨》教学片断

师：什么浸在桂花的香气里？

生：整个村子。

生：村子里的每样东西，包括每个人。

师：哪些人？

生：村民、妈妈。

生：鸟儿、动物。

生：村子里的花鸟。

生：每一样物品。

生：桌子、椅子时间久了，也会散发出香气的。

师：对我来说，什么才是大事？

生：摇桂花。

师：谁来读读？

（生读第六小节）

师：很棒，你体会到了什么？

生：花的香。

生：花的多。

生：摇桂花时的乐趣。

生：桂花的美。

生：作者喜欢桂花。

师：感受也读出来了。哪个句子特别让你有这种感觉，读读它。

师：你体会到了什么？

生：摇啊摇，桂花纷纷落下来，人们满头满身都是桂花。我喊着："啊！真像下雨，好香的雨啊！"

师："摇啊摇"读读这三个字。

师：满头满身都是桂花，好香的桂花在哪儿？再读。

师：不着急，你可以读得很好，再读读最后一句。

师：一脸的桂花，真乐了，再读。

师：琦君家的院子一圈都种着桂花，让我们看着课件，一起帮他摇。

生读："这下，我可乐了。帮大人抱着桂花树，使劲地摇。摇啊摇，桂花纷纷落下来，人们满头满身都是桂花。我喊着：'啊！真像下雨，好香的雨啊！'"

师：同学们，你们摇啊摇，摇出了什么？

生：摇出了乐趣。

生：摇出了童年时代的乐趣。

生：摇出了快乐心情。

生：摇出了童真。

生：摇出了自己的快乐。

生：摇出了对桂花的喜爱。

师：这桂花的香啊，这桂花雨就像雨，也浸透了整个村子。仅仅只有桂花香吗？还有什么？

生：菊花。

生：路边的小草小花。

生：身上有桂花的人香了。

生：妈妈、村长、村民都香了。

生：整个村子都香了。

生：桃花香了。

生：糕饼香了。

师：他们的回忆也香了，他们的话也香了，他们的生活也香了；我的思念也香了，我的生活也香了，我的心儿也香了。怪不得母亲会说——

生："这里的桂花再香，也比不上家乡院子里的桂花。"

王老师以"什么浸在桂花的香气里？体会到了什么？摇啊摇，摇出了什么？"为线，把学生的阅读点拴住了，学生则围绕着教师紧握的线，自由地把自己的品读与体味与伙伴分享。这由牵引到放手的过程，正是学生个性化阅读的精彩过程。

所谓放养与圈养的教育，就是尽量让孩子在自然属性、社会属性多一点的地方进行感性和理性的练习、指导。就像牧民放养草原马，任由小马在广阔的天地里自由奔跑吃草，长成大马。假如把马放在圈里养，有人喂水添料，晚上再加夜草，一切都有人来包办，从小就被训练得规规矩矩的，那么这样的马哪还有个性和战斗力呢？

课堂管理，不能一味在"管"上下功夫，"管"得过多，"管"得过死，势必会"管"出一潭死水。要智慧地"管"，有的放矢地"管"，那么，才会"理"出一个新课堂，"理"出师生的新发展，赢在课堂才能真正变为现实。

第四章 课堂,重影响力的发展
——兼谈课堂提质艺术

题记:优秀多是一种习惯。往往只有习惯优秀的人,才会具有无穷的影响力。

为了站稳课堂,教学活动必是主阵地,提升课堂质量更能发展教师的影响力。在长期的教学活动中,教师必须不断提升课堂质量,赋予课堂以生命,富有生命的课堂才能使置身其中的师生的生命不断得以提升。自然,教师也才能在不断的如此的提升中循序渐进地发展自己的影响力。

理性研究教学过程,教师的影响力需要有效的教学内容作支持。对于教师来说,教材是教学内容的主要依托,但并不是唯一的教学内容。教师运用教材教,学生运用教材学,但这并不代表教师必须以教材作为唯一的蓝本,也不代表教师只能为了教教材而教。要想让学生收获成长最需要的知识、能力,教师必须把教材作为活的载体,并能依据学生的需要适当延展教学内容。

在有影响力的教师眼里,教学内容是鲜活的,是可以依据教学目的和学生的发展水平适当增删添补的,是可以被"压缩",也可以被"膨化"的。教师不应该眼里只有教材,并且只教学生预定的教学内容,而应该根据促进学生成长这一目的,科学地调整、选择、拓展、吸收学生发展所需要的教学内容。总之,一个有影响力的教师,是一个敢于否定教材,同时能够"超越"教材的教师。

课堂是茫茫大海中的船只,教育理念如同那指引方向的航标。教育理念不符合教育规律和学生发展的需求,课堂就很有可能背离正确的航向，从而导致低效甚至无效。故此，教师的备课与上课，都必须以学生成长与发展为出发点，在课堂中充分调动学生自主、合作、探究的积极性，发展学生的质疑能力、创新能力等。唯有如此，教师的影响力才能逐渐累积起来，并越来越强。

　　站稳课堂，发展课堂影响力，教师自身不可裹步不前。我们需要从注重过程开始，否则课堂教学会陷入山穷水尽之境，就会呈现原地踏步的现象。良好的预设是迈出课堂成功的第一步。教师要想在预设中打下成功的基础，建议练就对教材熟读成诵的基本功。

第一节　从教材演变成"我或我的"开始

　　教学内容对教师影响力的影响，多是一个被忽视的话题，因为多数教师依赖于教材已经是一种习惯，并且这种习惯已经禁锢了教师的专业发展。站稳课堂的优秀教师，给人们留下的印象，更多的往往是他们优秀的课，特别是他们在课堂上基于教材而高于教材，自我重新构建教学内容，或发展了教材内容。在这一章节中，我们将从鼓励大家将教材内容变作自我发展的教学内容谈起。

1. 延展"我的"教学内容

　　延展是指事物由小到大，由简到繁，由低级到高级，由旧物质到新物质的运动变化过程。对于课堂教学来说，延展教学内容就是使教学内容更加"高级"，更加贴近学生实际，更加适合学生成长需要。同时，不断变化着的课堂需要不断变化和完善教学内容。可以肯定地说，今天的教学内容绝对不是昨天的教学内容，昨天的教学内容也绝对不会回到今天，只有教师在课堂中不断提升和丰富教学内容，我们的教学才会因此而有了真正的生命。

　　理性研究教学过程，延展教学内容是发展教师影响力的必要条件。举这样一个例子：一片贫瘠的土地要想获得好收成，需要下很多功夫——施好肥，勤浇水，让庄稼能及时吮吸生长所需要的水分，锄草除虫均需用心，这样才有丰收的希望。相反，一片肥沃的土地，如果过于疏忽管理，不施肥，没有足够的雨水，没有辛勤的锄草、除虫，难道它还会自动地长出好庄稼来？课堂中也是如此，教师只有不断深入理解教学内容，不断提出新的可行性强的要求，才可能赢得课堂，才可能在课堂中扩大自己的影响。

延展教学内容，是需要用心的。用心钻研学生，走近学生，才知道他们的学习需求；用心走进教材，才知道哪些知识需要调整，哪些知识需要加以适当的处理，哪些知识需要完善补充，更新变化；用心走进课堂，在课堂中实践验证，才知道自己对教学内容的把握能否真正促进学生的发展，才知道自己对教学内容的处理还存在哪些问题……要延展教学内容，每一步都离不开用心。

学会延展教学内容，需要教师在教学实践中不断积累处理教材的经验，更好地开发利用有效的教学资源，丰富教学内容，才能演绎更加生动的课堂，教师的影响力才能得到更大的发展。

我们在课堂调研中发现，有这样两种不同的情况：

有些教师在讲台上滔滔不绝地讲解，学生在座位上漫不经心地听讲，有的学生在摆弄手中的笔，有的学生在自顾自地看课外书，有的学生则在打瞌睡，还有的在交头接耳、窃窃私语……总之，教师的讲解无法调动学生的兴趣。学生没有被知识吸引，没有被课堂吸引，他们无法融入课堂，无法贴近知识，享受不到学习的乐趣。

相反，有的教师在教学中和学生充分展开对话，学生的积极性被充分调动起来了，他们积极表达自己的想法，提出自己的疑问。这师生互动、生生互动的课堂氛围，让课堂紧张、激烈，别有一番趣味性。你看不到开小差的学生，因为每个人都沉浸在享受知识、享受思考的境界中，他们已经和课堂融为一体，和知识融为一体，和老师融为一体了。

之所以会出现以上两种不同的情况，原因是多方面的。其中重要的一点在于教师对教学内容的把握、处理能否调动学生的主观能动性和探究兴趣。如果教师能将自己所掌握的有关信息都融入教学中，从而让教学内容有新的生命力，学生必然兴味盎然；相反，学生对没有兴趣的知识往往会摆出一种漠然的态度，出现死气沉沉或开小差的情况，是在所难免的。教师如果能将现实的一些信息与教学内容融合为一个整体，那充满趣味的学习内容怎会不使学生兴味盎然地投入学习之中呢？这样的课堂，学生可谓如鱼得水，思维在互动交流中碰撞，学习兴趣在探索研究中提高，学生参与的积极性自然会空前高涨。

延展教学内容，就需要教师用心研究，努力把那些看上去呆板、没有活力的知识，用上"我"的信息，而后通过加工处理变成学生喜好的知识，为灵动的课堂备下一泉"活水"。教师要延展教学内容，没有固定的程式，没有统一的方法，形式是多样灵活的。在教学内容的处理上，每个教师都有自己的特色；但其中有一点是一样的，那就是教学内容的发展必须以学生的求知需要为中心，而不是以教师的教学需要为中心。

链接

窦桂梅老师《秋天的怀念》教学片断

师：再请同学默读课文。看看母亲还忍住了什么。

生：忍住的还有儿子的抱怨。因为母亲对儿子特别理解，所以她能忍受儿子的摔东西、砸玻璃等暴怒无常的脾气。

师：好！会读书，请再细读读，看看母亲又是怎么"忍"的呢？

生："……母亲就悄悄地躲出去，在我看不见的地方偷偷地听着我的动静。当一切恢复沉寂，她又悄悄地进来，眼边红红的，看着我。"

师：这里重复用了一个词，那就是说，母亲的忍体现在——

生："悄悄地"。还有一处，也是"悄悄地"——对于"跑"和"踩"一类的字眼儿，她比我还敏感。她又悄悄地出去了。

师：母亲这"悄悄地"忍的细节被你发现了，感谢你给大家的启发。请任选一句读一读。（学生读，随机课件出示：1."……母亲就悄悄地躲出去，在我看不见的地方偷偷地听着我的动静"。2."当一切恢复沉寂,她又悄悄地进来,眼边红红的,看着我。"3."……她比我还敏感。她又悄悄地出去了。")

师:把"悄悄地"去掉,再读读上面的三句话,任意选择一句谈谈你的看法。

生:我谈第三句。因为母亲一说"跑"和"踩",就会想到儿子的脚瘫痪了,不能走了,不能跑和踩了。所以,母亲又悄悄地出去了。"悄悄地"就是说母亲在儿子面前说话特敏感。

生:这个"悄悄地"体现了对儿子的歉意,觉得自己怎么那么粗心,说话不注意呢?

生:这"悄悄地"也体现了对儿子的关心。

师:还能把关心再具体一点吗?

生:母亲对自己的话很敏感,就连说话都那么小心。就是怕儿子伤心,她在儿子面前特别小心。

师:用个成语,那就是——

生:就是小心翼翼!

师:这是一位怎样的母亲啊,请你读读这句话,让我们跟着你体会母亲的"小心翼翼"。(生读。掌声)

生:我谈第二句。不用上"悄悄地"呢,就体会不到母亲的苦心。她想让儿子尽情地发泄一下,就又悄悄地进来,这就更体会母亲非常耐心,不忍心打扰儿子。

生:的确,母亲出去了又回来,回来了又出去,一遍又一遍,眼圈红红的,说明刚哭过,可是在儿子面前还要忍。一句话,就是为了儿子。也就是同学说的耐心无比啊!(生读得很慢。)

生:我说第一句。悄悄地躲出去,又在看不见的地方偷偷地听动静。如果母亲不是"悄悄地",就那么随便的出去,根本就体会不到母亲对儿子的理解和关心。

师:把"关心"再具体些,就是对儿子特别的——

生:无微不至,也就是特别细心。

师:是啊,她的心比针尖还细啊。把你的感受送进去再读。(生读得较轻)。

师：母亲的脚步还是稍重了一些，再轻一点儿。（生读得很好。掌声）

师：你们真会读书呀！由于你（握住该学生的手）的启发，引领着大家体会到母亲痛心中还要细心、耐心、小心——因此，这"忍"中透着的是看不见的爱。

品读窦老师的课堂，我们为学生能在课堂里"读出韵味，读出思考"而感动。在上面的片断中，窦老师紧紧抓住"悄悄地"一词，引导学生在对话交流中，感受慈母的一片爱心，感受母亲的用心良苦。在师生的对话交流中，学生从三个"悄悄地"体会母亲的心，然后借助有感情的朗读，读出这份母爱，读出对伟大母爱的感动。多么有韵味的感悟！多么生动的课堂！窦老师之所以能成功引导学生深入体会文字背后的情感，与她抓住三个"悄悄地"是分不开的。窦老师也让我们深切地感受到：唯有将语言和思维、朗读和感悟有机地结合起来，才能引导学生有韵味地朗读；唯有从教学内容中挖掘出带有情感的文字重点品读，才能读出韵味，读出感情，读出感动。

试想，如果语文教师在课堂里，单单引导学生朗读文本，交流收获，而不深入文本，挖掘带有情感的文字，怎能演绎学生与文本零距离对话的精彩？怎能让学生在文本朗读中，感受语言文字的魅力，获得心灵的感动呢？精彩的课堂与平淡的课堂之间存在的一个最大的差别，就在于教师是否重视延展教学内容。

延展教学内容，看似难懂又复杂，其实很简单。

对于语文教师来说，要延展教学内容，就要深入解读文本，深刻挖掘重点词语、句子，甚至是重要的标点符号，进而引领学生感悟情感，感悟思想。倘使教师总是游离于文本之外，浅层次解读教材，则很难做到延展教学内容。唯有深入文本，细致解读文本，深入挖掘文本，才能更好地发掘宝贵的教学资源，更好地延展教学内容。窦桂梅老师深入挖掘三个"悄悄地"就是这样一个典型的例证。

对于数学教师来说，要延展教学内容，可以深入解读数学知识，再挖掘生活资源，引导学生将数学知识与生活联系起来，在生活中学数学，把难以理解的数学知识细化分解成若干个简单的数学知识点，让学生在一步一步的探究中，学习新知识。这样一来，数学学习的过程就变成了一个循序探究的过程，如同我们攀登阶梯一样，只要一步一步迈出脚步，踩稳阶梯就能成功。这就是现在我们熟悉的"做数学"理念。

延展教学内容，看似简单，其实也并不简单。

要延展教学内容，需要教师跳出以自我为中心的圈子，把学生的需要作为延展教学内容的依据，处处为学生能够更好地学习着想。为了学生发展而延展教学内容，看似简单，实际上要求教师必须充分而较为准确地认识学生的学习需求，时刻把学生放在首位，随学生的学习情况不断变换和丰富教学内容，以适应学生的发展。

2. 活化"我的"教学内容

呆板的教学内容往往无法调动学生的学习兴趣，而鲜活的知识才更吸引学生。所以，教师要努力在实践中探索活化教学内容的有效方法，用知识本身的魅力吸引学生，让学生乐于学习、快乐学习，真正变"要我学"为"我要学""我乐学"。

为了站稳课堂，重教学过程的理性，强化教学过程目标意识，教师应该怎样活化教学内容呢？

（1）学会"膨化"教学内容

大众食品爆米花香脆可口。爆米花在成为爆米花之前，是不可以直接食用的硬邦邦的、难消化的玉米粒。奇妙的是，经过高温的膨化之后，那些原本人们不会直接拿来食用的玉米粒，变成了一粒粒酥酥的、软软的、易消化的爆米花，成为人们喜爱的、可口的食品。

同样的道理，那些在学生眼里看似难懂的、无法理解的"硬硬的"知识，如果教师在教学这样的知识之前，能够先将它们膨化，使之变成一粒粒松软酥脆的"爆米花"，那么学生学习起来就会更加轻松，更加愉快。

"膨化"即是将教学内容分解、细化，使其变得更加易于理解、更加生动形象的方法。膨化教学内容，需要教师本着把复杂的知识简单化，把疑难的问题分解化的原则。有时还需要教师和学生一起再现知识生成的过程。

一是巧用教学资源再现知识由来。丰富的教学资源，有利于教师"膨化"教学内容，将教学内容变得更加丰富，帮助学生轻松"消化"知识。例如，有的课文有一些含义深刻的句子学生很难理解，教师可以拓展课文写作背景。了解了作者创作的背景之后，学生就能较容易地理解那些原本不理解的语句。又如，在应用题的学习中，学生对一些数量关系难以理解，教师可以借助多媒体，演示数量之间的细致关系，通过引导学生分步思考、推理，进而轻松地解决数学问题。

二是举一反三，获得学习方法。教是为了不教，为了将来学生离开教师的辅导和点拨也能够主动获取知识。也就是说，教不是我们的目的，让学生学会自主学习才是我们的终极目标。所以，我们提倡引导学生举一反三，在触类旁通的思维过程中，积累终生受用的学习方法。举一反三，是"膨化"教学内容的有效方法之一。例如，著名特级教师薛法根在《卧薪尝胆》一课的教学中，引导学生借助象形文字"奴仆"，感受勾践夫妇遭受的磨难，引出对"卧薪尝胆"的理解。

链接

薛法根老师《卧薪尝胆》教学片断

师：请同学们认真听老师的这句话：为了中国的航天事业，中国科学家卧薪尝胆几十年，终于将中国的第一颗人造地球卫星送入了太空。你说，中国科学家有仇恨吗？他们是否每天都睡在柴草上，每顿饭前都要尝一下苦胆？

生：老师，我觉得我们需要卧薪尝胆。例如，中国足球队要成为世界冠军，就必须卧薪尝胆。

师：中国足球队需要的是卧薪尝胆的精神！

生：我也要卧薪尝胆。

师：你又没有仇恨要报，怎么也要卧薪尝胆？

生：我将来要成为一个大富豪，现在就要卧薪尝胆，刻苦学习。

师：为了实现自己远大的理想，也需要卧薪尝胆的精神！

生：我们学校正在创建实验小学，也需要卧薪尝胆。

师：我们的学校要发展，也需要这种精神！

……

师：这种卧薪尝胆的精神就是：忍辱负重、发奋图强、坚持不懈的精神！（生齐读）

师：古人将这种卧薪尝胆的精神蕴藏在这么一副对联里，老师把它写下来，看谁能背下来？（板书：卧薪尝胆，三千越甲可吞吴；破釜沉舟，百二秦关终属楚。）

上面的案例中，薛法根老师引导学生体会"卧薪尝胆"不仅仅指的是遭受磨难，更是一种"精神"，由遭受磨难拓展到今天的我们应该"发愤图强、坚持不懈"，这是另一种"卧薪尝胆"。这则案例其实就是借助文本引导学生举一反三，联系生活理解词语"卧薪尝胆"的深层含义，进而习得理解词语的方法。联系生活深入理解词语的学习方法，对学生以后的学习和成长一定大有裨益。在这样的学习中，学生由此及彼地获得了许多新的收获。长此以往，学生就会在老师的引导下积累更多的知识。与此同时，教师的影响力也随之发展、深化。

（2）学会"压缩"教学内容

"压缩"教学内容，与"膨化"教学内容刚好相反。膨化使知识丰富化，压缩则使知识简单化、明了化。

提起"压缩"，我们先来想想压缩饼干。它虽然体积小，但实质丰富且耐饿，吃一点就会饱，而且携带简便。我们这里提倡的"压缩"教学内容，实际上与压缩饼干道理相同。即把看上去复杂的知识删减"压缩"，变成看上去简单但是实质丰富的学习内容，让学生记忆起来简便，收获也并不少。"压缩"教学内容能够让学生更轻松地学会复杂、难懂的知识。

"压缩"教学内容,需要教师拥有提纲挈领的能力。在处理教学内容时,能够把知识系统整理,然后通过加工处理,把最简练的知识框架呈现在学生面前。这样可以提高学生单位时间内的学习效率,同时也能促使学生总结"压缩"知识的学习方法,学会如何把握知识要点,进而为终身学习积累方法与经验。当学生享受到收获与成功的喜悦时,自然就对学习充满兴趣,教师的影响力也自然会随之提高。

一是把握知识要点,提炼知识结构。大家倡导的做"知识树",即是把握知识要点,提炼知识结构的有效方法。另外,做知识对比表、知识预览图等,也是"压缩"教学内容的有效方法。这些易于操作的方法都是帮助学生掌握重点知识,提高课堂学习效率的有效途径。

二是敢于删减知识,强化重点知识。教材是教学的范本,但不是唯一依据。教师在教学中,应该依学生的特点不同而多样化地处理教学内容。对于一些较复杂的或是离学生生活实际较远的知识,可以适度删减,留下对学生学习能力发展最有价值的学习内容。

删减知识的目的,是删繁就简,进一步突出重点知识,更有益于学生强化对重点知识的记忆理解,避免因为面面俱到而出现"眉毛胡子一把抓"的现象。对教材均匀用力,反而不利于学生更好地掌握重点知识。例如,对于农村的孩子来说,一些针对城市而设定的知识,教师可以删减,或者更换符合学生生活经验的知识。

(3) 学会"补白"教学内容

补白,是指在教学实践中,对与课文有关但课文没有直接写的内容进行有针对性的增补、评释和分析,使教学内容更加周到、明确、完备,从而达成教学目标。补白,可以是书面文字、师生语言,也可以是图像、网络资料等。

补白是一种艺术,更是值得教师深入研究的课堂教学艺术。课堂教学中恰当的补白能够给学生的思维和想象留下更加广阔的空间,让学生感受探索知识、发现知识带来的快乐,享受学习的乐趣。在课堂教学中,通过课内创设补白的情境,课后创造延伸补白的机会,把补白贯穿于课堂中,促使学生更加富有个性,富有创造力。如同有的电影可能会给观众留下联想、思考的空间一样，教材也有很多的空白点，给师生留下灵活的思考空间。明智的教师会在适当的时机，在适当的空白点上，予以适当的补白。

以语文教材为例，只要我们细细品读，就能发现文本中的很多"留白点"。在教学中，引导学生对文本中的"留白点"进行个性补白，其实也是对文本的二次创作，既能培养学生良好的阅读习惯和学习习惯，也能培养学生的想象力，更能提高课堂教学的有效性。在语文教学中，我们还可以通过读写结合的方法，巧妙引导学生补白。

一是创设对话情境，巧妙补白。对话可以拉近人与人之间的距离，可以减少人与人之间的隔膜，也可以解决生活中遇到的困难。创设学生与文本对话的情境进行补白，同样也可以让学生减少对文章内涵的误解，并可以发挥学生独特的创造能力，加深对文章内容的认识，深刻领会文章主要内容。

链接

《荷花》教学片断

师：白荷花从这些大圆盘之间冒出来，它们是这么迫不及待地冒出来，就像我们小朋友使劲往外探出来，多么可爱呀！请你们想象一下，这些白荷花冒出来干什么呢？

生：我想看看岸上的人们在干什么。

生：我想尽情地展示自己的美丽。

生：我想看看它周围的环境是否受到污染。

生：我想看看外面精彩的世界。

生：我想深深地吸一口新鲜空气。

……

师：同学们说得多好啊！想象力真丰富！白荷花在这些大圆盘之间冒出来啦，面对美丽动人的荷花，你想对它说什么呢？

生：荷花！你的形状是那样美丽，你的姿势是那样动人。

生：荷花姐姐，你真像一位亭亭玉立的少女。穿着雪白的衣裳在碧绿的地毯上起舞，你那优美的舞姿令人陶醉。

生：荷花姐姐！你美丽动人的形象将永远留在我的心里。

生：白姑娘，你浑身是宝，你把你的一生的美丽献给了人间，献给了大自然，你真了不起。

……

在教学《荷花》中的"冒"字时，教师通过创设"这些白荷花冒出来干什么？"和"你想对它说什么呢？"这两个对话情境，让学生与荷花进行对话补白，发挥学生丰富的想象，把自己的生活与文章内容有机地结合起来。在一句句富有情感的对话中，学生与文章融合在一起，与作者融合在一起，达到了美好的阅读意境。足见，通过设置话题，引导学生对话补白，能够拉近学生与作品、与作者的距离，从而演绎更多的精彩。

二是巧借插图，扩充补白。在现行小学语文教材中，有许多紧扣课文内容、生动有趣的精美插图。这些插图是编者根据文意插进去的，大都紧密配合课文内容的重点部分，集中地反映了文章的中心。老师要妙用这些插图进行补白，启发学生或绘声绘色地叙事，或栩栩如生地写人，或身临其境地谈感想，或生动形象地描绘景物，等等。下面是一位教师教学《游子吟》时，巧借插图进行补白的片断。

链接

《游子吟》教学片断

师：仔细观察画面，说说你看到了什么，想到了什么？

生：夜深了，一位母亲还在昏黄的油灯下为儿子缝补着衣服，看上去是那么专注和仔细。

生：我从母子二人穿着厚厚的棉衣、身体下面厚厚的褥子和旁边的一床棉被看出当时的天气很冷，母亲不怕严寒，为儿子缝补衣服，多么伟大的母爱啊！

师：同学们所言极是，还能观察得更仔细点吗？

生：母亲的头发已经花白了，这花白的头发是她为子女操心的标志呀！

生：图中，儿子正在专心致志地读书，我想他一定会勤奋苦读，不辜负母亲的期望，用自己的实际行动来回报母亲的恩情。

师：即使在昏黄、微弱的灯光下，即使屋内那样寒冷，老母亲依然一针一线地为儿子缝补衣服，不知疲惫，缝得是那样专注和仔细，针脚也是那样的细密。画面中，母子二人相对无言，但母亲那浓浓的爱早已胜过千言万语，早已倾注在那一针一线里，多么令人感动呀！

对课文中的每一幅插图，只有在引导学生展开生动的联想之后，才能由此真正体会作者的意图和情感。上面案例中的教师在指导学生观察图画的同时，引导他们透过图画内容想象隐含在图画背后的情愫，从而加深他们对诗歌内容的理解，丰富了诗歌的内涵，使学生更加充分地体会到诗歌表达的真挚情感。

三是借助说话写话练习，进行创造性补白。在《新课程名师精彩课堂实录（小学语文卷）》一书中，我们能够看到很多名师都注重在课堂上引导学生说话，或者动笔写话的练习，在引导学生创造的过程中，补白课堂精彩。

例如，薛法根老师在执教《我应该感到自豪才对》一课时，薛老师引导学生由课题拓展说话活动——"假如给课题换上'自豪'的反义词，课题又可以怎么说？"在学生创造性地想出了"我不应该感到自卑才对""我感到自卑是不对的"等题目时，教师总结："一个句子，在不同的语言环境中，读法、说法就不一样。"由此，学生不仅感受到了语言文字的丰富多彩，也为更好地学习课文储备了浓厚的兴趣。这样的补白，不可谓不精彩。

再例如，杨明明老师在执教《惊弓之鸟》一课时，多次引导学生进行说话练习。其一，指出"射"用词"错误"——"不用箭，怎么可以说是射呢？我们给他改改"。这样，学生在大胆地、创造性地修改文本中，感受到了"射"字用得巧，用得妙，不能改。在这一修改文本的创造活动中，学生的理解感悟更深刻。其二，引导学生拓展说话练习——"更赢的本事不是（　　　），而是（　　　）。"促使学生与文本走得更近。

总之,对于留有想象空白、饱含丰富内涵的文本,教师应该引导学生在自读自悟的基础上,进行补白、拓展、想象,挖掘其潜在的信息,扩充其丰富的内涵,让学生在补白拓展中感悟文本内在的情感,实现语言和精神的同构共生。

(4) 学会"留白"教学内容

留白,顾名思义就是留下一片空白。留白原是国画创作中一种计白当黑的构图方法,能给欣赏者提供一个深远的意境,让欣赏者去思考,去补充发挥,让欣赏者和作者共同完成对作品美学价值的再创造。王夫之在《诗绎》中写道:"无字处皆其意也。"这是留白艺术的一种巧妙表达。留白是艺术中的最高境界。其实,学会留白也是一种教学艺术。

心理学告诉我们,当人们在观看一个不完满即有缺陷或空白的形状时,会在不知不觉中情不自禁地产生一种紧张的内驱力,并促使大脑积极兴奋地活动,去填补和完善那些缺陷和空白,使之趋向完美,构建成一个完形整体,从而达到内心的平衡,获得感受的愉悦。

在教学中留白可以创造出很多空间,给学生留下更多的想象余地。留白可以丰厚学生的情感体验,创造一种意境之美。爱因斯坦说过:"想象力比知识更重要,因为知识是有限的,而想象力概括了世界上的一切,是知识进化的源泉。"留白其实就是给学生留下了想象的空间,促使学生主动思考,主动探究,主动发展。

一是给足读书时间,为自主阅读留白。教学中,教师要给足学生读教材的时间,因为读的过程本身就是一种享受。学生在"身临其境"中体验和感受知识,在情感和认知活动中获得了真切的感悟。这样学生不仅能加深对教材的理解,也能在读教材中构建知识。尤其是语义教材中那些"只可意会不可言传"的情景、意境和情愫,那些文质兼美、引人入胜的语言,只有通过学生自己反复阅读、反复感悟体味才能理解,这是教师的讲解所无法替代的。不少名师在教学中践行着留足读书时间的理念。例如钱梦龙的"三主教学观"、魏书生的"六步教学法"、张富的"四分四改四坚持"等。他们都把学生"自读"作为教学中必不可少的一个重要环节,而且是首要的环节。

当然，教师也不能随意留白，不能把读作为课堂上打发时间的工具。就如同画家作画留白要认真地推敲和处理一样，怎么读，采用什么形式读，教师也要因学生和文本内容的不同，有针对性地进行指导。这正是发挥教师主导作用的体现。

二是避而不讲，知识留白。苏霍姆林斯基说："有经验的教师往往只是微微打开一扇通向一望无际的知识原野的窗子。"在课堂上，把某些知识有意识地留下不讲，给学生暂时性的知识"空白"，能把学生的兴趣迁移到课外，使学生迫不及待地到广阔的知识海洋中去寻找、去发现，这样做能开拓视野，增知启智。学生在课外探索过程中，能有效地积累，并在积累中有所发现、有所创新，这也培养了他们的创新能力。

另外，在课堂上留一些悬而未解的问题，让学生处于暂时的不平衡心理状态，能促使他们课后进一步探索，去解决问题。这样做并不是对于部分知识的舍弃，而是通过留白调动学生思维的主动性与积极性，通过自己的探索研究去获得空白处的内容，从而达到对知识的掌握。

例如，在语文教学中，进行知识留白可以采用以下方法：在作品的含蓄处留白，在作品的点睛处留白，在作品的共鸣处留白，在作品的意境深远处留白，等等。

总之，在课堂教学中留出空白，是促使学生以其特有的经验和方式对材料进行选择、加工和改造的过程，是促使学生自己构建和完善知识体系的过程，也是还学生以学习和发展的主体权的过程。

第二节　教会不懂的增添影响力

现代社会正处于一个知识爆炸的时代，学习有价值的知识已经成为人们的普遍追求。课堂教学也是这样的。教给学生有价值的知识，课堂所取得的成绩才会被人们认可。什么样的教学内容才是有价值的呢？毋庸置疑，真正有价值的教学内容，必须是适合学生的，而不一定是适应教师的。这就需要教师再次确定"以学生为本"的教育观念。切中学生学习心理需求的内容是有价值的，能够调动学生学习兴趣的内容是有价值的，能够帮助学生从学到的内容中获得终身学习方法的内容是有价值的……总之，有价值的内容是服务于学生增知启智的。

传统教学的"满堂灌"显然已经不适应学生发展的需要。新课程提出"以学生为本"的发展理念，要求教师在教学中，处处以学生为主体，以学生的成长需要为主要目的灵活选择教学内容。要提高教学效率，就要认清学生需要的是什么，什么样的教学内容才是促进学生成长所必需的。

一位教师能给学生提供有价值的教学内容，理性取舍，巧妙设计，这样的教师大多已经处于职业生涯的成熟期。在课堂教学中唯有教给学生有价值的内容，才能适应学生成长的需要，调动学生的学习兴趣，真正做到以教学促进学生的发展。同时，在此基础上成就的还有教师的影响力。

1. 学生能懂的内容精讲或不讲

我们究竟要在课堂短暂的时间内，让学生收获什么？这是我们教师首先应该弄懂的问题。这是主导教师影响力的主要因素。教学的最终目的不是让学生懂得知识，记住知识，而是让学生在学习知识的过程中，学会怎样学习，掌握终身受用的学习方法。放手让学生自主学习，是让学生学会学习的一个重要原则。在放手的过程中，一定要谨记——学生能懂的内容精讲或不讲。也就是说，教师不能以过多的讲解，代替学生课堂内的探索学习；更不能以过多的讲解，挤占过多学生主动学习的时间。

一名最优秀的导游，在向旅客介绍景点时，不是面面俱到地讲解，而是会挑选游客感兴趣的内容，抓住景点的主要特点作详细介绍，同时不讲或略讲那些对旅客认识景点、了解景点作用不大的内容。这样突出重点的讲解才会真正吸引游客。倘若不顾及游客兴趣，只以自己为中心进行讲解，即使再侃侃而谈也不能真正打动人。

教师在课堂上如同一名导游，引领学生在知识的海洋里遨游。要想让学生在自己的引导之下，喜爱知识，乐于学习，就必须有所取，有所舍，有所突出，有所简略。

具体说来，对于学生自己通过一定的钻研能够弄懂的知识，教师就应该精讲点拨，用简洁的语言，抓住知识的核心点，利用更短的时间讲明白。精讲，更能促成课堂高效率。没有边际、不抓重点的泛泛而谈，只会影响课堂单位时间内的教学效率。对于学生自己通过自学能够学会的知识，可以不讲就不讲。因为学生对自主学习、自己探索获得的知识，印象会格外深刻，兴趣也更加浓厚，学会后也最不容易忘记。最重要的一点是，他们在这个学习探索的过程中学习能力、解决问题的能力会得到发展，这是比学到多少知识都更要宝贵的东西。

2. 用一生的积累备好每一堂课

苏霍姆林斯基的《给教师的建议》这本书，其中有一篇题为《教师的时间从哪里来？一昼夜只有 24 小时》的文章。他介绍了这么一件事：有一位 30 年教龄的老师上了一节公开课，听课的老师都听得入了迷，完全被讲课吸引住了，自己也变成了学生一样。当有人问他花了多少时间来准备这节课，那位老师说："对这节课，我准备了一辈子。而且，总的来说，对每一节课，我都是用终生的时间来备课的。不过，对这个课题的直接准备，或者说现场准备，只用了大约十几分钟。"

苏霍姆林斯基还告诉我们，教师的时间从读书中来。"每天不间断地读书，跟书籍结下终生的友谊，潺潺小溪，每日不断，注入思想的大河。读书不是为了应付明天的课，而是出自内心的需要和对知识的渴求。如果你想有更多的空闲时间，不至于把备课变成单调乏味的死抠教科书，那就要读学术著作。应当在你所教的那门科学领域里，使学校教科书里包含的那点科学基础知识，对你来说只不过是入门的常识。在你的科学知识的大海里，你所教给学生的教科书里的那点基础知识，应当只是沧海之一粟。一些优秀教师的教育技巧的提高，正是由于他们持之以恒地读书，不断地补充自己的知识大海。"

有人曾有过一个形象的比喻：如果我们教给学生一滴水，教师就要有一桶水；教师要给学生一桶水，教师就要拥有一泉活水。其实读书无疑是这活水的源泉之一。教师需要不断地以读书充实自己，用心积累经验，通过读书走近苏霍姆林斯基、杜威、陶行知等名家；通过读书走近于永正、窦桂梅、魏书生等名师；通过读书走近名师课堂，走近名师理念，走近成功教育。阅读能帮助我们提升教育智慧，进而成为我们用一生备好每一节课的内在支持。

用一生的积累备好每一堂课，才能演绎课堂更多的精彩，使学生爱上课堂，爱上学习，被教师的影响力深深感染。

3. 让学生发现每一节课的最精华之处

每个教师都有自己的教学风格，每一节课都有最精、最吸引人的精华。这个精华就是每一节课的眼睛。透过这些眼睛，学生能够和知识、和教师进行近距离的接触与沟通，从而更加贴近知识，也更加了解教师的用心。所以，教师不仅要在备课中把握住这些眼睛，还要让学生发现它们。再精彩的课堂，倘若连学生都没有发现其精华之处，那么这样的精彩就只是浮华的表面热闹而已，无法生成真正的精彩。

这正如上文所说，用一生的积累备好每一节课，这才是打好展现课堂精华的基础。所以，教师要想让学生发现每一节课的最精华之处，同样需要有丰厚的知识积累、经验积累和教学智慧积累做铺垫。

（1）引领学生参与并融入课堂

引领学生融入课堂是帮助学生发现课堂精华的必备条件。如果学生不能真正融入课堂，浮游于课堂之外，就很难发现课堂的精妙之处。如同一位游客，如果只是走马观花地欣赏沿途风景，就不能发现景色真正的美一样。所以，教师要引领学生融入课堂。

对话参与、合作探究都是使学生融入课堂的有效方法。教师应避免"一言堂",要不断地创设情境,引领学生参与课堂对话,在生生对话、师生对话以及与知识对话的过程中,让学生感悟知识,进而发现课堂的精妙之处。另外,教师还要引领学生在小组合作中交流思想,共同探究,在思维碰撞中体悟知识的形成,进而在交流碰撞中,发现知识的精华,发现课堂的精妙。

总之,唯有参与到课堂中来,学生才会从课堂里的"看客"变成课堂的"主人",也唯有成为课堂的"主人",才能真正发现课堂的精妙之处。

(2) 教给学生听课的方法

有道是:"外行看热闹,内行看门道。"能不能发现课堂的精华之处,关键看学生会不会听课。会不会听课决定着学生是看热闹,还是看门道。

能看出课堂门道的学生,是会听课的。他们能够了解老师的讲课特点,了解老师对重点知识的处理方法。当老师讲到了重点知识的时候,学生就能立刻有重点意识,更加集中注意力去参与。这样课堂的精华就在学生的掌握之中了。所以,教师要教给学生有效的听课方法,如重点知识批注法、摘抄教师板书法、课堂笔记记录方法等。

当然,每位教师都有自己的教学特色,课堂特色的呈现方式也多种多样。所以,教师教给学生的听课方法,首先是适应自己课堂特色的方法。直接把他人的方法拿来用,是行不通的。在他人经验的基础上研究创新,形成一套自己的教学风格,随之派生一套学生使用的听课风格,这样学生就更容易把握课堂的精华,进而提高听课效率了。

我们不要奢望一两次的教学能让自己的影响力得到提升。但是,只要遵循教学规律,遵循学生的学习需求,凝练让学生有效学习的教学方法,坚持不懈地多渠道引导学生,当学生真正能享受课堂、享受学习、享受成功时,那我们的影响力就会在无形中得以提升。

第三节　前瞻理念贯穿助推影响力

要站稳课堂，重教学过程的理性，提高课堂质量，发展教师的影响力，先进教育理念的引领都很重要。先进的理念好比指引课堂这条航船的灯塔，只要灯塔在，方向就对。新课程提出的"以学生为本""开放的课堂""自主、合作、探究"以及"教书育人"等理念，都是这样的灯塔。所以，要营造高效率、学生喜欢、有影响力的课堂，先进的教育理念必须贯穿始终。

强化教学过程的重要性，提高教师的影响力，教师必须把课堂还给学生。课堂由始至终都是学生成长的舞台，学生始终是课堂的主角。教师是扶持、指引学生探索发现的"平等中的首席"。要提高教师的影响力，教师必须把课堂变成一个开放的弹性空间，学生可以在这个广阔的空间里自由驰骋，享受知识的乐趣，探索知识的奥秘。

先进教育理念的探索者和研究者很多。郭思乐教授创立的生本教育是以生命为本的教育，也是为学生好学而设计的教育，它就是一种先进的教育理念；对欧美国家的父母和老师影响最大，培养出来许多领域优秀人才的斯宾塞的快乐教育理念；还有陶行知老师提出的"生活即教育"理念；等等：这些理念都为我们的课堂教学指出了一条明路。

1. 课堂开放方能接纳先进理念

众所周知，中国自改革开放以来，经济发展速度比起新中国成立之初更快，其中激活经济的一个重要因素就是开放。开放，使中国更快地引进他国先进的技术和设备，接纳他国先进的经营理念；开放，更加广泛地促进了国度间的经济交流与互动发展；开放，带动了原有经济体制的完善与发展。

开放，其实是一种提升。在社会领域中，开放能带动经济的提升；在教学领域中，开放也能带动课堂教学水平的提升；开放还能促进对先进理念的吸收，进而展现课堂的精彩魅力。

开放的课堂重视学生参与教学过程，更加突出学生的主体地位，彰显学生的个性。开放的课堂更加关注学生的自主发展。课堂上，学生在教师的引领之下自主探究，自主发现，自主创新，全身心投入学习中，学习效率自然提高，也大大减轻了他们的学习负担。

（1）合作探究，体验学习

合作探究是促使学生主动学习、主动构建知识的过程。合作探究的重点在于加强学生的合作交流，使之少走弯路。合作学习理念让学生由课堂中的被动变为主动。在个人自学、小组交流、全班讨论、教师指导的过程中，学生的学习潜能得到更好的挖掘，探索的信息量增大，同时也在互补促进中得以共同提高。

合作探究理念的提出是对传统的"满堂灌"理念的变革。在开放的课堂上，教师更加注重学习方法的引导，兼顾学生学习兴趣的激发。在合作探究、体验性学习中，学习逐渐成为学生的需求，学生不再需要教师"逼我学"，而是发自内心地"我要学"。

（2）关注学生，巧妙沟通

叶澜教授在《"新基础教育"论——关于当代中国学校变革的探究与认识》中指出："课堂教学要做到三个沟通，即书本知识与人类生活世界的沟通，书本知识与学生经验世界、成长需要的沟通，书本知识与发现、发展知识的人和历史的沟通。"这"三个沟通"的理念，有利于帮助教师打破传统教育的束缚，指引教师从教育教学规律、学生发展需求等更高的角度关注学生。

开放的课堂，教师关注的焦点不是自己的课前预设，而是课堂中动态的学生——关注学生的学习需要，关注学生的感受，关注学生的收获与成长，关注学生即时的学习状况。所以说，关注学生，巧妙沟通，更能促使学生发挥自身的主观能动性，强化学生在课堂中的主体地位。

开放课堂中的学生是完整的人。学生只有作为完整的人，才能全身心地投入课堂中去，教师的影响力才更能凸显出来。

2. 汲取传统理念中的先进理念

新课改不是洪水猛兽，它不是对传统教育的全盘否定；新课改也不是救世主，它不可能解决现在教育中存在的一切问题。所以，传统教育理念并不代表一定要被淘汰。我们对待传统理念不能一味地否定，而应该本着辩证汲取的原则，取实舍虚。

那么，怎样汲取传统教育理念中的先进理念呢？

一是要在剖析反思的基础上辩证汲取传统理念中的可取之处。例如，传统的私塾教育灵活且简单，虽然只是采用教师带领吟诵经典名篇的单调方式，但是学生在长期的吟诵中，积累了丰厚的文学底蕴；教学方法虽然单调，但是李白、杜甫、白居易等一大批著名诗人的诞生也给我们以启发。我们应该意识到今天学生在古代诗词等方面的积累量确实单薄。所以，在课堂教学中，重视吟诵的重要性，将传统教育重视背诵积累的可取之处发扬光大是很有必要的。又如，过去我们在数学教学中注重学生运算能力的培养。后来当我们淡化运算能力培养，拿起计算器的时候，美国却开始研究我国学生运算能力惊人的秘密所在。无疑，运算能力的培养不应该被舍弃，我们应该更好地发扬它。

二是要在辩证汲取的基础上找到与新课程改革相链接的地方，给旧理念穿上"新衣"。认识到传统理念中的可取之处后，我们也不能直接拿来继续用，这样不利于教育的推陈出新，不利于课堂教学的提升与发展。所以，我们应该努力寻找能适应学生的教学方法，适当地给那些"旧理念""旧方法"穿上课改的"新衣"。

例如，无论是现在很多学校推行的中华传统文化经典诵读，还是丰厚学生积累的现代文化作品诵读，诵读的方法都应该比传统教学灵活。教师要提供给学生更加广阔的空间，引领更多样化、灵活化的诵读方法，采用诵读会、读书交流会、汇报会等丰富多彩的形式，调动学生积累诵读的兴趣。因为促使学生爱读、乐读，比学习的结果更加重要。

(3) 努力让育人理念丰富课堂的内涵

育人是教师关心爱护学生的表现。拥有育人理念的教师，会时时处处以自身的道德行为和魅力，言传身教感染学生，引导学生寻找自己生命的意义，实现人生应有的价值追求，塑造自身完美的人格。

育人理念是现代教育的出发点和归宿，也可称为"立人的教育"。虽然新课程提出的"以人为本"的理念已经深入人心，但是实际的效果并不尽完美。反观当前教育，育人这一理念并没有得到应有的重视。其原因是多方面的，升学压力依然很大，教学成绩依然是教育评价的重点，所以教师只能继续围绕考试这一指挥棒转。另外，教师没有真正理解育人这一理念的内涵也是重要原因。

一是既要教知识，更要培养个性。育人理念要求教师眼睛不能只放在教学成绩上，在课堂教学中，教师既要教知识，更要注重学生个性的培养。这是丰厚课堂内涵，提高课堂影响力的需要。

魏书生老师把教书育人作为他教学改革的核心，深入钻研教书育人之道，值得我们借鉴。魏书生十分重视培养有创造性、面向未来的人才，他说："一位负责的教师，最重要的，不仅要教给学生以眼前知识，更要培养有利于未来，有利于人类的个性。"魏书生老师用最朴实的话语诠释了教育的本质和价值，诠释了他可贵的学生观，这是支持他坚守育人理念的内部动力。

二是将思想教育与学科教学有机结合。过去人们说，教师"学高为师，身正为范"，其实，在今天看来，"学高""身正"皆为师，皆为范。所以，教师以人格感染人，影响人，是教师走向成功的重要保证。可以说，一个能感动学生的教师更有影响力。而能够感动学生的教师，总能在课堂这个育人主阵地中，寻找到一些隐藏在学科教学中的"育人点"，及时把握这些"育人点"，在学科教学中巧妙渗透品德教育，能够成就更多感动，让教师的影响力更深入学生心灵。把品德教育摆在与知识教育同样重要的地位，关注学生的心灵成长，给予他们正确的思想引领和品德教育，是每一个教师应尽的责任。

第四节　影响最大的莫过于课前预设

预设是指根据一定的教学目标，预先设计教学方案。教学是有目的的，所以教学必须进行有目的的预先设计。要想在一节课中生成更多有价值的内容，让每个学生都得到最好的发展，有效的课堂预设是其前提条件。

课前预设是备课的重要一环，我们通常用记录教案的形式呈现预设。课前预设要以学生为本，为学生更轻松有效地掌握知识而备课。在备课中，预想课堂可能会发生的问题，进而留出思考的时间、答疑的时间；为达成知识的学习、能力的形成创设一个有利于师生共同探讨、交流及对话的场景。当然，好的预设并不代表教师要在课前预设精细的提问，预定标准答案，预演要说的每一句话，而是一个富有弹性的、动态的预案，是一个能够结合学生的变化随时变动调节，为学生更好地掌握知识，为课堂更顺利有序进行而做充分准备的预案。前者是静态的，是死板的"形案"；后者是动态的，是"活"的预案，是适合课堂变化的"心案"。

正所谓"仁者见仁，智者见智"。课堂教学的预设方面有很多，每位教师都可以依据自己的"仁"与"智"合理设置。但是，不管教师如何发挥自己的特色，课堂预设都必须关注两个基本点：一是学生，二是教材。

传统教学中的课堂预设主要是以教师的教为主线的教程设计，学生只是被动地跟在教师身后走过场。学生思维的求异性和发散性没有得到应有的重视，学生没能真正成为学习的主人，甚至被孤立于教学设计之外。即使学生拥有一些主动性，多数也是为了配合教师教学活动的需要，也是为教师而不是为学生服务的。这种预设自然会被新课程所摒弃。

新课程改革提出"以人为本"的思想，即要求教师眼中要有

"人",心中要有学生。因此,我们首先在观念上应该确立"为学习而设计""以学习为中心"的"学程设计观",根据学生的实际情况,引导学生自己发现问题、解决问题。这样,才能真正让学生学有所思,学有所获。教师在更深更细地钻研教材的过程中,以学生的接受能力、思维水平和课堂需要为目的,合理预设教学安排,找寻自己驾驭课堂的方法,逐渐形成驾驭课堂的智慧。以"人"为中心的预设,不死板,是力行简约且有较大的包容性和自由度的。这样的预设,才能为教师有序展开教学,提高课堂效率,进而形成创造性生成,奠定坚实的基础。

我们还应明晰,从把握"学情"开始,精心预设,无不有利于提高学生自主探索的积极性和创造性,促使教学过程更加富有生命的活力。下面这则教学案例,便是突出学生的中心地位的典范。

链接

"听声音"环节的设置

师:读了课文第二自然段,你们想到了什么?

生:我想试一试在跷跷板这头听那一头的声音。

生:(七嘴八舌地附和)我也想听一听。

师:(很爽快地)行,满足大家这个好奇心。来,我们把课桌面当作跷跷板,坐在左边的同学把耳朵贴近桌子那一头,坐在右边的同学在桌子这一头用手指轻轻划一划。

生:(兴奋地)听见啦!听见啦!

师:交换玩一次。

生:(欢呼雀跃)听见啦!听见啦!

师:现在谁来说一说,你还想到了什么?

生:我想试一试作业本卷成筒儿能不能听到心跳声。

生:(又一次七嘴八舌地附和)我也想听一听。

师:行,再满足一次你们的好奇心,同桌交换玩一玩。

生:喜笑颜开地玩起来……

师:玩了这么长时间了,现在言归正传,再读一读课文第二自然段,想一想,你读懂了什么?

生:我想到了还可以把硬板纸卷成筒儿当听诊器。

生:我还想用现在医生们用的听诊器来听一听××的心跳声。

……

上面这则教案就是"以学生为中心"的学程设计。学生的自主性被发挥得淋漓尽致。"听声音"环节的设置,注重学生的探究,尊重学生的思维特点。教师看似始终牵引着课堂,实则是在激发学生思维,把课堂推向深入。课堂中的预设如同一个个台阶,引领学生拾级而上,思维向广度发散,向深度延伸。这样的课堂预设关注的显然是一种习惯的养成、一种素养的滋养,是关注学生终身发展的。

1. 练就对教材熟读成诵的基本功

教材是预设的另一个基本点。课堂预设不是想当然,不是简单的设想,而是以教材为主要载体进行预设,因为教材毕竟是学生学习的基本材料。现在提出的超越教材、创造性使用教材的理念,虽然都是对教材的二次创造与加工使用的过程,但是我们不难发现,其前提都是教材。超越教材的前提源于教材,创造性使用教材的前提也是基于教材。所以,预设应以教材为基本点。教师在预设之初必须对教材进行全面准确的理解,真正弄清楚教材的本义,尊重教材的价值取向。预设应深挖教材,明确本节课要完成的所有教学任务,这是我们预设的基础。教师依据不同的学生基础、不同的学习习惯,把教材与学生的现实情况结合起来,进行适当的调节、整合、超越及创造都是可以的,但前提是熟读教材。脱离教材做随心所欲的预设是不科学的。

总之,教师要想更好地驾驭课堂,首先应该科学地驾驭教材。练就对教材熟读成诵的基本功是教师更好地驾驭教材的有效方法。

(1)把自己当成"学生"来读教材

不同的艺术家对艺术作品的解读鉴赏都有不同。有的欣赏成名作品,有的则专门挖掘那些未经雕琢的璞玉。其实,解读教材同样也需要艺术。站在教师的角度与站在学生的角度看教材，所发现的必定有所不同。所以，教师先把自己当成"学生"来读教材，才能更好地发现学生学习的重点难点之处，也才能更有效地进行相关的预设；同时，也更有利于教师有效地预设学生学习新知中可能遇到的问题，便于教师更好地预设多样的解决方法，使课堂更灵活，生成更多精彩。

把自己当成"学生"读教材之后，教师还要做回教师，用教育智慧灵活开发利用教材，做适度的调整处理，预设教学情境，预设教学中可能出现的问题，预设教学重难点的引导处理之法……先把自己当成"学生"读教材，再做回教师读教材，是练就对教材熟读成诵的法宝之一。

（2）练习把教材"背"到心里

北宋时著名的画家文与可，是画竹子的高手。为了画好竹子，不管是春夏秋冬，也不管是刮风下雨，或是天晴天阴，他都常年不断地在竹林子里头钻来钻去，全神贯注地观察竹子的变化。他一会儿用手指头量一量竹子的节把有多长，一会儿又记一记竹叶子有多密。正因为细致观察，才使其"成竹在胸"，画出栩栩如生的竹子。

观察其实就是文与可把竹子"背"到心里的过程。同样，教师要想拥有对教材熟读成诵的基本功，也要尝试把教材"背"到心里。文与可观察竹子十分细致，丈量竹子的长度，记录竹叶的密度，细致入微。同样的道理，教师在"背"教材的过程中，也需要细致入微。单纯依赖教参，看教参的教学重难点，拿教参的教学设计照本宣科都是不够的。教师在解读教材时，应该先把教材之类的书籍放在一边，独自细致地"读"教材，读到熟练，读到把每一个细节看在眼里，记在心里。请记住：教参只是对教师解读教材的一个补充参考，切不可全盘照搬，更不可邯郸学步。

细致地"读"过教材之后，教师还可以闭上眼睛回顾教材内容，回顾细节，回顾重点、难点，思考可行的教学对策。这个回顾的过程其实也是一个把教材"背"到心里的过程。

（3）三个关注，解读文本

解读文本，更加适用于文科教学。尤其是对于语文教师来说，

"解读文本"应该是备课的第一步。解读文本需要教师把握"文眼",寻找哪些重点语段在表达情感上有重要作用,再思考如何引领学生通过品读来深入感悟。

一是关注典型词语,挖掘词语背后的情感。典型词语包括看似平常的语气词、反复词、叠词以及其他典型词语。文本中的词语是有温度、有情感的,一个看似平常的词语放在特定的语境中,往往能够表达不平凡的情感。它对提升句子的情感起到了促进作用。

链接

关注典型词语

《蒙娜丽莎之约》中的"近了,更近了,蒙娜丽莎就像真人一样靠近我","我终于走到了陈列室门口,终于看到了她",这里反复运用的"近了"和"终于"都表现了作者对蒙娜丽莎的喜爱和期盼的心情。教师应该深入教材,关注这些典型词语。

二是关注重点句段,体味作品表达的情感。重点句段包括含义深刻的句段、优美的句段、点明中心的句段等。这些句子在文章中起着折射人物的心情、作者的情感等重要作用,是品读作品的重要线索。

链接

关注重点句段

在《卖火柴的小女孩》一文中,引导学生品读"她终于抽出了一根"和"她赶紧擦着了一大把火柴"。在对比朗读这两个重点句子中,感受小女孩为什么前后擦燃火柴会有这么大的变化,就能够体会到:对于小女孩来说,她对幸福的渴望,要比对火炉、对温暖的渴望更加强烈。

三是关注精彩标点,感悟标点背后独特的意义。精彩标点包括能表达感情、展现心情、引人思考等的标点。精彩标点在帮助学生更深刻地感悟语言,感悟标点在表达上的作用,体会作品的情感等方面都有着十分重要的作用。

链接
关注精彩标点
"它又往前迈了一步！"（出自《黄河象》），此处的感叹号预示黄河象的处境非常危险！引导学生借朗读体会此时黄河象的危险处境，效果更好。

总之，预设不需要过于详细，多一些留白，才会有更多的生成机遇，才能遭遇"意外"的惊喜。

2. 预设粗细有度，课堂游刃有余

教师应该细致地解读教材，那么是不是预设越细越好？答案是否定的。最科学的预设不会太细，也不会太粗。唯有预设粗细有度，课堂才能更加游刃有余。

（1）预设太细，学生就会被老师牵着鼻子走

李镇西老师讲课时曾说过这样一句话："一些老师看到我的备课笔记都很失望，笔记上没有详细的教学流程，只有学生的学习目标和我个人的一些设想，我把解读的权利交给学生……"这句话平实，却令人震惊。虽没有细致的备课，但李镇西老师的课堂呈现出的教育智慧，足以感动每一个人。

传统教学过分强调预设，教师往往要把每节课的内容、任务和进程都具体地甚至按时间顺序分解在教案里，备课中从教学目标，一直写到作业设计，甚至先提出什么问题，如何过渡到下一问题，都缜密思考，可谓预设得"完美无缺"。但是仔细想来，照着这样的"精"案是上不出精彩的课的。

从教师的角度说，完成设定的教学目标，教学任务就算完成了，教学目的就算达到了，至于学生是否改变了、进步了、提高了，则并不关注。所以，以教案为本位实际上也就是以教师为本位；传统教案

反映的是教师的教学设计,而不是学生的学习与创造的过程。

从实践来看,过分强调预设和教案,必然使课堂教学变得机械、沉闷和程式化,学生缺乏对智慧的挑战和对好奇心的刺激,学生的生命力在课堂中得不到充分发挥。如此预设,"解读的权利"在谁手中?显然,教师掌握着解读的主动权,学生又怎能真正成为课堂的主人,成为学习的主人呢?这样的备课多么专断,如同教师牵着学生走,哪里还有学生的主动性可言!

值得强调的是,我们反对教师教为本位的"过度预设",并不代表我们可以漠视或否定预设。我们突出的是以学生学为重心的"精心预设",这种预设是遵循学生认知规律,体现学生的学习特点的。正如李镇西老师"把解读的权利交给学生"那样,我们突出把学习主动权"交给学生"的预设。

总之,预设不可太细,一定要把主动性还给学生,"把解读的权利交给学生",把足够的留白空间放在学生面前,等待学生参与。

(2)预设太粗,教师就会"心中无竹"

粗浅的预设只不过是一个没有枝叶装点的光秃秃的骨架,这样的课堂是没有生机可言的。预设太过粗浅,面对课堂的生成,教师"无竹在胸",就无法引领课堂走向深入,无法演绎更多的精彩。长此以往,课堂将始终处于低效状态,教师的影响力也就无从谈起了。

在教学一线,粗浅预设的现象并不少见。多年执教同一年级的教师,则是多年拿着一套毫无改动的教案去上课,虽然教学内容相同,但是每一批学生都有不同于以往的独特性,岂是一套教案能兼顾得了的?自集体备课提出以来,不少教师拿着他人(同年级组或者网上下载)的教案去上课,教学风格不同,学生不同,地域也有差别,这些岂是相同的教案能兼顾得了的?课堂不同于工厂里的生产线,在相同的模子下,批量生产一模一样的商品。面对教育对象、教育条件等的差异性,"拿来主义"式的预设观岂能适应学生需要、教育需要,又岂能适应教师的专业化成长需要?所以,"拿来主义"的糊涂预设、"照本宣科"的粗浅预设等,这些忽视教师自身教育智慧和学生成长需要的预设都是不合适的。

预设要因学生而异。即使要用旧教案，教师也要在深入研究教材的基础上，结合学生实际修改使用，突出新思路、新想法，为"旧预设"注入"新活力"。唯有在以往经验的基础上，努力创新预设，探索教学新路，才能避免"穿旧鞋，走新路"，才能避免课堂低效，才能避免教师的专业水平裹步不前。

3. 课堂不完全是预设的结果

我们强调课堂不完全是预设的结果，绝不是弱化预设效果，而是更加突出预设的重要性和科学性。我们强调课堂不完全是预设的结果，正是为了突出对于课堂来说，生成与预设同样重要。

福建师范大学余文森教授认为：没有预设的课堂是不负责任的课堂，而没有生成的课堂是不精彩的课堂。预设和生成是课堂的两翼，缺一不可。在课堂上，生成是必然的，我们的预设就是要为生成服务，合理的预设可以让生成更加精彩。前面我们已经谈过预设应该是有弹性的，是有留白的，从而使整个预设具有更大的包容度和自由度。这其实正是为动态生成留足弹性发展空间，也是为学生的发展提供足够的空间。

由于教学过程本身是一个动态的过程，"教学生成"的"美感"由学生的原有经验、知识内容、个性差异等多方面的复杂性与差异性决定。所以，重视生成同样十分重要。"人们无法预料教学所产生的成果的全部范围。没有预料不到的成果，教学也就不成为一种艺术了。"教育家布卢姆的话语突出的也是教学中生成的重要价值。

（1）面对生成，不害怕

钟启泉教授曾作过这样精彩的阐述："课堂教学不应当是一个封闭系统，也不应拘泥于预先设定的固定不变的程式。预设的目标在实施过程中需要开放地纳入直接经验、弹性灵活的成分以及始料未及的体验，要鼓励师生互动中的即兴创造，超越目标预定的要求。"我们在预设时，即使已充分考虑课堂中的各种意外事件，尽可能地把各种情况都纳入自己的预设中来，但是，面对千变万化的课堂生成，许多情况还是会出乎我们的预料之外。所以，优秀的教师不会害怕意外课堂生成，反而会很好地利用生成，并将其演绎成课堂的新亮点。教师一旦对生成产生害怕或躲避的心理，必定会自乱阵脚。

(2) 关注学生，但不能过分关注

教师除了对文本要深透理解外，必须拥有丰富的知识结构，更重要的是必须密切关注学生。教师在备课时先对学生各方面情况作出分析，对自己课堂方方面面可能出现的问题作出大体的预见并准备对策，这是关注学生的第一步。在课堂中，面对生成，教师同样需要关注学生，引领学生的思维走近教学重难点，以"兵来将挡、水来土掩"的信心合理处理课堂生成。

但是，我们还要强调：不可过分关注学生。我们经常看到教师过分关注学生的例子。课堂中，教师过于呵护生成，过分尊重学生。当课堂生成背离了教学目标之后，教师看似理智地引领学生共同解决生成性问题，实质上已经"误入歧途"，走上了背离教学目标之路了。所以关注学生要适度。关注的前提是为了更好地实现教学目标，让学生在课堂上获得更大收获。如果背离教学目标而一味空谈关注，那就不是真正意义上的关注。

链接

不恰当的关注生成

一位教师在教学《麻雀》一文时，有一个环节是让学生谈读后感。学生在发言中除了敬佩老麻雀不畏强暴的精神外，也有的唱了反调："老麻雀你太冒险了，你可以用其他的办法吓退猎狗。再说，保存了自己还可以孵出一窝小麻雀呀！"老师顺着学生的发言补充说："这叫'留得青山在，不怕没柴烧'。"

我们先来解析《麻雀》一文的中心思想。作者写作的初衷是借麻雀不畏强暴、舍生忘死保护自己孩子的事例，来昭示母爱的伟大和神圣。只有这一主题思想升华使孩子心灵受到巨大震撼时，这样的课堂才能焕发出动人的生命活力。而这位教师放任学生脱离文本思想地畅所欲言，并以一句"留得青山在，不怕没柴烧"做评价，无疑是对文本的曲解，更是对"关注学生"理念的曲解。

课堂中教师必须通过多个点上的努力，教学效果才会真正得到改良，教师的影响力才会真正得到提升。总之，预设与生成是相辅相成、融合共生的整体。课堂有了预设，才能按部就班，有条不紊；课堂有了生成，才能精彩不断，生机勃勃。具有影响力的教师，总是懂得如何巧妙、得当地处理预设与生成的关系，使两者相互结合、相互促进、协调发展。

课堂是师生生命共同成长的舞台。这个舞台需要不断提升教师的专业水平。在课堂中，教师需要心中有学生，正确地认识尊重学生、以学生为本的重要性，进而以正确的教育理念为引导，不断形成自己独特的智慧；在课堂中，教师需要心中有教材，能够为了服务学生而灵活地处理教学内容，以更适合学生的教学内容促进学生成长；在课堂中，教师需要心中有创新观，面对预设与生成，不呆板，不墨守成规，在不断创新中，提升课堂质量。同时，教师还要合理地处理课前预设与课内生成的相互辅助、相互协调的作用。唯有如此，课堂才能浑然天成，学生才能在这样的课堂里收获更多，成长更多。能够滋养学生生命不断成长的课堂，教师的影响力也必定是不断发展、不断提升的！

第五章　课堂，重细节力的凸显
——兼谈课堂整合艺术

题记：一般课堂，细节就如过眼云烟；优秀课堂，细节就是珍珠，是教师规划的必然结果。站稳课堂，需要放大细节和做亮细节，这是卓越课堂中必不可少的关键环节之一。

顾名思义，教学细节就是教学过程中一些不易察觉的细微之处。课堂教学中师生间的话语、行为以及相互作用的各种细微环节，既是课程目标实现过程的基本反映，又是改进课堂教学和师生发展的重要环节。

教学细节最能体现一位教师的教学理念和教学行为，而对细节的思考、把握，以及让其为我所用则是衡量一位教师专业素养底蕴是否深厚的标志。但是，教学细节犹如人间的精灵，倏忽而至却又稍纵即逝，让人始料未及。因此，这就需要教师做个有心人，察微观细，及时捕捉，小心把握。

美国心理学家、教育家布鲁姆曾指出："有效教学始于准确知道需要达到的教学目标是什么。"有效教学的显著特点是以明确具体的教学目标作为教学的导向，使整个教学活动始终置于教学目标的控制下进行，使师生双方在教学过程中均有目标指向性，教学活动结束时均有目标达成性。这就要求教师在备课构思时，要善于规划细节。细节规划得当，课堂中才能有效地控制导向，从而实现教学目标。

老子说："天下难事，必作于易；天下大事，必作于细。"教学效果是课堂教学所必须追求的最大价值，因为它是教学目标最终实施结果的反映。教师认真挖掘课堂的价值，尤其重视那些生成的资源，做亮"细节"，就能从这些细节中找到学生成长智慧的基点，使学生在有效的学习中成长起来。自然，教育的细节力就会一步步凝成。

细节，是一种动力；细节，是一种资源；细节，是一种智慧。关注细节，打造细节，捕捉细节，我们的课堂教学才会更精彩。在不少课堂中，教师的高明之处是能在关键环节做亮细节，利用学生课堂练习的机会，抓住学生认知的冲突和困惑的本质和关键适时进行引导，进而使学生正确理解方法和策略。

"一树一菩提，一沙一世界。"细节，形成于特定的教学情境中；细节，蕴涵着大量有用的课堂信息；细节，是透视教师教学理念的放大镜！教学是不应该也不能够忽视细节的。关注细节，预设细节，捕捉细节，提升细节，我们的课堂教学会更加精彩。

注重教学过程，在课堂的提升环节放大细节，可以将练习课内容进行适当的拓展和延伸，围绕某一个小点将所学的知识进行系统化的梳理和提升，使学生触类旁通、举一反三，提升能力。

成功的教学离不开精彩的教学细节。关注教学细节，就是关注学生的生活、知识、情感、体验和生命发展的过程，就是启发智慧、落实理念、改变行动、提升教育品质的过程。让课堂焕发生命的活力，有效促进每一位学生的发展，需要我们从关注细节开始。

苏霍姆林斯基说："教育的技巧并不在于能预见课的所有细节，而在于根据当时的具体情况，巧妙地在学生不知不觉中作出相应的变动。"关注课堂细节，就是彰显教学智慧，突出教学重点，凸显教学亮点，提高教学质量，绽放个性和魅力的过程。因此，于细微处见功夫，是当今课堂教学真正走向有效、高效的法宝。

第一节 有效的"少教"凸显细节力

理性研究教学过程，细心的人们发现，一个又一个的课堂因为突出教师的细节力，这才变得充实。但是，充实的课堂已经不再是那些教学内容多而全的课堂，也不再是教师充分占用课堂里每一分钟的课堂，往往"少教"才精炼成为课堂教学中的追求，往往"少教"都是通过对细节的注意而收到好的效果。现今，"少教"而又让课堂变得充实，近乎成为人们的共识。

何谓充实？内容充足不虚。何谓充实的课堂？如何让课堂充实？课堂充实后又有哪些值得注意的呢？一系列的问题都摆在了眼前，一系列的问题都值得每一位教师去思考。

《孟子·尽心下》："可欲之谓善，有诸己之谓信。充实之谓美，充实而有光辉之谓大。"其意是指值得追求的叫作善，自己有善叫作信，善充满全身叫作美，充满全身并且能发出光辉叫作大。使我们的课堂有充实之感，这几乎是近几十年来人们共同努力的方向。不断地引进西方的教育教学理念，不断地更新教材、补充进一些新的知识，不断地将现代多媒体信息技术整合进课堂……虽然我们在不断改革现代的课堂，但还没有达到孟子所说的"美、大"的境界。尽管如此，为了提高课堂效率，这些都是非常有必要的举动。一句话，只要课堂中有我们努力的地方，我们就在努力地使课堂充实，我们的课堂就有了充实的感觉。

当前，谈让课堂充实已经不再是困难的事，让课堂充实基本上教师们都能胜任。不过，通过观摩课堂，就因为过于凸显充实的目的，又发现了新问题——过分充实、变味充实的课堂，其间不少拖沓沉闷的教学流程，不少空泛飘忽的教学环节，过多不着边际的教学内容，已经让课堂繁杂负重。其实，充实的课堂是一种美的享受，不是一种病态的呈现，更不是简单的加法。

充实的课堂，就是为了"使课堂充实"，其实就像一首动人心弦的乐曲，同样要有绝妙的伴奏，方才达到令人回味无穷的效果。为了真正能让课堂收到成效，为了让每一位教师都能赢得课堂，我们必须准确把握充实的标准，即课堂里的一切环节都必须以学生轻松快乐地学会知识为前提。那么如何使课堂更加充实呢？

综观绝大多数的课堂后发现，"少教"几乎没有退路。抓住核心内容，组织丰富、有趣的活动，才能引导学生愉快学习。少教多学的核心是，创设融洽的氛围、和谐的师生关系，引领学生在和谐的教学氛围中全身心地投入学习中，从而培养他们的自主学习能力，在自主学习中学会学习。同时，在课堂教学中，教师应与学生积极互动，开启学生的心灵，让学生的思维投入学习中，促进学生生动活泼的发展。

在这一小节里，我们试图改变"教师多教学生少学"的现状，集中研讨充实课堂的标准，或研讨整合变得充实的课堂的教学要求。即思考如何让充实的课堂里少教却变得高效、让学生多学却不加重其负担的方法。

1. 少教多学，从细节里找到突破口

"教师多教学生少学"转变成"教师少教而学生多学"，虽然只是将文字间的顺序作了一下调整，但是其教学目的、方法、策略、理念等都发生了本质的变化。前者，在教师辛苦之教下，学生虽然能学得知识，但是教与学的效率不成正比，为此必须改进才行；后者可以说是一个更高的要求，更需要教师精心准备，必须谨慎教学，才可能防止无效教学现象的出现。

为了改变教学无效和低效现象，我们提倡精讲多练，从更多的细节着手找到新的突破点。大量的无效和低效现象表明，课堂教学之所以陷入"教师多教学生少学"的困境，其症结在于诸多教学行为削弱甚至剥夺了学习主体的权利。而这种削弱和剥夺又往往是在教师不曾意识到的情况下悄然发生着的。也正因为这样在开展着教学活动，所以，教师便渐渐地习以为常、自以为是了。因此，要想突破"教师多教学生少学"的困境，就必须把属于学生的学的权利实实在在地还给学生。

教学中要达成教师少教学生多学，必须更新观念，端正教学思想，明确素质教育的要求；必须确立学生是学习活动的主体，转变学生是"收音机""容器""观众"或配合教师"演教案剧"的配角的传统观念。"教"完全是为了"学"，"教"要服务于"学"，"教"

更要服从于"学",学生才能成为真正的主角、主人。在课堂中必须克服课堂教学中存在的"三多"(教师讲得多、问得多、控制限制得多)和"三少"(学生读得少、练得少、自主探究得少)的弊病。教师在教学实践中,只有成为传播文化科学知识的艺术家,成为传递治学方法、让学生成为真正主人的艺术家,那么,我们才能真正赢得课堂。因此,教师应善于运用各种教学方法和教学艺术,让自己的"启"直面学生的"发",直抵学生的"发",让学生在知识的内在联系上,运用已有的知识去分析、思考、理解、掌握新知。

(1) 少教不能让学生主体地位沦为空话

少教一些,不是漏教一些。在教师进入课堂之前,要充分考虑到学生这一学习主体的地位和作用,充分考虑到学生的接受角度,充分考虑到学生对知识和能力的需求,充分考虑到学生个体和个性发展的需要,充分考虑到学生的多层次的渴望和需求;否则,我们就有可能让学生的主体地位沦为空话,在课堂教学中就有可能造成学习主体的缺失,这样的课堂是无效的课堂,是没有真正教育意义的课堂。

链接

《酸的和甜的》教学片断

教师在预设导入时,除了播放满架的一串串的葡萄录像外,还准备了一盘新鲜甜蜜的葡萄,让每一个学生吃一颗。在教师将葡萄盘递给台下的学生时,引发他们迫不及待、争先恐后的场面,既满足他们追求新奇、好动好奇的心理,让他们兴高采烈地吃葡萄,兴趣盎然地进入课文学习,也为课文中理解"迫不及待"这个成语做场景和情绪的准备。当教学中教师问学生,小猴子为什么迫不及待?他们都知道是因为小猴子太想吃甜蜜的葡萄了。问学生:"我们刚才为什么也迫不及待呢?"刚才吃葡萄的场景就会重新出现在他们的眼前。他们知道自己拿葡萄的时候也是迫不及待的,这样迫不及待是因为怕迟了自己吃不到。

上面的实例告诉我们:少教的前提是心中要有学生这一学习主

体。由于教师充分考虑到学生的内心感受和需要，心中有需要学习的学生这一主体的存在，所以，课的切入点非常好，突出关注了学生的兴趣点。

上面的实例告诉我们：教学要善于和学生的生活实际相联系。联系学生生活，让学生不但迅速具体地理解了"迫不及待"的意思，还能用自己的生活来还原自己的理解："爸爸妈妈带我去哈尔滨，第一次坐飞机，我迫不及待地走上飞机。"这让学生的课堂知识与生活知识得到了很好的结合，学生就能够在体验生活的过程中体验到学习知识的乐趣，增强学习的积极性和主动性。

（2）少教多学是一个转化过程

夸美纽斯在其著作《大教学论》中曾提出一种伟大的教育理想：找到一种方法，使教师因此可以少教，但是学生可以多学；使学校因此可以少些喧哗、厌恶和无益的劳苦，独具闲暇、快乐和进步。

在课堂教学中，真正让少教服务于多学，这实际上是一位教师只有通过不断的实践、不断的总结，并在不断的反思中，慢慢地才能达成并落实到自己的教育教学实际中来的一个过程。在我们平时的课堂教学中，新走向讲台的教师往往注意的是自我这一中心，而很少注意他人，很少会从学生这一角度来考虑问题，考虑自己的教学。甚至一些教龄显然不短的教师，也并无明显地从学生这一角度考虑的想法。而事实上，课堂教学只有真正地从学生这一角度考虑，只有真正地领会到教是为学服务的这一目的，才可能有教学的真正的生成。

在现实的教学中，教师少教，学生必然就少学。然而，如果教师把教的任务分一部分给学生，又会如何呢？结果就是会形成一种新的教学观念。教师把教学的任务分出去了，也就轻松多了；学生有了自我教育的机会，也就积极多了。教师教少了，学生学多了，夸美纽斯的理想不就是这样的吗？

少教必须为多学服务。这个目的是明确无疑的，谁先达到了这种认识，并落实在自己的教学中，谁就能率先取得教学的成功。其实，如果能够克服一些留存心里的教师主体的这一阴影，必将会有学生为主体这一阳光的介入。也许对很多教师来说，将学生看作教学的主体,将教师心中的自我转化成为他人——学生,也许并不需要太长的时间。

当然,在这里说是轻松的,但实际操作中依然存在着困难。教师将部分教学任务托付给学生,这里所说的部分究竟是指什么呢?哪些知识可以让学生自学,哪些知识应该掌握在老师的手中呢?正如我们提出的观点一样:教少学多。是教少,不是不教。就像老师上课一样,不能不说话,也不能多说话,要少说,但要说到关键的地方去,激发起学生的思维,然后提供大量的时间、大量的机会让学生思考、探索、表现。这对老师的要求很高。

更关键的是,要实现教少学多,只有充分发动和依靠学生才能达到。可以肯定地说,一个教师只有完成了教服务于学这种理念上的转变,才有可能完成走向成熟教师的实践意义上的转变。在课堂教学中,通常有以下几种策略。

一是充分考虑学生心灵世界的需求。赢在课堂的教学必须明确:无视生命的存在,一味规定、限制学生的生命潜能和活力,让学生的生命成为自己意志的体现或自己生命的继续,这是对生命的摧残,是对心灵的扼杀,是对自尊和人格的蔑视,这种教学缺乏起码的道德准则;课堂教学的目的和内容、思路和方法,都要有利于学生积极主动的参与,有利于学生从不同的层次、不同的角度发现问题、探究问题,有利于学生获取对客观世界的正确、深刻的认识。课堂教学应该促使学生在知识与能力、过程与方法、情感态度与价值观等方面的提高与升华,让学生在获得知识和智慧的同时,获得更多的美妙和快乐,愉悦地体验"内心的旅行",实现心灵的自由飞翔。

链接

《惊弓之鸟》教学片断

师:上节课老师与大家一起学了《惊弓之鸟》,读读课题,这篇课文主要讲了什么?(生用上课题简答了课文的主要内容)

师:今天我们来学这个成语故事,同时要向更羸学一招推理的本领,来破这个"惊弓之鸟"案。破案先要干什么呢?

生：找线索。

师：对，我们先找第一条线索：更羸为什么只拉弓不用箭就能射下大雁？这条线索怎么理清？我们先去倾听作者是怎么告诉我们的，自一讨论。（给学生充分的时间读书，学生自读自悟后组内分工讨论）

师：好，下面请各位"小福尔摩斯"发表意见！

生：因为这是一只受过箭伤的鸟，伤口没有愈合，又离开同伴，孤单失群，得到不帮助。

师：用波浪线画下这些句子，这是依据。

这个片断中，"向更羸学一招推理的本领"可说是激发了学生的兴趣，切合学生想当福尔摩斯的心理需求，学生的主动性被大大地调动起来了。这样，学生在期待中便学得主动，学得积极，学得带劲。

为此，我们觉得，根据学生心灵世界的需求，我们必须做到这样几个方面：尊重学生的尊严、情感和人格，尊重每个学生个体和个性方面的诸多差异，给学生高质量的教育服务。只有针对学生的实际，设计相应的教育内容，才能适应学生自身发展的要求。要开启学生的固有灵性，挖掘学生的智慧潜能，发展学生的学习动机、学习兴趣、学习情感、学习意志等个性特质，促进学生的健康成长和全面发展，让学生的学习过程真正焕发出生命的活力。

二是充分考虑到学生这一学习主体对知识与能力的需求。现代课堂成为学生成长的知识乐园，是教师赢在课堂教学的一个基本标准。"知识的构建要与学生的个体世界紧密相连"，这是现代教育学的核心内容。为此，我们首先要考虑课堂教学的知识体系目标，只有确立了目标，才能让自己的课堂教学本立而道生，纲举而目张。其次要考虑课堂教学的组织结构，充分考虑学生对所教学科知识的掌握程度、理解程度和运用程度，考虑他们目前还有哪些知识没有掌握。最后要考虑达成"施教于课堂，得益于课外"这一教学目的，教师要考虑如何通过课堂教学，让学生的知识得以巩固和拓展，让学生对所学能真正理解和运用，让他们真正成为学习的主人、知识的主人、创造的主人。

三是充分考虑到学生现实生活世界的需求。生命是生活的基础，生活是生命的延展。教育要真正促进学生的全面发展，就要走进学生的生活世界。

链接

《温暖我一生的冰灯》教学片断

师：虞老师昨天也学这位父亲，去冻了一些冰块。待会儿每一个小组可以拿到一块。你们瞧，整整一袋，冻了一个晚上，冻得正好着呢。（举给同学们看）这么大一个冰块。现在，请同学们猜一猜，虞老师把冰块带到课堂上来，究竟有什么用意？

生：让我们知道父亲做冰灯是多么艰辛。

师：让你们也在课堂上做一回冰灯，是吧？

生：不是，不是。

师：做冰灯只有一块冰行不行啊？

生：（齐声）不行！

师：还得有其他材料吧。那虞老师是什么用意？

生：让我们亲身体验一下。

师：体验一下什么？

生：体验一下做冰灯时候的感觉。

生：让我们在做冰灯时体验一下冰的寒冷，让我们知道父亲做好一个冰灯后，他的双手会冻得红肿。

生：我觉得也是亲身感受一下父亲做冰灯的时候那种艰辛的感觉。

片断中，老师让学生亲手握冰块，体验父亲做冰时那种寒冷。这样，学生感受的是真实的现实世界，从对现实世界的体验获得"移情"体验，从而更深地进行情感体验，对那"温暖一生的冰灯"的感动更真切、真挚、真诚。

课堂教学要充分考虑学生生活世界的真实。在进入课堂教学之前，教师就应该考虑到如何把教育教学内容从书本、课堂中引向学生五彩缤纷的生活世界。因此，教师要指导学生在生活中捕捉、观察、实验，对信息进行查找、选择、分析、加工和有效利用，学会在生活、生产和各学科中发现问题，完善知识构建，培养独立思考、理论联系实际的学风与实现自我可持续发展的意识和能力，把教育教学当成师生创造性生活的一部分，把教育教学过程变成师生双方实现自己生命价值、提高生命质量的过程。

少教服务于多学的课堂，一定能够让学生在生活世界里认识自己、发展自己、塑造自己，在自我优化中实现理性构建和个体价值，使个性和共性、主体和客体获得高度的统一。学生既是自身生活的主人，又是自身学习与世界社会相融合的主人。我们开展教学的目的，就是要让学生的知识、能力、情感、态度、精神、人格，在我们的课堂教学中得到协调发展，获得全面的提高和升华。

2. 注重充实课堂的合理整合

整合，指的是一个系统内各要素的整体协调、相互渗透，并使系统各个要素发挥最大效益。它原来是将系统中的相关要素经过整理、组合、协调，在整体优化的基础上产生重组效应，从而发挥出系统更大的功能。它的核心内涵是打破原有各要素之间的封闭状态，促进各要素之间的优势互补，发挥整体大于部分之和的作用。课程整合，就是打破原有各门课程之间的相对独立状态，加强各门课程之间的沟通和互补。

当我们面对新教材时，教师已经不再是教科书的执行者，而是教学方案（课程）的开发者，即教师是"用教科书教"，而不是"教教科书"，这就决定了教师应该思考如何使课堂散发新的魅力。如何使用教科书，有很多的方法值得尝试和挑战，其中整合不失为一个重要和值得探索的方法。

课程是教师、学生、教材、环境的整合。教材不是教学内容的全部，课本只是教学内容的代表与示范，而不是教学内容的唯一载体。

课堂更不是学生获取知识和能力的唯一场所，教师也不是学生获取知识的唯一指导者。教师必须以学生为中心，开发学习资源，学会"用教材"来成就学生生命的精彩。所以，教师只有认真钻研教材，注重开发教材和教材以外的教学内容，认真、合理、适当地整合课程资源，才能开拓教学视野，丰富教学内容，才能深化课堂教学，从而让学生提高学习效率。

合理整合的关键在于教师内化教材内容之后的再创造。教师要强化备课环节的力度，备教材、备学生、备教法、备学法、备环境、备板书、备时间。教师备课时应确定适当的学习目标，并确认和协调达到目标的最佳途径。传统备课中的目标确定是一种知识的预设；新课标要求达成学生知识与技能、过程与方法及情感、态度与价值观三维目标，目标设计上要做到"三维并重"。传统的知识点、能力点要求仍然是教师备课中必须重视的，同时需要考虑另外两个目标：一是过程和方法的考量，必须重视设计每个学生自主思考的平台，必须让每个学生都能用科学的方法思考问题、解决问题；二是可理解为看不见的方法、情感、态度、价值观要求，主要表现为培养学生热爱科学、勤于思考、善于探索、长于合作、追求真理的学习心理和学习品质。备课中应考虑两项内容：一是本课的知识点和能力点的掌握应用，二是学法指导。在备课时就要充分考虑，如何引导学生通过学习学会一定的探究的方法、技巧，然后在教学时有效地落实，并拓展以巩固方法。如果我们在这方面下些功夫，学生就能学会学习、主动学习、自主学习，学习的效率就能真正体现出来。

链接

《轴对称图形》教学片断

教师先用计算机展示一幅图像清晰、色彩鲜艳的秋天风景，并声情并茂地说："现在是秋天，你们看，秋天多美啊，火红的枫叶，美丽的蝴蝶，青翠的松树……来到秋天的大自然中，你会发现很多美景。"然后一一展示枫叶、蝴蝶、松树的图案，接着让学生找出它们的特点。

美的画面和学生生活经验中的自然美融合在一起，引起了学生们的审美感，欢悦的笑容在他们的脸上绽开，他们饶有兴趣地进入了求知境界。

现代课堂中教师角色的转变和学生学习方式的改变，要求备课不再是教材内容的简单的诠释、教学过程的简单的安排、教学方法的简单的展示，它的性质、功能、方法已经发生了很大的变化。它要求教师从新课程理念出发，在落实学生主体学习地位上下功夫，在落实每一个学生自主学习上下功夫，在落实学生合作学习上下功夫，在充分调动每一个学生的学习积极性上下功夫，在防止学生的学习活动流于形式、切实提高课堂效率上下功夫。因此，教师备课已升华为教师教学研究的一个重要内容。

赢在课堂的教学强调"教"服务于"学"，教师通过与学生合作，依靠学生自主动手活动、实践、合作与交流去实现教学任务；赢在课堂的教学要求教师以学生的心理发展为主线，以学生的眼界去设计教学思路，预测学生可能的思维活动并设计相应对策。这就要求教师让学生参与课前的准备，自己收集制作有关资料（如实物、图片、数据等）。这个过程不仅能为课堂教学作很好的铺垫，还能使教师预测到学生的需要，掌握学生的现有水平和情感状态，把握学生的现有发展水平，使教师在备课时，更多地从学生学习的角度去考虑教学方案，做到有的放矢。

赢在课堂的教学倡导打造教学基础，做好教学的前提工作，了解教学对象的差异——学生差异。备课时，教师应认真分析学生的知识结构的差异，找准新知识学习的切入点；认真分析学生的学习方式的差异，根据学生的兴趣、爱好、情绪，设计课堂教学，把握学习的鼓动点；认真分析学生的学习需要差异，根据对象确定分层施教，架好学习的桥梁，使基础较差的学生"吃得进，消化得掉"，使学有余力的学生"跳一跳，摘得到"。只有这样，在掌握学生的个性差异和个体需求的前提下，采取不同的教学方法，才能为每一个学生的发展创造条件，使学生全身心地投入课堂学习活动中，使每个人都获得身心的愉悦和在原有基础上有较大发展。

课前备课、写教案固然重要，课后反思、小结更是对课堂的一种升华和凝聚。从某种意义上讲，这是教师的第二次备课，不仅有利于课堂教学的开展，更有利于教师的专业化发展。教案的价值并不仅仅在于它是课堂教学的准备，教案作为教师教学思想、方法轨迹的记录，也是教师认识自己、总结教学经验的重要资料。在教学实践中，课堂一旦放开，真正活起来，就会有很多突如其来的可变因素，学生的一个提问、一个"发难"、一个突发事件，都会对原有的教学设计提出挑战。教师在课后应该及时把这些突发事件记录下来，对自己的教学观念、教学行为、学生的表现、教学的成功与失败进行理性的分析，通过反思、体会和感悟，可以帮助自己总结和积累经验，形成一套能适应教学变化的、能出色驾驭课堂教学的知识体系和本领。

3. 少教的细节处理策略

优化课堂教学，即高效率教学。这个高效率不是指教师讲了多少，而是学生学了多少。如何在有限的 40 分钟内使学生最有效地获取知识，增长文化素养，从而提高教学效率，这就是优化的过程。

（1）依"纲"据"本"，结合实际，设计教案

课程标准和课本是教学的依据。教师只有认真研读，才能准确把握课堂教学的要求，才能在教学中做到有的放矢。教案设计的重点是教学细节设计。教师在设计教学过程时，一定要针对学生已有的知识基础和能力水平，并应符合学校现有的实际条件。这样设计出的教案才有用，才具有可操作性。

例如，案例教学的一般过程是：教师首先向学生提出富有启发性的问题和具体的案例；其次，要求学生先阅读有关教材和补充资料，然后讨论具体的案例；再次，教师对具体的案例（结合不同类型的案例）进行点评，让学生进一步形成知识概念；最后，通过练习，让学生巩固对知识的掌握，提高学习的能力。典型的案例可以让学生产生"共鸣"，使那些课本之外的同类内容为学生所认识，或能引发学生自学的兴趣。与此同时，通过对此案例的思考、辩论和演讲等大

量的活动，可以培养学生的综合能力。这样，教师讲授的内容虽然少了，但恰恰丰富和充实了教学的过程，使学生的学习不再局限于课堂上。

（2）恰当设问，激发学生学习的主动性和积极性

课堂上恰当设问是落实启发式教学的一种行之有效的方法，能调动学生学习的主动性。教学过程中，教师提出的问题一定要精心设计，要具有启发性，能激发学生思维，切记不要想到哪里就说到哪里。

例如，问题探究法的使用。学生在教师的指导下，通过观察、发现问题、分析和解决问题以及表达与交流等活动，进行知识构建和价值认同。问题，是开启任何一门学科的钥匙，是生长新思想、新方法、新知识的种子。在教学中，教师一定要引导学生善于观察，善于发现问题，培养学生的问题意识，诱发和激起学生的求知欲，进而推动学生去深入思考，自主探究提出问题、解决问题的方案，在讨论与交流中形成共同的价值观。这其中，教师一定要把握好教师与学生各自在每个教学环节中的地位和作用，学生是探究者，教师是引导者。

（3）根据实际，精选例题，精讲精练

根据课堂教学内容的要求，教师要精选例题。可以按照例题的难度、结构特征、思维方法等各个角度去选择，并进行全面剖析。在这里，不能片面追求例题的数量，而是要重视例题的质量。

精心设计教师的讲。落实"三讲"（讲重点、难点，讲规律、拓展，讲易错、易漏、易混点）、"三不讲"（学生已经会的不讲，学生自己能学会的不讲，讲了学生也不会的不讲），彻底改变课堂上学生被动学习的局面，让学生主动参与学习。

例如，讲评课讲什么？讲评课是在学生已经掌握基础知识的前提下进行的，要提高讲评的针对性和时效性，教师要做到：讲试卷反映出来的知识缺陷，讲学生解题时的思维阻碍点，讲解题规范，讲练习或考试出现的问题，讲对概念、规律的片面认识，讲练习中得出的规律、方法，等等。

总之，要讲在点子上，培养学生的发散思维、逆向思维、变向思

维等能力，克服思维定势，使学生真正将知识学活。讲评要注意五忌：一忌主观讲评，无针对性；二忌泛泛讲解，抓不住重点；三忌简单对答案，分析不透，要点不清；四忌就题论题，不归纳总结，不深化；五忌讲完了事，不搞跟踪练习。

（4）精心选题，当堂检测、巩固课堂教学效果

链接

《猴王出世》教学片断

师：在这篇经典名著里，语言的珍珠随处可见。请同学们在最后一点时间里，挑选自己认为最精彩的语言再读一读，背一背。（学生自由朗读、背诵）

师：同学们，40分钟时间很快就到了，我想，上了这堂课，大家一定发现：读经典，不仅要读懂"写什么"，更要去思考作者是"怎么写"的，因为——（课件出示）

生：（齐读）"写什么"人人看得见，"怎么写"对于大多数人却是个秘密。

可以说，感受语言、领悟语言，最终要落实在积累语言、运用语言上。这样，通过及时的检测便可知课堂学习的效果，便于后面及时调整教学策略。

由此不难看出，精心选题，当堂检测，巩固课堂教学效果，就首先要保证练习的质量；教师要在选题上多下功夫，处理好课本习题与课外习题的关系。课本习题对巩固所学知识，深化概念有很好的作用，教学时要注意研究，充分利用。在此基础上，选编适量的练习题加以弥补。题目要严格筛选，要有针对性、层次性、新颖性。数量要严格控制，坚持"教师多做题，学生少做题；教师精选题，学生做好题"的原则，坚决删去"偏、难、怪"的题型。

其次要保证练习的时间在10分钟左右。这就要求教师在知识讲授上"精打细算"。安排学生练习的时间要根据教学内容的不同需要灵活掌握，可以安排在刚上课的复习巩固时，可以穿插在新知识的讲

授过程中，也可以放在课堂教学内容完成后。当堂检测，及时发现问题，及时引导再学习是巩固新知、提高课堂教学的有效措施。

第二节　整合是细节力的推陈出新

理性研究教学过程，可以发现如今无数的课堂都在两个点上进行着力，一是进行学科间的整合，二是过程中注重科学整合。就像前面小节中所谈到的"少教"，其实更多的是一种整合过程，是通过两种不同性质的整合在细节处的处理。在课堂中取得好的教学效果，更多的是教师整合技能高超的体现，最终都通过细节的处理决定着成败。

现代课堂的整合已经成为一种普遍现象，关键在于将整合的各个环节做到恰到好处，做到相得益彰。现代课堂是整合的课堂，整合一词与高效、创新等有着紧密的联系。在前面小节中我们着重探讨了因为整合给课堂加重了负担，必须走"精讲少教"之路。在这一小节中，我们着力探讨整合，从而提高每一位教师的细节力，将围绕整合课堂丢失学科之根的现象，探讨科学整合之策。

1. 什么是学科整合和科学整合

（1）关于整合

整合，来源于英语 integrative，意思是指"综合的，一体化的"。整合就是指一个系统内各要素的整体协调、相互渗透，使各要素发挥各自最大的效益。《现代汉语规范词典》中对"整合"的解释为：整理之后重新组合。刘仲林在《跨学科教育论》中认为："整合是新的科学观念和思维方式，它重视各学科知识、理论、方法间的互相渗透、互相补充、互相促进，以取代相互排斥、相互孤立、相互封闭的思维方式；整合是新的知识结成新的知识网络，帮助人们整体地了解世界，认识世界，把握世界……"

(2) 关于学科整合

所谓学科整合，就是在课堂这一特定的空间范围和时间范围内，以素质教育为主导，优化教学环境，合理利用和科学有效配置自然资源、资本资源、人力资源、信息资源、技术资源等课堂要素资源，增强相互之间的关联程度，使之在课堂教学过程中动态调节，相互补充，相互作用，相互协调，从而达到优化配置状态，产生整体聚合能动效应的教学行为过程。

学科整合是围绕一个共同的中心（主题），将原本没有直接联系的学科有机地融合在一起，使其互相渗透、互相补充、互相促进，以提高学生能力、促进学生发展为最终目的的一项举措。

(3) 关于科学整合

学科整合是课堂信息整合的资源要素，科学整合是学科整合的基本要求。学科整合的目的就是要使现有的和潜在的资源相互配合与协调，使之达到整体最优，对该学科的学习起到积极的促进作用。因此，在整合内外部资源时，一要视野开阔，教师一定要在新的教育理念的指引下，思考如何构筑在此背景下的知识竞争力并获得优势，以及如何推进教育现代化和变革，如何应用最新方法、智慧、成果，如何有效获得先进教育手段；二要善于集成，努力将各种分散的资源集成和集中起来，着眼长远，突出重点，以便将有限的资源投入到实现战略意图过程中能发挥最大效用的领域；三要善于借力，通过适度利用外部资源，有效弥补传统教育资源的不足，缩小教学目标与资源条件的差距。

从宏观层面看我们的课堂改革，整合已经成为现代教育发展的大趋势。对于更多的教师来说，课堂教学着眼点更多地集中在某一教学时间里，打破原有学科之间的界限，通过巧妙强化学科之间的联系，呈现一种更开放的课堂教学。例如数学学科的学科整合，是立足于数学学科，并向音乐、美术、信息技术等学科进行辐射，利用其他学科的知识和技术，帮助理解数学学科的教学重点、难点，达到更直观、形象、便捷的效果。

课堂教学只有达到科学整合的效果，才可能真正达成设定的教学目标。这就要求教师在进行学科整合的过程中，必须结合学生的实际情况，根据教学的需要，在该整合时才进行整合，即使能整合，也要注意不能喧宾夺主，要合理取舍，在不同的教法之间做出恰当选择，在不同的教具之间捕捉教学灵感，优化教学过程，这样才能在单位时间内获取最大的教学效率。

链接

英语教学中的整合示例

英语作为一门综合学科，与其他学科，如数学、音乐、美术、手工等联系紧密。新课标提倡在英语教学中进行学科融合渗透，充分开发课程资源，拓展学用渠道以及创设学生习得环境，使学生素养得到全面发展。例如，在教 3A Shapes 时，让学生把各种形状画出或拼出一幅幅美丽的图画，让他们用英语说说使用了哪些形状。又结合数学方面的知识，在黑板上画了田字格问他们："How many rectangles?"学生们兴趣盎然。并通过让学生演唱"Twinkle, twinkle, little star"，使学生不仅受到音乐的熏陶，也感受到学习的快乐和趣味，从而提高了学习效率。

2. 学科整合的意义

（1）从国家课程整合的趋势来看需要学科之间的整合

长期以来，我国基础教育课程中的语文和数学等传统优势科目占据了较大的比重，从而造成了学校课程中科目结构失衡。《基础教育课程改革纲要》明确指出：为了改变课程结构过于强调学科本位、科目过多和缺乏整合的现状，整体设置九年一贯的课程门类和课时比例，并设置综合课程，以适应不同地区和学校发展的需要，体现课程结构的均衡性、综合性和选择性。

例如，小学阶段以综合课程为主。小学低年级开设道德与法治、语文、数学、体育、艺术等课程，小学中高年级开设道德与法治、语文、数学、科学、外语、综合实践活动、体育、艺术等课程。

同时，新的课程计划分别将语文所占的比重由原来的24%（1992年）降至20%～22%，将数学由原来的16%（1992年）降至13%～15%，并对其他传统优势科目所占的比重进行了适当的下调，同时将下调后积累下来的课时量分配给综合实践活动和地方与校本课程。其中，综合实践活动拥有6%～8%的课时量，地方和校本课程拥有10%～12%的课时量。以上的数据告诉我们，在新课程背景下，学科整合已经成为一种必然的趋势、一种迫切的需要。当然，这对教师提出了更多、更高的要求：教师不仅要有整合的意识，而且还应具有整合的能力；不仅要熟悉学科的知识和特点，还应具有更为广博的横向知识，了解其他学科的教学特点；不仅要加强知识的更新学习，而且要加强自身的教学理论、教学思想的学习，提高自身的综合素质。原本只掌握一种"绝技"的教师已不能适应课改的要求，必须建立起一支"十八般武艺"样样精通的教师队伍，才能适应当前形势的需要。

（2）从国内外研究的现状及趋势来看需要学科整合

20世纪90年代以来，世界各国、各地区都推出了旨在适应新世纪挑战的课程改革举措，呈现出的共同趋势是倡导课程向学生经验和生活的回归，追求课程的综合化。欧美诸国纷纷提倡主题探究活动与设计学习活动，日本在新课程体系中专设综合学习时间，为综合实践活动开辟空间，我国台湾则把综合实践活动作为新课程七大学习领域之一。因此，综合实践课程的设置，课程的综合化、整合化是我国基础教育课程改革的发展方向。目前，许多学校都开始重视综合实践活动课程，进行了有益的探索和尝试。例如，杭州临平一小开展的"让绿色走向未来"综合实践活动，让学生围绕一个主题进行研究性学习，综合各科知识，收集相关信息，以获得丰硕的研究成果。

（3）从提高学生能力的角度来看同样需要学科整合

从整体上看，传统教学中，学生所学的知识是孤立的、片面的、零散的，各个学科知识没有进行必然的联系和渗透。但实际上，各学科之间的思想、方法、内容是相互渗透的，存在着千丝万缕的联系。

因此，为了使学生学得的知识形成整体的系统的知识体系，拓宽其知识面，加深其对知识的理解，提高其知识运用能力和迁移能力，必须进行学科之间的 整合。

(4) 从当今社会对人才需求的角度来看也需要学科整合

我们教育的学生在若干年后终究是要走上社会、走上工作岗位的。学生将来能否在社会上立足，这是教育工作者必须慎重考虑的。目前的社会就业压力越来越大，企业对职工的要求也与日俱增，复合型人才、一专多能人才供不应求。我们所提倡的学科整合从根本上讲就是要提高学生的综合能力、综合素养，以适应残酷的社会竞争。

3. 学科整合的形式

学科整合是今后的发展方向，课堂的高效因学科间的整合而更加富有生命力。教师要想赢得课堂，必须学会课堂整合，拥有开放的教学理念，才能真正地整合课堂，从而达到科学整合的要求。为此，新时代的教师应具有宏观的整合思想，并能从具体的教学着手进行整合研讨，才有可能迅速地提高自己的教学素养。下面的探讨，更多的是如何从微观的课堂层面进行学科整合的引领。

(1) 在活动中进行学科间的融合

教师在教学中要注重跨学科的学习和现代科技手段的运用，让学生在实践中拓宽学习和运用领域，使他们在不同内容和方法的相互交叉、渗透、整合中开阔视野，提高学习效率，初步获得现代社会所需要的实践能力。同时，引导学生在活动中进行学科的融合，也能使教师进一步地捕捉课堂细节，并且化细节为学生的综合"学力"，教师则在如此的行为中不断凝练和提升自己的细节力。

有趣的学习活动是学生运用知识的载体，是多学科知识综合运用的好形式。在活动中融合各学科的知识，可以引发学生的学习兴趣，有利于学生的全面发展。

链接

数学教学中的整合示例

在一次数学活动时，笔者首先让学生欣赏北宋大文豪苏轼《百鸟归巢图》中的题画诗："归来一只复一只，三四五六七八只。凤凰何少鸟何多，啄尽人间千钟粟。"在理解诗的大意后，引导欣赏前两句与"百鸟归巢图"的内在联系，把诗中的数字写成一行。接着，引导学生仔细观察并思考："在这些数字之间加上运算符号，结果如何？"学生发现：$1+1+3\times4+5\times6+7\times8=100$。这样，含而不露地落实了图中的"百"字。学生感叹着说："苏东坡不仅诗写得好，还是一个妙用数字运算的数学大师。"笔者又出示一幅生日寿联：花甲重开再增三七岁月，古稀双庆又添一个春秋。学生十分投入地算出老寿星的岁数后，无不称赞对联运用数学的精湛艺术。"这次活动课，与其说是诗歌、对联欣赏，不如说是精彩的数学讲座，着实让我们经历了一次美的享受！"

（2）在课堂上进行学科间的渗透

课堂教学是学生获取知识的主阵地。学科间有着横向的内在联系。在课堂教学中巧妙地进行跨学科知识的教学，可以收到较好的教学效果。当我们根据教学内容进行渗透时，我们会发现学生可能有"晕学"的现象，这些就是很有用的教学细节，我们要善于把握住，要及时转换渗透的策略和方向。只有这样，师生才能有更多收获。

例如，数学知识的获取，往往要经过猜测、假设、论证、结论的过程。而常见的关联词语"如果……就……""只有……才……""因为……所以……"等，都是表述这一过程的基本句式。教师在教学"三角形面积"时，可以用"如果……就……"表述猜测，选用"只要……就……"或"因为……所以……"来表述推导过程，并要求学生用以上关联词语说上一段话，完整叙述三角形面积公式推导的全过程。在教学"梯形面积的计算"后，可以让学生选择"只要……就……"或"只有……才……"填空：（　　）知道梯形上底、下底和高，（　　　）能计算它的面积。这样的教学，不仅有利于学生加深对面积计算方法推导过程的理解和掌握，还可以提高学生运用关联词语的能力。

(3) 引导学生运用跨学科知识解决实际问题

让学生学会运用知识解决问题是教学的重要目标。在教学中，教师要善于引导学生运用跨学科知识解决实际问题。这就要求教师要把教学主题转换成一个需要解决的问题。当然，这样做，我们不能"脚踩西瓜皮"，滑到哪里算哪里，要把握其中透露出来的细节，注意调控好学习内容和学生的学习状态。

链接

《多彩的桥》教学片断

教师可以从以下几个方面来设计教学：如何设计一座桥梁？什么样的桥梁结构最坚固？结构各异的桥梁分别有什么特点？如何使桥建起来后，不妨碍船的通行？但是，提倡教学中要考虑综合多学科的知识，不能忽视了研究和解决实践问题，不能机械地理解综合运用多学科知识，将文学、文化、音乐、科学、绘画等的知识都牵扯进来，使一堂课变成无所不包的大杂烩，使教学失去了灵魂和主旨。也就是说，教师不能从崇尚单科知识权威转向崇尚综合知识权威。

总之，教师在教学中要引导学生进行知识的横向联系，扩大知识的空间范围，加强学科之间的协作与融合，使各个学科从分散的、相对隔绝的、自成体系的小科学形态向一种综合的、连通的、互相紧密相连的大科学体系形态转换，帮助学生形成综合的网络化的知识体系和能力体系，让他们从小树立"世界是统一的、相互联系的"的观念。

4. 科学整合重在细节处理

整合，是将系统中的相关要素经过整理、组合、协调，在整体优化的基础上产生重组效应，从而使系统发挥出更大的功能。它的核心内涵是打破原有各要素之间的封闭状态，促进各要素之间的优势互补，发挥整体大于部分之和的作用。在学科整合中，为了达到科学整合的效果，必须加强细节处理。科学整合主要体现在两大方面。

一是不同版本教材的整合。

链接

不同版本教材的整合

市场上出现的小学英语教材种类繁多，各具特点。如 3L 教材、新概念英语、剑桥英语、新世纪英语、洪恩 GOGO 学英语、Little Fox 等教材，每一种教材都有自身的优缺点。教师如能结合各种教材的优点，集思广益，用于自己的教学，将会收益不少。在教学实践中，一名合格的教师经常翻阅不同的英语教材，把多种教材消化吸收，这样备课时、教学时就可以信手拈来。

二是不同年级之间的整合。

链接

不同年级之间的整合

牛津教材在教学内容和教学活动的设计和编排过程中体现"由浅入深、由易到难、循序渐进、逐步扩展、点面结合、不断复现"的原则。教师在教学时认真研读 1A 至 5B 教材，熟悉并梳理各单元的知识点，将各单元的知识点按语音、词汇、基本句型、话题、语法等进行整合，在教学时有层次、有坡度地进行教学，如四、五年级涉及的节日、月份、星期、课程、气候等单元，内容多，知识量大，学生仅通过几个教时学习，根本无法达到预期的目标。如果能结合真实的生活需求，在三年级就对这些内容进行渗透教学，那么到后面学的时候，教师就教得轻松，学生学得也轻松了。

不同学科教学时，科学整合的途径和方式是非常多的。通常有以下几种：

· 补充式：我国的课程政策鼓励教师开发课程，因此在编制课程时，预留了供教师创造的空间。基于这点，我们可以在所预留的空间中，嵌入一些其他学科的内容，来补充完善课程。

· 延伸式：教师对学生感兴趣和自己认为有研究价值的某些内容，运用其他学科的方式进行延伸。如教《黄果树瀑布》这篇课文时，可以跟科学学科整合，让学生以黄果树瀑布为题开展研究性学习，走出课堂，通过调查、采访、实地考察等形式，或研究那儿的地理与环境，或研究那儿的风土人情。

· 缝合式：在现实中，学生往往更多地关注课程之间的联系。缝合式整合就是在学科与其他学科的交叉处设立新的学习内容。例如，在音乐与语文课程之间开设"歌词欣赏"等内容，在数学与科学课程之间开设"现象与计算"等内容。这样做，既有利于打破学科的界限，满足综合学习的需要，又有利于开阔学生的视野，拓宽其思路。

· 重组式：这是指教师在实施课程教学时，以促进学生可持续发展为着眼点，打破学科结构乃至学科门类等，根据学生发展的需要重新整合各种学科，构建新的学习内容形态和体系。

学科间的整合并不止以上形式，要靠教师在实践中不断挖掘，不断实践；学科间的整合不一定只是两门学科的渗透融合，也可多门学科同时交融运用，以求得最佳效果。只要教师善于抓住课堂中所呈现出来的细节，认真地探索与总结，就能从中发现其规律，真正让教学实现 $1+1>2$ 的效果。

第三节　课堂细节力在意学生的进步

课堂里的变化，像做加法一样整合多个学科，或是做减法一样将石头打磨塑造成艺术精品，其宗旨只有一个：一切为了学生的进步而不断地追求。一堂真正有价值的课，在于学生通过学习而出现明显的进步，如不会写的变得会写，不会说的变得会说，不会算的变得会算，如此才可能称得上有价值的课堂。

理性研究教学过程，心细的教师观察那些通过整合而"少教"的课堂，就会发现这些课堂成功的点就在于教师在课堂中擅长抓住课堂里学生的细微变化，或进步的，或困惑的，或马虎的等很多变化，而后循循善诱，方才能达成很好的教学效果。

对于我们的课堂来说，以学生的进步作为评价标准，这是永远不变的标准。因为课堂教学面对的是一个个活生生的学生，永远对课堂中的"人"充满真切关注才是终极关怀。其实，也只有如此给予生命关怀，教育教学才会是精彩而美妙的。在这一小节里，将着重于课堂教学中抓住学生的成效表现加强细节处理，达成有效调控教学而渗透细节力的探讨。

1. 整合型课堂始于预设，成于生成

课堂里的整合，追求高效才是它的真正目的。通过学生的学来评价教师的教，是一条非常不错的评价标准。让学生在课堂上学得进、学得会、学得好，这是无数教师的追求。通过对无数整合型的课堂观察发现，能让学生学得好并快乐的课堂才是高效的课堂。高效课堂有三个标准：一是每一个学生在每一个时间段都有事做；二是在具体的一节课里达到厚积知识、破疑解难、优化方法、提高能力、高效学习；三是让学生在课堂上心情舒畅，有安全的学习心理环境。为此，高效课堂必须达到三"动"：一是形动，孩子在动；二是心动，思维在动；三是神动，思想在动。

整合型的课堂多是现代型的课堂，课堂上教师必须激发学生强烈的参与欲望和分秒必争的竞争意识，安排紧凑的教学内容，灵活应用的适时引导，使学生真正做到形动、心动、神动。课堂里的整合，有些细节表面上看是信手拈来，即兴所得，而实质上是匠心独运，蓄意安排。它的背后是一种理念，是一种思想。虽然我们无法准确预料课

堂会生成些什么，但至少我们可以预设一些细节，预约一些精彩。在教学整合中必须融入每一位教师的思想、情感、智慧与意志等，这样的课堂才会最终成为精品课堂。

(1) 在预设中把握细节，整合内容

细节的设计源于对教材、对学生和对环境的深刻理解与把握，源于对各种教学资源的有效组合与利用。有一位名师曾经说过，课堂里的成功85%源于课前的预设。课堂整合不是浅尝辄止的表面"做秀"，不是为刻意追求"亮点"的"应景之作"，不是勉强为之的故弄玄虚，而是对文本深刻理解和把握后的自然巧妙的情境创设。

在整合的课堂中，我们看到课堂是教师、学生及环境之间形成的多种功能的综合体，是一个充满生机的整体，是焕发出课堂生命活力的复杂系统。充分的预设是课堂生成的前提。由于学生个体的差异性，在课堂教学中，学生的真实想法是教师难以预计的。如果没有教师在上课前的全面考虑与周密设计，根本不会有在课堂教学中对动态生成资源的有效引导。教师只有在课前做好充分的预设，才能"临阵不乱"，才能在课堂教学中游刃有余地把握各种生成的资源，凸显"生成的课堂"的魅力。

第一，课堂整合是一种态度。我们不能等到走进课堂时，才发现许多整合不适合的地方。我们要思考：学生学习的起点在什么地方？在学习的过程中，学生会对什么更加感兴趣？旧知与新知的距离有多大？学生可能会提出哪些问题，或学生对提出的各种问题可能作出怎样的回答？这些，我们在预设时，必须了解，必须关注，而后才可更好地处理好一些整合的细节。

第二，整合是一种研究。教学预案中融入的整合要求个性极强，包含对教学资源的分析、对学情的了解、对学习条件的掌握、对学习方法与教学形式的选择以及对动态生成的教学策略的把握。从中看得出预设时添置的整合其实就是研究的过程，是研究的成果。

第三，整合是一种智慧。整合的核心内容是教学策略，即根据学情分析，估计学生会有哪些疑难，会提出哪些问题，应该怎样实施有价值的应对策略，才有了整合的生长点。整合要想收到实效，需要教师对教学的理解，需要教师的教学智慧。与之相辅相成的是，长期的精心设计，会不断提升教师的教学智慧。

（2）在生成中把握细节，有效整合

赢在课堂的教学理念把教学过程看成师生交往、积极互动、共同发展的过程。所以，现代课堂上，无整合出现的课就不可能是一节优秀的课。课堂教学不应当是一个封闭系统，也不应拘泥于预先设定的固定不变的程式。预设中整合后，在实施过程中需要开放地纳入直接经验和弹性灵活的成分，教学目标必须潜在和开放地接纳始料未及的体验。不能让活人围绕死的预设转，要鼓励师生在互动中即兴创造，超越目标预定的要求。

在整合型课堂的生成性教学中，对教师的实践智慧提出了更高的要求。为了有效地促进和把握生成，要求教师不断地捕捉、判断、重组课堂教学中从学生那里涌现出来的各种各样的信息，把有价值的新信息和新问题纳入教学过程，使之成为教学的亮点，成为学生智慧的火种；对价值不大的信息和问题，要及时地排除和处理，使课堂教学回到预设和有效的轨道上来，以保证教学的正确方向。教师要有意识地对自己的课堂教学行为进行审视和反思，即时修订、更改、充实、完善自己的教学设计和方案，使教学活动成为生成教学智慧和增强实践能力的过程。

对教师而言，整合型课堂教学绝不是课前预计的展示过程，而是不断思考、不断调节、不断更新的生成过程，这个过程也就是师生富有个性化的创造过程。

2. 整合型课堂一切从学生进步开始

苏霍姆林斯基说过，教育的技巧并不在于能预见到课堂的所有细节，而在于根据当时的具体情况，捕捉一些有价值的细节，巧妙地在学生不知不觉之中作出相应的调整和变动。整合型课堂教学不是预设教案的机械执行，而是课堂上重新生成、不断组织的过程，使人性不断张扬、发展、提升的过程。在这个过程中时时闪烁、跳跃着一个个鲜活的细节。在具体的教学中，就需要我们的教师具有一双发现的慧眼，善于捕捉有价值的细节，抓住教育时机，生成别样的精彩。

整合型的课堂，整合的地方是非常多的，如教育理念的整合、教育信息技术的整合、教学技术的整合等。总之，我们必须通过教学看到明显的进步才行。整合型课堂促进学生进步的起始点（即课堂中的细节）通常有以下三点：

一是及时发现"误点"。在整合型的课堂教学中，从学生的错误入手进行教学，往往能直接促进学生进步。不过，在很多具体的教学过程中，发现不少教师轻视了学生细微的错误，没有用心去理会或纠正，或害怕学生出现错误，结果导致学生一错再错或理解偏差。如果教师能够及时发现并正确地对待学生的"误点"，用心生成细节教学，加以纠正，不仅能帮助学生拨正偏差，而且能让学生茅塞顿开，深化理解。

二是善于发现"亮点"。丰富的想象力、强烈的好奇心是孩子的天性，他们总爱提出一些稀奇古怪的问题。然而，正是这些稀奇古怪的想法，反映了孩子的探究心理、创造性思维，这就是学生的"亮点"。如果教师能及时发现学生的"亮点"，巧妙引导，将使学生受益匪浅，也将成为课堂中的亮点。

三是勇于发现"疑点"。在学习文本的过程中，由于学生的年龄、阅历、能力等原因，对文本中的有些地方存在"疑点"。学贵有疑，小疑则小进，大疑则大进。教师要善于抓住学生的疑点，生成宝贵的教学细节。

睁大发现的眼睛，捕捉每一个有价值的细节，深入发掘细节中蕴藏的教育资源，我们的教学就会因之而充满生命的律动，课堂就会因之而精彩纷呈。

3. 既要重视预设，更要重视生成

在整合型的课堂教学中，教师根据课前预设引领学生的思维，展开教学，这是毋庸置疑的。但传统教学的弊端是教师把教学过程统得过死，课堂完全成了教师的课堂，学生习惯于思考"老师要我回答什么"，而不是"我是怎样想的"，学习的过程成了学生揣摩教师意图的过程，成了学生努力配合教师完成教学预设的过程。例如"圆的周长"教学，不少教师在实践中也发现学生的认知基础高于预设时的估计，有些学生已经知道了圆周长的计算方法。但是，教师担心任由学生提出问题会影响接下来的探索活动，而且教师对教学过程的随机生成该如何调整缺少准备，担心教学会因此而"乱"。所以，教师往往是利用自己的"权力"，一句"要知道圆的周长还有什么好办法呢？下面我们就一起来研究这个问题"，就有"技巧"地将学生的生成活动扼杀于摇篮之中，以换取教学的"严谨与流畅"。

  教学，从本质上说是一种沟通与合作的活动。没有沟通就不可能有教学。整合型教学展开的过程应该是师生之间、生生之间知识、思考、见解和价值取向多向交流与碰撞的过程。在这种交流与碰撞过程中，如果教师视预设如法规，不能根据学生的反馈及时调整预设，那么教学充其量也只能算是教师展示其授课技巧的一种表演活动。因此，实践中，教师要正确处理教学预设与生成的关系。

  首先，教师要树立生本意识，把培养可持续发展的人作为一切教学活动的出发点和归宿。在关注知识技能目标达成的同时，更加关注过程性的目标的达成，让学生在经历、体验与探索过程中增强数学思考的能力和解决问题的能力。当教学生成与预设出现矛盾时，应充分尊重学生，给学生表达和表现的机会，保护学生创新思维的火花。

  其次，预设再充分，也绝不可能考虑到教学生成的全部内容。因此，教师要努力提高自己的教学应变能力，培养教学机智，能迅速、灵活、高效地判断教学过程中生成的各种信息，并有效加以运用，使生成扩大化。

  当然，预设和生成是辩证的对立统一体，两者是相互依存的。如果没有高质量的预设，就不可能有十分精彩的生成；反之，如果不重视生成，那么预设必然是僵化的，缺乏生命活力的。值得一提的是，教学的改革和发展是与心理学，特别是认知心理学的发展密切联系的。传统教学由于受行为主义理论的影响，把学习过程简单视为

"刺激—反应"的过程,认为教师提供怎样的刺激(预设),学生就会产生相应的反应(生成),因此,教学必然是重预设轻生成的。随着学习理论的发展,构建主义已经成为新一轮课程改革的理论基础之一,学习被广泛地认为是学生头脑中原有认知结构的重建过程,是一种个性化的生成活动。我们认为,这种个性化的生成活动是一种重要的课程资源,动态生成必然成为新课程教学的鲜明特征。

第四节　课程资源整合的细节讲究

　　细节力无疑是教师赢得课堂的关键素质。提升细节力并不是一件容易的事,它是每一位教师长期学习与磨炼的结果。据我们观察发现,每一位教师如若能科学、合理地找到提升细节力的捷径,赢得课堂的可能性才会更大。例如,加强课程资源整合理念的认识。

　　课程资源是课程实施的重要保证,没有课程资源的支持,再美好的改革设想也不能变成实际的教育效果。广义的课程资源是指一切有助于课程目标实现的因素。按照课程资源的功能特点,可以把课程资源分为素材性课程资源和条件性课程资源。素材性课程资源指能进入课程、成为课程素材或来源的资源,如教科书、网络信息、社区提供的信息等;条件性课程资源指有助于课程的进行,但只是提供有助于课程进行的条件,并不形成课程本身,如教学大楼、电脑设备等。

　　统一课程资源可以达到多个目的,而不同的课程资源也可以达到同一个目的,这就需要教师针对不同情况对课程资源进行整合。所谓资源整合,就是使不同的课程资源因素融入同一教学目标之中,使这些资源都紧紧围绕目标这个"魂"来展开,而不是以杂乱的形态出现。对课程资源进行整合的主体可以是共同体(这个共同体由多人组成,他们的成果通常表现为有形的东西,如学校根据本地区以及学校的实际情况制作校本课程,把学习资源制作成网页以实现资源共享,等等),也可以是学生,还可以是教师。

1. 课程资源整合应遵循的规则

课堂的整合不是没有原则的胡乱组合，也不是没有约束的肆意排列。课堂的整合是为课堂教学服务的，是为了达到课堂教学的最优化而存在的。课堂教学资源的整合有着一定的规则。

(1) 课程资源整合的基点是学生

所筛选的课程资源不在于多么前沿、多么花哨，而在于必须接近学生生活、接近学生认知水平，能够使学生更有效地开展学习活动，促进他们的良性发展。基于这一点，教师就必须充分重视学生这一重要的资源，一切从学生出发。

(2) 资源整合要避免形式化

有的教师认为，只要引进多媒体、挂图以及开展一些有趣的活动，就证明自己充分利用了课程资源，所以使得大量形式化资源充满课堂，而把课堂上"灵魂"的东西丢失了。虽然多媒体是整合资源的重要形式，但无论怎样，都必须做到有效、实用。

所以，教师要善于抓住自己身边的资源以及一些重要的隐性资源，而不必刻意追求新颖、独特。如《安塞腰鼓》本是一篇诗化的散文。而余映潮老师妙手构思，使之变成了一篇很好的朗诵材料，从朗诵的角度让学生体会文字之美、语言及情感之美。这样，教材资源得到了最大程度的开发，达到了利用教材教的目的。

链接 5.11

余映潮老师《安塞腰鼓》教学片断

男领：看！——

女领：黄土高原上，爆出一场多么壮阔、多么豪放、多么火烈的舞蹈哇！

众合：好一个安塞腰鼓！

男女领：百十个斜背响鼓的后生，如百十块被强震不断击起的石头，狂舞在你的面前。

男合：骤雨一样，是急促的鼓点；

女合：旋风一样，是飞扬的流苏；

男合：乱蛙一样，是蹦跳的脚步；

女合：火花一样，是闪射的瞳仁；

众合：斗虎一样，是强健的风姿。

男领：百十个腰鼓发出的沉重响声，碰撞在四野长着酸枣树的山崖上，

众合：只听见隆隆，隆隆，隆隆。

女合：百十个腰鼓发出的沉重响声，碰撞在遗落了一切冗杂的观众的心上，

众合：也是隆隆，隆隆，隆隆。

女合：每一个舞姿都充满了力量。每一个舞姿都呼呼作响。

男合：每一个舞姿都是光与影的匆匆变幻。每一个舞姿都使人颤栗在浓烈的艺术享受中，使人叹为观止。

众合：好一个安塞腰鼓！

男女领：容不得束缚，容不得羁绊，容不得闭塞。是挣脱了、冲破了、撞开了的那么一股劲！

众合：它使你从来没有如此鲜明地感受到生命的存在、活跃和强盛。它使你惊异于那农民衣着包裹着的躯体，那消化着红豆角角老南瓜的躯体，居然可以释放出那么奇伟磅礴的能量！

男女领：好一个黄土高原！

众四步轮读：好一个安塞腰鼓！

我们也许没有听过余老师这节课，但是，仅从这样的字面表述中，我们就不难看出这样的课堂是如何的生动，如何的激情洋溢，如何调动着学生学习的积极性。

首先在于活用教材，妙用教材。这节课可说是活用教材、妙用教材的经典，它展现教材资源高效的开发和利用，充分发挥了教材的最大作用，并以此调动起了学生学习的积极性和主动性。

其次在于扩大了课堂教学的广度和深度。本课对教材的处理，无疑扩大了课堂教学的广度和深度，使教学精彩纷呈。例如，在教材处

理这一环节上，余老师就归纳出如下多种处理方法：从总体看有平实性处理与艺术性的处理、单篇教学与多篇教学的处理、教读课文与自读课文的处理、不同文体教材的处理、长文与短文和难文与易文的处理等，从单篇看有全篇课文的整体式处理、知识内容的线条式处理、精美之处的板块式处理、突现目标的要点式处理等，从多篇看有比较式处理、取舍式处理、联读式处理、交融式处理等。

从这些众多的处理方式中，我们不难看出，同样一篇教材，在不同的教师手中发挥的作用肯定是不同的。如何能让教材发挥最大效果，确实值得我们认真研究。

2. 课程资源整合理念践行的三个前提

实际教学活动中创造性地使用教材，发掘教育因素，合理整合高效的教学资源是新课程改革对一线教师的一个新挑战。如何实现教学资源的优化整合呢？主要应该注意以下几方面：

一是要做到以"生"为本。教学是"教"与"学"的互动，教师的"教"是为学生的"学"服务的，学生的"学"又可以反过来验证教师"教"的成效。因此，成功的教学模式应该以学生为根本出发点，帮助和引导学生学有所成。从学生的实际出发，优化教学资源，是教学活动得以高效开展的根本前提。在发掘教育因素的过程中，我们要根据学情，以学生的兴趣为导向，以有利于展示自我为目的，以让学生"学有所乐，学有所获"为根本目标来改编教材，综合使用包括教材之外的多种教育资源，使这些资源成为适合学生们耕作、蕴涵无限生机的沃土。

二是要善于合理重组。合理重组教材是高效整合教学资源的重要途径。一套优秀的教材不但要切合学生的切身实际，还要具有连贯性、逻辑性，便于教师因材施教、循序渐进引导学生实现学习目标。教师要敢于尝试、大胆创新，要结合学情适时调整教学内容，重新编排教材，科学统筹，使得整套教材具有完整性、条理性，实现知识与能力水平螺旋式地上升；打破模块的框框，使得模块与模块之间、课时与课时之间的内容连贯、过渡自然、节奏得当。

三是要大胆"鼓动"学生参与到教学资源整合这一过程中来。也许很多实践者都有此体会：在整合课程资源的过程中，教师查找信息的能力和发现问题、分析问题、解决问题的能力越来越强，知识面越来越广，课件制作的水平也越来越高。然而，我们的教学始终是为学服务的，教师行不如学生行。为此，我们必须放手让学生去亲历问题的发现和解决过程。

通过大量的一线课堂观察发现，我们在教学实践中加强课程资源理念运用，应把握以下三个前提。

（1）整合要有利于课堂教学的扩展

教师在整合教材时，要把书本内容与生活紧密相连，挖掘身边的鲜活材料，让他们在生活中学以致用，使老师和学生一同走进生活。陶行知提出的"社会即学校""生活即教育"的理论，以及我国当前倡导的"生活教育"理论即有这方面的指导意义。

课堂教学中教学四因素的整合是一个动态的过程。在这个过程中，要注意对教材资源、学生资源和环境资源的充分挖掘。新课程标准的基本理念中第六条是这样规定的：开发课程资源，拓展学用渠道。这要求我们合理利用和积极开发课程资源，给学生提供贴近学生学习和生活的实际、贴近时代的内容健康和丰富的课程资源。对于教材资源，我们不仅要会教教材，更要懂得用教材教。对于学生资源，要注重对学生的鼓励和引导，充分发挥学生的积极主动性，激活学生的整体思维，将课堂教学引入纵深、引向高潮，培养学生自主的思维习惯和良好的学习能力。

链接

课程资源在互动中生成

师：学习了这节课，想不想对老师的课发表意见？最好打个分。

生：老师，今天学习求平均数，课前我已经预习过了，但发现书上的例题与今天学习的例题不同。如果这节课满分为10分，我打8分。

师：好，这个同学很勇敢，是第一个敢于吃螃蟹的人。还有谁来评说？

生：我认为老师这节课上得很好，我们学得轻松、愉快。我给老师打10分。

生：这节课的内容结合了我们的生活，把唱歌比赛、单元测试的成绩都作为求平均数的教学内容。我们不知不觉就学会了如何求平均数。我也给10分。

生：我认为这节课的内容很贴近我们的生活，如果再帮助我们解决书上的例题就更好了。我给老师打9分。

师：这么多同学都想当评委，看来打分是个好主意，每个组选个代表来吧！

生：我打10分。

师：为什么呢？别忘了你代表的是你们的小组哦。

生：我认为这节课，老师的语言亲切，教态自然。

……

(板书：8、10、10、9、10……)

师：刚才，很多同学都给老师打了分，但是有高分也有低分，怎样才能公平地评价老师呢？

生：我们可以用求平均数的方法，先把黑板上所有的分数加起来，再除以打分的人数，求出平均分，就能公平地评价老师了。

生：我认为这样还不够公正，应该像电视里的比赛那样，去掉一个最高分，去掉一个最低分，再算出平均分，这样就更公正了。

师：这第二种算法和第一种算法有什么相同和不同的地方呢？

生：这两种算法的方法是一样的，都是用总分除以人数。不同的是，第一种算法是算出8个评委的总分，然后除以8；第二种是算出6个评委的总分，然后除以6。

师：这个同学说得真是太好了！那咱们就用第二种方法去算吧！

课程资源的开发促进了学生的发展。教材是个例子，不是唯一的课程资源，我们可以根据学情，合理地选择和利用其他课程资源。此外，教师和学生本身也是重要的课程资源，特别是在课堂教学的互动中生成的，往往更有价值，如能被我们及时发现和捕捉到，它就会成为教学中的"增长点"。在上面的教学案例中，教师在课前大胆预设，在教学中发挥教学机智，因势利导地把学生的评价作为一种课程资源，让学生当评委打分，然后求出平均分，巧妙地将求平均数的方法加以巩固和实践运用。

在讨论怎样公正地评价教师时，学生提出两种求平均分的方法。显而易见，第二种方法能够更加科学、更加理性地解决生活问题，也说明学生已经把学习同生活结合起来，学得实、用得活。

在课堂教学中，一般只有教师评价学生，学生不敢评价教师，也没有评价的机会。本课的教学中，教师为学生创设了一个良好的平台，体现了教师角色和教学行为的转换，建立了新型的民主平等的师生关系，依托打分和评语的课堂实践，促成了和谐的课堂氛围；学生一句句欣赏的话语，一句句中肯的评价，突破了师道尊严的界限，给人一种自然、和谐的感觉。

(2) 整合要有利于课堂教学的深入

链接

《月迹》教学片断一

师：古往今来，有很多文人墨客描写过月亮的踪迹，我们不妨一起先来吟诵几句。诗仙李白写道——（大屏出示：明月出天山，苍茫云海间。）

生：（齐读）明月出天山，苍茫云海间。

师：王维有诗云——（大屏出示：明月松间照，清泉石上流。）

生：（齐读）明月松间照，清泉石上流。

师：张九龄写道——（大屏出示：海上生明月，天涯共此时。）

生：（齐读）海上生明月，天涯共此时。

师：张若虚感叹道——（大屏出示：滟滟随波千万里，何处春江无月明。）

生：（齐读）滟滟随波千万里，何处春江无月明。

师：跨越千载，明月永恒。吟诵着这些千古名句，追寻着月亮的踪迹，你发现刚才这些诗人笔下的月亮踪迹分别出现在了哪些地方？你说——

生：海面上。

师：海上。你说——

生：江面上。

师：那是在春江之上。还在哪儿？你说——

生：还在松林之间。

师：在那松林间。还在哪儿？

生：天山上。

师：好，在天山之间。那么，贾平凹笔下的月亮踪迹又会出现在哪里呢？来，放开声音，自由地朗读课文，边读边寻找：贾平凹笔下的月亮都跑到哪些地方去了？

（学生自由读课文）

《月迹》教学片断二

师：好的，孩子们，这就是贾平凹笔下的月亮，玉玉的、银银的、淡淡的、软软的……然而，并不是所有人看到的月亮都是那么美丽的：李白看到的却是孤寂——"明月出天山，苍茫云海间。"王维看到的却是清冷——"明月松间照，清泉石上流。"张九龄看到的却是思念——"海上生明月，天涯共此时。"张若虚看到的却是惆怅——"滟滟随波千万里，何处春江无明月。"这是为什么呢？你想过吗？

生：这是因为他们观察的角度和当时的心情不一样。

师：当时的心情不一样。

生：所处的环境都不一样。

师：环境不同，心境也不一样。还有吗？你说。

生：朝代不一样。

师：朝代不一样，时代不一样，心境也不一样。还有什么呢？

生：因为那些诗人他们都不在故乡。

师：哎，睹明月，思亲人！诗人们都不在家乡，而平凹他们仨孩子却没有与亲人分别的感觉，他们就在家中，心境就跟那些诗人不一样了。是呀，心是玉玉的，月亮也是——

生：玉玉的。

师：心是银银的，月亮也是——

生：银银的。

师：心是淡淡的，月亮也是——

生：淡淡的。

师：心是甜甜的，月亮也是——

生：甜甜的。

师：心是酥酥的，月亮也是——

生：酥酥的。

师：一切都在人的——

生：心中！

这里，同样的诗句，并不是用一次就算了，而是随学习的进程再次使用。但是，第二次使用，是在学生理解课文的基础上的使用。第二次使用，其指向虽有不同，却进一步深化了学生对课文的理解。整合资源在于理解课文内容，此处的整合不但将资源扩大化了，而且使学生的学习更加深入。

所以，课堂教学的整合要突破教材、整合教材，必须先吃透教材。如果你认为教材的某一部分安排不合理，你首先要思考教材为什么这样安排，要知其所以然，防止出现因为对教材精神没有吃透而制造"冤魂"。尽管我们从不否认教材存在某些不合理之处，但是这并不等于说教材的编者没有经过深思熟虑、反复斟酌。所以，如果想对它做出适当调整，必须有确凿的证据和合理的依据才能进行；否则，对教材的认识一知半解，想当然地一意孤行，所做的就不仅仅是无用功，而且有可能是起负作用的功。

特级教师窦桂梅执教《村居》一课时，以"村居"为抓手，循着文字、文学、文化的台阶，以文本的语言文字为首要凭借，通过

"吴音""溪""媚""醉""卧"等字词，一步一步引导学生读出蕴涵在文本背后的意义来。在此基础上，窦老师引领学生与文本对话，通过"居"字领会作者对"安居乐业"的向往。接下来，窦老师并不是就此结束授课，而是再现辛弃疾的另外一首词作《破阵子·醉里挑灯看剑》，让学生再次走近作者、了解作者，从而明白作者居安思危的忧患意识。通过两首词的对比，学生明白了"醉"虽然是一样的，但作者想的却不一样，普天下人的安居乐业才是作者真正的向往。在这一教学过程中，窦老师以教材为课堂教学的首要依据，在尊重教材的基础上充分挖掘、拓展教材资源，从而使教学从课内到课外、从点到面，打破了封闭的教学格局，形成了开放的课堂教学势态，使拓展、延伸的资料在学生学习的过程中发挥了最大的效益。

(3) 整合要有利于学生思维状态的激活和提升

课堂整合的一个重要目的，就是有利于学生思维状态的激活和提升，让学生沉浸在课堂教学的深厚氛围中，乐而忘返，留恋不已。如果整合的结果是让学生陷入了沉闷、死气，就没有了灵动课堂的存在，就不会有高效课堂的出现。

链接

"用进一法求近似数"的导入

我给学生出了这样一道题：把2.2千克种子装在玻璃瓶里，每瓶最多只能装0.5千克，准备4个瓶子够吗？

一个男孩子很快报出了答案："2.2除以0.5等于4.4，4.4大于4，所以4个瓶子不够。"

"有没有不同意见？"我问道。

一个女孩子犹豫了片刻站了起来："老师，生活中不存在4.4个瓶子，我觉着应该用四舍五入法把4.4保留整数4，答案是4个瓶子够用。"

"嗯，你们说的似乎都有道理。"我暂不理会他们急切等待"裁决"的目光，话锋一转，"咱让事实说话吧。"边说边从抽屉里拿出孩子们前几天制作的科技作品，对这两个孩子说："帮老师个忙好吗？等一会儿下课后，二年级的老师要带小朋友来参观咱们班同学的小制作，现在你们俩帮我把这些作品摆在最前面这一排同学的桌子上吧。"

"好！"他俩爽快地答应了。

"记住，每张桌子上只能摆4件。"我叮嘱道。

"没问题！"他俩商量起来，其他同学也忙着提建议：

"最前排共有8张桌子。"

"每张桌子摆4件，一共能摆32件。"

"可是咱们班一共有35个人，剩下的3件怎么办呢？"

"是啊，怎么办呢？"

"老师，要不咱把最前面这排加一张桌子吧！"

"那好吧，也只好这样了。"我顺水推舟。

两人摆作品的过程中，其他孩子的讨论仍在继续。

"照这样看，4个瓶子也不够。"

"是啊，得5个瓶子才行。"

……

发现火候已到，我不动声色地在黑板上写下本节课的重点：用进一法求近似数……

这节课上，无论是教师的提问，还是拿出准备好的科技作品，还是故意让学生帮自己的忙，都体现了整合设计的用心，每个环节的设置，就组合成一个整体。

整合要自然。学生思维状态的深入，是在学生没有意识的状态下自然而然地过渡完成的。整体自然流畅，没有丝毫的做作。

其实，学习的过程就是学生自主体验和意义构建的过程。教师要善于利用整合带给学生思维的空间、思维活动的支点和转换思维的时间。

最后，我们必须强调的是，整合要灵活机智，不要生搬硬套，也不要损伤学生的人格和尊严。

抓实抓细课堂整合，是赢在课堂的又一个重要的内容。整合课堂，不可忘了"本"。只有在达成本节课的目标的基础上进行整合，那么，其整合才是有效的，才是有用的。同时，课堂整合还必须注意细节。这细节既可能来自课程本身，也可能来自教学对象，还可能来自本身的学习过程。只有抓住这些细节进行课堂（或课程）整合，我们的教学才能有效，也才能提升我们的"细节力"。

第六章 课堂，重公信力的辐射
——兼谈课堂氛围营造艺术

题记：课堂是凸显阳光的地方，一位教师若能像太阳一样辐射正能量，定能真正地成为一个"太阳"。

在我国，"尊师重道"的信念被代代传承。"师者，所以传道、授业、解惑也"，这是古人对教师职能的高度概括。也就是说，教师不但要让人们明白道理，能够判断是非，还要教人们学会生产劳动的各项技能，并在他们不理解和发生疑惑时提供咨询和帮助。可以说，教育的目的指向人类的灵魂，是为了给人以正确的信仰和价值观念，引导人们从孩童时代起就循着正确的道路成长，最终成为社会的有用之材。教师，这一职业对从业人的要求是比较高的，尤其是从业人的道德水准、伦理情操、自身修养必须高出一般人。正因为如此，教师受到社会的普遍尊敬，并且具有一定的职业信誉，成为人们效仿的榜样。而这些职业信誉的建立又使得教师具有了公众信任力和公共影响力。

但在现今社会中，教师职业的神圣感已经被过度的经济观念所冲击。某种意义上，人们过于功利地将教师这个职业仅仅看作一个饭碗，多挣钱、多获利、多享受成为部分从业人员的追求。这样一来，广大教师的个人修养、道德伦理不再更多地被提起、被尊敬和被仰慕。教师的职业公信力不可避免地有所下降。

何谓教师的公信力？简单地说，它是指在教育教学相关的工作、学习和生活中，教师所表现出的一种公平、正义、效率、人道、民主、责任的信任力。公信力是一种社会系统信任，是一种责任信任，是一种评价信任，是一种形象工程。

在我们看来，打造公信力，对于教师来说，最关键的点在于赢得课堂，打造精品课堂，在动静相宜中生成和谐课堂。在提升课堂形象工程的同时，教师的公信力便会同步生成。

教师公信力的形成取决于许多因素，可概括为客观因素和主观因素两个方面。客观因素主要包括教师在社会生活中的地位，教育行政机关、学校、学生及其家长对教师的态度；主观因素包括教师的政治思想觉悟与道德品质，教育工作能力，专业知识与技能，组织能力，对学生的爱护、关心、耐心、体贴等。其中，教师自身的因素是决定性因素。此外，教师的仪表、生活作风、习惯等，对教师公信力的形成也有一定的影响。

常言道："学高为师，身正为范。"教师应是真善美的追求者，是真善美的化身，能为人师表、以身作则，不断地完善自我。教师要具有求知的意识和善于学习的能力，吸收一切优良、先进的东西，然后把知识通过一定的有效的方式奉献给学生。教师只有不断地加大知识储备，更新知识水平，完善素质结构，提高教育能力，才能满足学生发展变化的需要，促进学生健康成长。实践证明，教师有过硬的业务素质，才能出色地完成教学任务，才会增加学生对其的佩服和崇敬感。苏联教育家马卡连柯曾经说过："学生可以原谅教师的严厉、刻板，甚至吹毛求疵，但是不可以原谅他的不学无术。"因此，教师必须不断提高自己的业务水平，这是建立和提高公信力的关键。

课堂是教师提升公信力最出彩的地方。知识是一种被抽象化的规律或技巧，知识的传授是富于技巧的，有一定的规律可循。教师必须调用自己全部的知识和智慧，借助生动的比喻、精辟的分析、生趣盎然的讲述，才可以使课堂包容四海、辉映人生。在教学过程中，我们常常会遇到以下情形：当教师对所讲授的内容钻研不够透彻时，学生一旦质疑，教师就会感到不知所措，作出的解答模棱两可，这时学生投来的是不信服的眼神；相反，如果教师能够深入浅出地帮助学生解决疑难，并且能结合教学内容谈今论古，有一定的应变能力、教育艺术和教育机智，就会被学生认可，成为学生心目中的榜样，在学生中享有崇高的威望。课堂教学的质量，教师在每一堂课中所呈现出来的水平，就成为衡量教师公信力的尺度。

简单而又复杂、平凡而又伟大的教学活动，如同一泓潺潺流淌的清水。是清水就需要流动，需要冲洗传统的思想与理念，需要不断地汲取能量，需要把心灵的堤坝不惜摧垮，流入长江，汇入大海。唯有这样，我们的生命课堂才奔腾不息，浩浩荡荡，我们才能在广阔浩渺中变得越来越清澈，越来越博大，越来越宽广。我们也才能因此做到：向学生传递与时俱进的真理，给学生以醍醐灌顶般的顿悟，为学生的心灵撑起一片蓝天，为学生的头脑开启另一扇窗。这反过来又促进我们的课堂教学进一步提升，更好地给那些渴求知识的学子以绿色的梦想和希望，从而提升我们的公信力。

站稳课堂，让我们从拥有积极的思维开始吧，相信我们一定会取得伟大的教学成果。

第一节　拥有精品意识容易产生公信力

将现代课堂打造成精品课堂，无疑是站稳课堂、出彩最快的一种方式。打算追求精品课堂，理解什么是精品课堂，明确精品课堂精在何处，找到打造精品课堂的途径，都是非常有价值的思考与探索。

对课堂教学来说，精品影响成败，打造精品必须时时准备，时时进行。当今高度信息化的时代，在打造精品课堂的过程中，一切资源皆可以共享，一切经验皆可以借鉴，一切成果皆可以吸收，我们才有可能真正地让我们的普通课堂变成精品课堂。在课堂教学中，如果教师依旧坚持对待工作只图交差了事，只求"差不多""过得去"，对待自己低要求，怕吃苦，怕受累，不讲究精益求精，不愿意去下苦功夫花大力气狠抓工作落实，一定不会使自己的课堂上档次，我们的课堂便会依旧是"次品""废品"。这对于一位教师的公信力来说，自然也拿不上桌面，何谈公信于人？

不知大家发现没有，拥有精品意识容易产生公信力。让精品意识走进平实的课堂，让我们的工作完成好，出质量，见效益，可以肯定地说，将是我们长期的努力方向。在我们看来，树立精品意识，精心设计目标，科学指引教学，这是打造精品课堂的前提；力求娴熟驾驭，实施有效教学，这是打造精品课堂的关键；追求精益求精，加强课后反思，不断优化教学，这是打造精品课堂的保障。精品课堂已经成为现代社会条件下一种新的工作标准、工作要求。

1. 树立精品意识

树立精品意识，精心设计目标，科学指引教学，才能打造出精品课堂。精品往往是人们参观、学习、仿效的对象。如果缺乏精品意识，思想认识一般，能力素质一般，教学工作也只能干得一般，那么，我们就只能当配角，永远走不到前台。可以说，一个教师要想实现自己的人生价值，挥洒自己的智慧，创出自己的品牌，就必须着力打造精品课堂。

我们先来看两个同课异构教学案例及其比较分析。

链接
《动物新老个体的更替》教学片断1
上课伊始，教师引导学生回顾"新个体是通过生命周期中的生殖产生"，再通过复习人的生殖方式引出各种动物的有性生殖。教师把收集的6类动物的生殖过程的视频和图片按照设计好的次序放映给学生看，让学生比较这些动物的有性生殖有什么不同。然后，教师组织学生比较胚胎发育的方式和特点，所采用的还是通过让学生观察多媒体课件进行总结。最后，让学生根据胚胎发育方式和受精方式的不同（都放映过）对6类动物进行归类，学生却梳理不出来，还需要教师的引导。

《动物新老个体的更替》教学片断2

上课伊始，教师先让学生描述他们熟悉的人类生殖方式，学生回答比较完整，教师不再放映"人的生殖过程"视频。由于学生对鱼类非常了解，教师提问：人类和鱼类生殖方式的异同点。学生通过讨论，对有性生殖的分类得出形象的认知：人类和鱼类在胚胎发育方式和受精方式上有所不同。教师让学生回答其他几类生殖方式，学生能从受精方式和胚胎发育方式的不同来分析学过的两栖类和昆虫类的生殖方式。教师表扬了分析两栖类的生殖方式的同学，不再放映相关的视频；教师发现学生对昆虫类的生殖方式有认知错误，就点击幻灯片上的"昆虫类"图片，超链接苍蝇生殖的视频材料，问题很快得到解决；教师发现学生对爬行类和鸟类的生殖方式不甚了解，就让学生带着问题观看相关的素材。最后，教师给学生布置任务，让他们对生殖方式进行归类，并给出分类依据。学生在一片安静中独自完成，很快给出答案。

上述的教学案例，同样是运用多媒体进行课堂教学，两者比较，不难看出片断2做得更成功。片断1中，教师不考虑教学内容和学生实际，课堂纯粹变成了多媒体手段的堆砌，电脑牵引着教师，教师再牵引着学生，整堂课成了课件的演示课，只看到声音、画面的不断变换和展示，而看不到教师的引导和学生的思维。这种教学不是教师驾驭课堂，而是课堂驾驭了教师。片断2中，教师不是根据多媒体的次序按部就班，让学生跟着教师走，亦步亦趋，而是重视跟学生的情感交流，根据学生的实际学习情况，自如地运用多媒体，灵活地取舍素材，并采取适合学生的指导策略，使学生很好地把教学内容内化。显然，教师在培养学生的思维能力和交流能力等方面是经过精心设计的，学生的这些能力在课堂上得到了很好的锻炼和培养，这对学生的后续学习和发展起到了很大的帮助和促进作用。

课堂教学要获得旺盛的生命力，必须使它更具思维性、艺术性、趣味性。而要开发和挖掘这些特性，教师首先要具有精品意识。每一堂课、每一个环节都要精心设计，细心雕琢，讲究效益又不失品味。

虽然说教学是有目的、有计划的活动，但教师的教和学生的学在课堂上最理想的进程并不是完成预定的教学方案，而是根据进展情况灵活选择教与学的路线。如果按部就班、照本宣科地进行教学活动，其效果必定差劲。教师要认真对待每一堂课，要把课堂当作自己生命延续的主要场所。因此，在平时的课堂上也要像精品课那样去追求，也只有在不断地追求中才会精益求精，才会上出精品课。

教学过程是一个极其复杂的认识过程，确定教学目标、实施教学活动、对教学效果进行测量和评估，是教学过程中紧密联系的三个主要环节。其中，课堂教学目标是教学活动的出发点和归宿，是课堂教学的核心和灵魂，它直接制约着教学内容、教学策略、教学媒体、教学组织形式、教学评价等方面的选择和实施，起着纲举目张的作用。教学目标是教学活动的预期结果，即教学应达到的程度，它可以帮助我们克服教学上的盲目性。合理可行的教学目标，对教学活动具有导向、指引、操作和调控等功能，有助于教师选择和使用有效的教学策略，帮助学生更好地学习，从而使课堂教学迈向更高的台阶。

教学目标不是教师随心所欲的编造，不是教案里装点门面的摆设，也不是课堂教学可有可无的点缀，而是"一切教育现象、教育过程得以形成的最高基准点"。可是在具体的教学实践中，教学目标却成了教师最怠慢的部分。我们有必要分析其原因所在，找到合理对策，用以指导教学实践。

(1) 认识不足

许多老师没有充分认识到教学目标的重要性，认为教学目标只是教案设计中的一种形式，可有可无。他们在备课时热衷于教学过程，而不考虑教学目标的准备与制定；就算制定，也是从教参到备课手册，从备课手册到教案，照搬照抄。

例如，有位老师在备《草原》一课时，确立了"观看草原风景图片""走进课文认识内容""出示资料认识草原风俗""拓展写作深化学习所得"四个流程。从整个流程来看，似乎对目标关注不够，尤其是"增进民族团结"这个目标几乎没有涉及。显然，这是对目标的认识不足所致。

(2) 把握不够

有的教师虽然也考虑教学目标，但教学目标制定不合理，要么过于狭窄，要么过于宽泛，或只重视知识、技能目标。这导致教师在教学过程中急于让学生得出结论、记忆结论，忽视学习过程与学习方法，更忽视情感、态度、价值观的培养。

如人教版小学语文五年级上册《古诗词三首》的学习目标：一是识记本课四个生字并正确书写、运用，二是体会诗人借不同景物抒发情怀的写法，三是感受诗人暗藏于诗中无限的思乡之情。表面看，这三个目标的确定似乎涵盖了本课学习的全过程，可一深究，我们不难发现，就过于宽泛。例如，生字的书写运用，怎么用？再就是词语的认识和运用呢？都没有涉及。如何体会诗人借不同景物抒发情怀的写法，过于笼统。

(3) 混为一谈

许多教师对教学目标的理解与认识不明确。在操作上出现了混乱现象。有的把教学目的与教学目标混为一谈，说是设计教学目标，实际上写的是教学目的；有的把教学目标的三个内容任意加减，使三个内容变成了四个、五个，甚至更多，造成了认知、技能、情意相混；还有的把教学目标和我国正在进行的课程改革总目标相提并论，把"三个维度"变成了教学目标。

在平时的课堂教学中，我们必须依据课程标准、教材内容和学生的实际情况，科学地制定具有可操作性的课堂教学目标，为构建精品课堂把握方向。尤其要注意以下几个方面。

(1) 教学目标设计注重整体构建，有计划地呈现和渗透课程目标

教学目标是依据课程目标来设计的，课程目标应贯穿和体现于教学目标之中。落实课程目标是实施新课程的关键，其途径是将课程目标转化成具体的、可操作的课堂教学目标，师生通过一系列教学目标的达成而最终实现课程目标。新课程注重的是基础知识的掌握与运用，考察的是运用所学知识分析问题、解决问题的能力，培养的是正确的情感态度与价值观。教学目标设计要按照知识与能力、过程与方法、情感态度价值观分别设计出若干个目标。教学中以知识与技能目标的达成为载体，促进其他目标的实现，为学生的可持续发展铺就道路。

例如，"整十数、两位数除以一位数"一课，教参拟定的教学目标是"使学生理解整十数、两位数除以一位数的算理，掌握计算方法，并能正确计算"。可见，这样的目标设定主要是放在学生能计算，一堂课下来，要求学生达成的目标无非是会做一些这类的计算题。这样进行设定是不能满足学生的认知需要的，是不够全面的。

所以，这节课的教学目标可设定为：①使学生经历探索两位数除以一位数计算方法的过程，掌握整十数、两位数除以一位数（每一位都能整除）的口算和两位数除以一位数（首位能整除）的笔算方法；通过比较、讨论，感悟出竖式计算的优越性，能正确进行计算。②使学生在探索算法、解决问题的过程中，初步学会进行简单的、有条理的思考，能运用两位数除以一位数的除法进行简单的估算并解决一些实际问题，渗透转化、建模等数学思想。③使学生在教师的鼓励和帮助下，积极参与解决问题的活动，感受数学与日常生活的密切联系，在不断克服困难的过程中逐步树立学好数学的信心。

（2）教学目标设计以"学"为主，重点是把教的目标转化为学的目标

新课标下的教学目标，是反映学生通过一阶段学习后产生的行为变化的最低表现水准或学习水平。因此，教学目标的陈述必须从学生的角度出发，围绕"学生在学习之后，能干些什么"或者"学生将是什么样的"来描述。我们知道，学习必须循序渐进，遵循一定的规律。教学的要求应逐步提高，特别是较重要的知识点，应该根据学生的年龄特点和认知水平，在不同的教学阶段提出不同的要求，避免出现要求偏高、偏低或前后脱节的现象。为此，教师必须纵观课程标准和教科书，理清各知识点出现时序的变化、要求的变化和相互间的关系，全面梳理教学内容，从宏观上对教学提出整体要求，确定教学目标。课堂目标的制定应当细化，具有可测量、可评价等特点。

例如，在讲授"两位数乘两位数"这一课时制定了这样的教学目标：①让学生通过猜测乘出来一共有多少，培养学生对数的感知和直觉思维能力；②让学生通过独立思考、尝试解决问题，经历解决两位数乘两位数这一数学问题的过程，会笔算两位数乘两位数，会用交换乘数位置的方法验算，体验成功解决数学问题的喜悦或失败的情感；③在探索算法和解决问题的过程中，让学生通过小组和全班同学的交流、合作，体验计算两位数乘两位数方法的多样化，培养学生数学交流的能力和合作的意识，进一步发展数学思考，提高解决问题的能力。

在设定目标的时候，教师在认真分析教学内容及学生特点的基础上，结合教学过程使用了"经历""体验"等词语，把情感态度等方面的隐性要求通过这些词语非常明确地表达出来，将隐性目标显性化，形成具体的教学目标。这样的目标对课堂教学过程具有直接的指导作用，并且具有可监控性。

(3) 教学目标设计面向全体学生，为学生全面发展和终身发展奠定基础

教学内容是相同的，教学对象却千差万别。有效的教学设计应符合学生的生理和心理特点，力求满足不同类型和不同层次学生的需求，使每个学生的身心都得到健康的发展。在确定教学目标时，教师应当在研究学生方面下功夫，了解学生的知识基础和认知发展水平，分析学生学习新知识时在学习动机、思维方式等方面可能会遇到的困难。一节课中，有些目标可以当堂达成，有些则需要学生用很长一段时间，甚至一辈子的时间来践行才能实现。所以，我们要有意识地关注教学目标的实际意义，即使今天的教学不能完全达成，也应该通过一定的方式进行涵泳，像种子一样播撒在学生的脑海里，待他们今后遇到恰当的时机自然会发芽和向上生长。为了让更多的学生有收获，我们在进行目标设计时要体现出一定的层次性，使每个学生对教学设计和教材内容都感兴趣，每个学生都学有所得。

例如，"商的近似值"一课的教学目标要求是：使学生掌握用四舍五入法截取商的近似值的方法，能按需要在小数除法的计算中正确地截取商的近似值。对于"结合生活实例，使学生了解截取商的近似值的应用价值，并能在生活中灵活解决实际问题，体验数学与生活的紧密联系"这一教学目标则不能一刀切，要求人人达到同一尺度。

2. 力求娴熟驾驭

力求娴熟驾驭，打造精品课堂，实施有效教学，落实教学目标，不仅要求教师首先设计出合理的教学目标，而且还必须紧紧围绕着教学目标来精心选择和组织教学内容、设计相应的教学策略和进行教学评价引导，才能保证教学目标落实到课堂教学中。也只有目标的真正落实，精品才有根基。

链接

一年级《0的认识》教学片断

上课开始，老师在黑板上画了一个"0"，问：小朋友们，知道老师在黑板上画的是什么吗？

学生急忙举手回答："零"。

老师似乎不满意其回答，暗示其坐下。启发道：谁再动动脑筋，0又像什么？

生2：像轮胎。

老师：你真会动脑筋，想得非常好。

生3："0"像太阳。

生4："0"像十五的月亮。

生5："0"像西瓜。

……

与此同时，教室里的学生都是抢起手臂把桌子敲得震山响，纷纷抢着发言，各种想象应有尽有。

（老师分别予以表扬，表扬他们有丰富的想象力。）

活跃的课堂气氛持续了将近20分钟。学生所描述的都是有关

"0"像什么。

即将下课，老师进行着课堂小结。

老师：小朋友们我们这节课学了什么？

生1：我们学习了"0"，我知道"0"像鸡蛋、像地球、还像……

学生还想说，老师马上暗示其坐下，让其他的学生回答。

生2：我知道了"0"像太阳。

生3：我还知道"0"像车轮胎。

连续叫了3个学生，学生的回答都是"0"像什么。老师只能作罢，草草说了有关"0"的作用与意义，就宣布下课了。

从案例中可以看出这是一堂很热闹的课，老师在教学过程中也很注重对学生想象思维的启发，以及对学生的鼓励和肯定。这堂十分贴近生活的数学课虽然有以上优点，但是从最后的小结可以看出明显偏离了数学教学的目标，"数学知识"几乎成了生活例子的附庸。这样，教学内容被机械地套上了情境，牵强附会地联系实际，过多地强调生活来源，其结果是既浪费了宝贵时间，又妨碍了学生对数学知识的真正理解。

课改专家、华东师大崔允漷博士说："教学有没有效率，并不是指教师有没有教完内容或教得认真不认真，而是指学生有没有学到什么或学生学得好不好。如果学生不想学或者学习没有收获，即使教师教得很辛苦也是无效教学。同样，如果学生学得很辛苦，但没有得到应有的发展，也是无效或低效教学。"在教学过程中，教师的教与学生的学脱钩，从而导致效率极低甚至是零的教学，叫低效或无效教学。低效或无效教学都严重影响了师生双方的动机水平和身心健康。

教学是一门艺术，需要教师具有较强的质量意识，其关键在于用心。教学中无效或低效现象的产生是多方面的，不仅仅是刚才谈的教师的原因，还有整个社会、教育体制、教材等各方面的原因。这些原因，我们作为一个普通教师是难以改变的。但是，正是作为一个教师，我们更要努力探究教学中的无效或低效现象及成因。现象很多，成因也很复杂，我们要善于寻找最关键的因素，以提高我们教学改革的有效性。

精品课的打造，需要教师充分挖掘自身优势，运用已有的教学经验对教材进行再创造，每一个提问都要力求富有启发，每一种设计都要力求精心巧妙，每一道习题都要力求典型规范，每一步环节都要力求严谨相关。用一句话概括，即课堂教学需要娴熟的驾驭。驾驭课堂的能力，是教师在课堂上用以维持学生适宜行为的保障，是教学要求中最基本也是最为综合的一项能力。它不仅约束、控制着有碍学习的不良行为，而且引导学生积极地参与到学习之中，从而帮助学生达成学习的目标。

和谐教学是教学的一种指导思想。和谐教学，就是在教学活动中力求使教学过程诸要素之间、教学过程与教学环境之间，始终处于一种协调、平衡的状态，培养学生的创新精神、实践能力和自学能力，使学生的基本素质和个性品质得到全面、和谐、充分地发展。在教学过程中，如果各种教学要素搭配得合理而恰当，达到一种和谐的状态，就会形成一种合力，促进课堂教学质量的提高。

有精品课堂意识才有创新。创新是什么？创新就是走前人未走过的路，是对未知领域的探索，是追求美好至更好的过程。而精品就是好中之好、优中之优之作。实践证明，创新是一个探索、打造、完善的过程，是在追求精品的过程中完成的。因此，追求创新，是塑造精品的基础。

那么，我们怎么做才能力求娴熟驾驭，实施有效教学？

（1）从教学理念上看

有效教学的"有效"，主要是指在一阶段的学习之后，学生获得的进步与发展。学生有无进步或发展，是检验教学有没有效益的唯一指标。

教学的有效性要落到哪里？要落到学生的学习上。学习效率、学习结果和学习体验是考量学生有效学习的三个指标。提高学习效率、增进学习结果、强化学习体验（积极）是学习有效性的努力方向和追求目标。发展的内涵，指的是知识、技能、过程、方法、情感、态度、价值观三维目标的整合。发展的层次，包括现有发展区和最近发展区。发展的机制，有预设性发展和生成性发展。新课程在注重预设性发展的同时，还要关注生成性发展。发展的时间，有眼前发展和长远发展。要确立一种为学生终身发展负责的教育理念。发展的主体，有学生发展和教师发展。有效的课堂教学是既促进学生发展又促进教师自我成长的教学。

有效教学的"教学"，是指教师引起、维持或促进学生学习的所有行为和策略。它主要包括三个方面：一是引起学生学习的意向与兴趣。教师通过激发学生的学习动机，使教学在学生"想学""愿学""乐学"的心理基础上展开。二是明确教学目标。要让学生知道"学什么"和"学到什么程度"。三是采用学生易于理解和接受的教学方式。教学方法服从于教学目标，根据每个课时的教学目标和教学内容的不同，教法的侧重点可以有所不同，并且要着眼于学法，体现为学而教。

（2）从操作层面上看

操作性因素包括对学生课堂活动作出判断的教学经验、实施教学控制的教育机智、作用于课堂教学水平的技能等。教师只有因势利导地调整教法，处理教材，巧妙地解决课堂教学事件，才能顺畅驾驭课堂。首先是准确把握教学的进度。研究发现，推进教学活动的速度不宜太快，太快使学生听课的思路跟不上；也不宜太慢，太慢则使学生感到乏味。若能以适中的速度推进，学生可以在张弛有度的学习氛围中保持浓烈的兴趣，真正融入课堂，并学有所获。课堂上时间的分配要适当，若教师对章、节的重要部分不给予足够的时间去讲解，却欲喧宾夺主地在边角环节上运用过多时间，容易造成枝节过繁，这是一个大忌。在课堂上，教师应能及时捕捉有用信息，随机应变，不断调整教学的疏密和速度，调控利用动态生成性教学资源，纠正教学中出现的失误。当学生启而不发时，当学生不能按设计的教学提示思考时，当学生提出意想不到的问题时，最需要的就是教师的应变能力，这也是教师提升公信力的最佳时机。

马卡连柯曾说过:"教育技巧的必要特征之一就是要有随机应变的能力。有了这种品质,教师才能避免刻板公式,才能估量此时此地的情况和特点,从而找到适当手段。"在母亲节到来之际,一位初一的语文教师上了一节作文课,题目是"给母亲写一封信",并要求经教师评改后寄给自己的母亲。一个平时作文不好的男生因反感母亲对他严格要求,想借此机会出一口"恶气",他在信中描述了自己的母亲对事业如何呕心沥血,对自己如何关爱备至,对邻里如何善待友好,信写得情真意切,感人肺腑,但在日期落款时,写成了西方愚人节的时间"4月1日",教师在检查课堂作业时,发现了这封"愚人"的信,不声不响地把这封信作为范文在课堂上朗读,最后把日期读成了"农历四月一日"。教师朗读完后,高度表扬了这个男孩作文进步快,对自己的母亲有深厚的感情,并希望他"在校做个好学生,在家做个好孩子"。果然,从此以后,这个学生进步神速,很快改善了与母亲的关系。这正是教育的最高境界——不露声色,不留痕迹。

和谐教学是一个动态的过程。根据系统论的观点,教学过程可以看作一个母系统,这个母系统中的各要素又是一个个子系统。系统中的各个要素、各个部门,只有密切配合,相互协调,才能始终处于一种和谐状态。在课堂教学中,各种教学要素总是处于矛盾的状态之中,和谐是暂时的、相对的。我们的教学就是要使各种要素从不和谐到和谐,然后出现新的不和谐,再在更高层次上达到一种新的和谐,呈现螺旋式上升的发展。因此,我们的教学要考虑学生的长远发展,调整好学生的学习状态,为学生的学习创设良好的情境,有效处理好教师主导作用与学生主体地位的关系,从整体上提高教学效果,实现教学的最终目的。

一般来讲,学生在学习"思想文化史"内容时,常常感到其知识枯燥乏味、理论性强、深奥抽象、难于理解。为了力求做到深入浅出、举重若轻,教师采取以下策略来解决这一难题。

链接

"思想文化史"相关单元的结构

(1) 单元分析：

"近代中国的思想解放潮流"和"20世纪以来中国重大思想理论成果"这两个单元颇具难度，理论含量较高，又具有重大现实意义的专题，是历年高考命题的重点和热点区域之一。

(2) 知识整合：

如何处理这两个单元？首先要使课的结构简洁化，即把握一条重要线索：先进的中国人开始冲破传统的思想藩篱，以新的眼光审视世界。在此基础上，又可进一步简化线索为三个阶级（地主阶级、资产阶级、无产阶级）思想的过程。

（一）地主阶级

(1) 以林则徐、魏源为代表的地主阶级抵抗派提出"师夷长技以制夷"的主张。

(2) 以曾国藩、李鸿章为代表的地主阶级洋务派主张中体西用并积极进行了实践。

（二）资产阶级

(1) 以王韬、郑观应为代表的早期维新派提出改良政治的主张。

(2) 以康梁为代表的维新派主张建立君主立宪制。

(3) 以孙中山为代表的革命派主张民主共和。

(4) 以陈独秀、李大钊为首的新文化运动。

（三）无产阶级

(1) 毛泽东思想（新民主主义革命和社会主义革命）。

(2) 邓小平理论（中国特色社会主义建设）。

(3) "三个代表"重要思想（新形势下的党建）。

(4) 科学发展观（经济和人的全面发展）。

(5) 习近平新时代中国特色社会主义思想（建设社会主义现代化国家）。

经过这样一整理，教师的课堂思路清晰简洁，学生对知识的掌握也更加到位和明确,提高了教学的有效性。

3. 追求精益求精

哪怕追求精益求精,加强课后反思,不断优化教学,课堂教学依旧是一门遗憾的艺术。我们日常的课堂教学活动,往往存在诸多不足,需要逐步改进,不断优化。

著名语文特级教师于漪认为,人贵有自知之明,对自己要有清醒的认识,要虚怀若谷,不能志足意满。她多次强调"只有看到自己的不足或缺点,自身才有驱动力。因为,'累累创伤,是生命给你最好的东西'"。为了能随时随地清醒地认识自己,于漪老师心中长存两把尺子,一把尺子是量别人的长处,一把尺子是量自己的不足,以己之短比人之长。于漪老师用第一把尺子量别人的长处,把别的老师的长处都学来。她不断地博采众长,如饥似渴地汲取着这些养分。她用第二把尺子不断地找自己的不足。于老师说自己"教了一辈子遗憾的课"。她说基础教育是知识的核,是原子核的核,是陪伴人终身的,力求不要教错学生很难,不足、缺陷乃至错误经常发生。于漪老师每节课后都会记下自己在教学中的不足之处,记下超出备课预期的问题,记下学生精彩的解答或是遗憾。日久天长,这些教学中的不足成了于漪老师教学中一面很好的镜子,正是这些不足、缺陷使她一辈子执着追求,不断进取。

于漪老师"做了一辈子老师,但一辈子还在学做老师",她在不断的学习中完善着自己的人格,提升着自己的思想,升华着自己的境界。如此,我们对她能从一名普普通通的教师成长为一名教育大家,一点也不觉得奇怪了。

美国心理学家波斯纳曾提出教师成长的公式:成长 = 经验 + 反思。如果一个教师只满足于经验的获得而不对经验进行深入的反思,那么他的旧有理念及不适当的行为就很难改变,他的教学将可能长期维持在原来的水平而止步不前。"教,然后而知困"。教学反思,是指教师自觉地对自己的教育实践深入反思,积极探索、解决教育实践中的一系列问题，从而进入更优化的教学状态，使学生得到更充分的发展。教学反思是一种有益的思维活动和再学习活动。借助教学反思，教师的经验可能升华到一定的高度且对后续行为产生影响。实践证明，凡善于反思，并在此基础上不断进行努力，提高自己教学效果的教师，其自身的成长和发展的步伐就会加快。经常性的教学反思，可以促使教师从经验型教学走向研究型教学。

教师首先需要反思自己的教育理念，即对自身的教育观、知识观、教学观和学生观进行反思。反思源于自我意识的觉醒。教师要勇于怀疑自己，敢于和善于突破自我、超越自我，发现问题则深思，存在问题就整改，找到经验就升华。这样，教师才能在教育教学的实践中秉承理论超越的自觉性，并在不断反思中使理论不断完善，使实践和理论走向统一。

教学反思是一个长期的、连续的过程。有些教师认为，教学反思是教师在教学任务完成后对自己教学行为的一种反省，这种理解是不完整的。知识的连贯性、学生的发展性、教法的灵活性等，都需要教师不断地对以往的教学实践进行及时的反思、总结和调整。而且，对于具有一定教龄的教师来说，其多年积淀形成的教学经验必定会对以后的教学实践产生积极的影响，具有或多或少的指导作用。因此，完整地理解教学反思的概念，必须将其放到教学环节的完整过程中加以认识。教学反思必须贯穿于教学的全过程。

教学反思不是一般性地回想教学情况，而是探究教学主体、教学目的、教学工具、教学方法等方面存在的问题，而这些内容处于教学的决策、技术和伦理等层面。具体来讲，教学反思可以从下面几个方面着手：反思教学行为是否达到教学目标，反思教学活动是否做到"沟通"和"合作"，反思是否创造性地使用了教材，反思教学过程中是否迸发出智慧的火花，反思如何引导学生在情境中去经历、去体验、去感悟、去创造，反思教学过程是否适应学生的个性差异，等等。

积极有效的教学反思，一方面需要教师对课堂教学中的疏漏、失误之处以及各种不足进行认真的回顾、反思、探究和剖析，使之成为今后教学的前车之鉴。课堂教学中有一些内容只需要经过微调就可以出高效益，那么我们就很有必要对这些内容进行相应的修改和提炼。另一方面，教师还应当找出自己课堂教学中突出的闪光点。例如，达到预先设计的教学目的，引起教学共振效应的做法，对教学难点的顺利突破，教学中临时应变得当的措施，某些教学思想方法的渗透与应用的过程，教育学、心理学中一些基本原理使用的感触，教学方法上的改革与创新，等等。我们须将其及时记录在案，作为今后教学中的宝贵资源加以储备，并在此基础上不断地改进、完善、推陈出新，逐步追求完美的教学境界。

有效教学是我们每个教师的追求，有效教学要求我们必须做有思想的教师。泰戈尔说："最远的距离是到达你自己"，就是说认识自己、改变自己是多么不容易。在这个不断发展的时代，需要我们不断地完善自己，每天能多学习一点，多反思一点，多提升一点，多创新一点，成为一个快乐的、有思想、有品位的魅力教师。

打造精品课堂，还得力于学习。精品不是凭空而来的。只有具有渊博的知识、多样化的本领，才能在工作中不走老套、不拾人牙慧，才能创造出自己独到的见解，创新工作的思路及方法。

创精品业绩，肯吃苦是前提。精品工程不是一朝一夕就能完成的，它需要付出大量汗水和心血。没有事业心、责任感，害怕吃苦受累，只能干出一般性的工作业绩。只有瞄准精品，充分借鉴、吸收已有的各种成果，不怕艰辛，埋头苦干，才能有所突破、有所成就。

坦白地讲，我们的课堂离精品相距甚远，但必须有这样的追求，永不停歇地走下去。加强学习，深入反思，从每一堂课做起，扎扎实实地走创新发展之路，那么，你的课堂离精品就会越来越近。精品反映的是一种进取精神、一种创新精神。我们每一位教师都要适应时代发展的需要，让精品成为一种习惯，成为一种理念，成为一种追求。只有始终瞄准前沿去开展工作，借鉴恰当的经验去推动工作，才能创出精品，生成亮点。也只有这样，才能不断地提升自己教学的水准和层次，提升我们的公信力。

第二节　没有深度问题的课堂缺乏公信力

　　精品课堂就是十全十美的课堂？这样的课堂是没有的；如果有，那也多半是预设或导演出来的虚假的课堂。近年来，人们越来越认识到课堂里产生问题、发现问题和解决问题对于精品课堂生成的重要性。对于精品课堂给人留下的印象，在我们看来，多是因为课堂里巧妙地产生了问题，精准地引导学生解答问题，即超越了课前的预设，灵活性地生成，方才让课堂里产生了精彩的圆融。在我们看来，课堂里没有问题才是最大的问题。

　　一个单位也好，一个部门也好，一个人也好，人们最希望的就是少出问题，或不出问题，一切正常。我们的课堂也是如此。但是，少出问题或不出问题，并不是说没有问题。在我们的课堂中，自我查找不出任何问题，总是自我感觉良好，并不是好事。其实，这种自认为课堂没有问题的思想本身就是最大的问题。联系实际，细想起来，为什么在有些自称没有问题的课堂，总是时常发生这样或那样的严重问题？没有问题往往蕴藏着最大的问题，这不能不引起我们的深思。

　　没有问题的课堂缺乏公信力。课堂是学生思维的活跃地、想象的驰骋处、创新的发源地，教师要有意识地将学生引入课堂这方思考的"场"。成功的课堂应当围绕提出问题、分析问题、解决问题展开，而不是围绕教师的讲解展开。教学的起始阶段往往是教师向学生提出问题，引起学生思考，然后应逐步培养、引导学生善于向自己提出问题，多问为什么。为了打造精品课堂，真正地赢得课堂，我们十分有必要让学生带着问题走进课堂，通过问题引领教学，在解决问题时生成新的问题，通过问题深化教学，让学生带着新的问题走出课堂，通过问题延伸教学。

1. 让学生带着问题走进课堂

注重教学过程，保持对教学过程的理性研究，让学生带着问题走进课堂，通过问题引领教学。我们先来看小学语文特级教师薛法根老师的教学实录。

链接

《这条小鱼在乎》教学片断

师：请同学们回忆一下，这篇课文主要讲了一件什么事？

生：课文主要讲的是一个小男孩儿拯救小鱼儿的事。

师：能不能说出是拯救什么样的小鱼儿呢？

生补充：课文主要讲的是一个小男孩儿拯救被昨夜的暴风雨卷上岸来，即将干死在浅水洼里的小鱼儿的事。

师：说得很好，没有读过课文的人听了你的介绍就已经知道文章主要写的是什么了。（板书：小鱼、小男孩）现在请同学们打开书，快速地读一遍课文，根据你的预习和上节课的学习，看看对于这篇文章你还有哪些问题？

生：文中为什么要说，男人忍不住走过去问小男孩儿为什么救那些根本救不过来的小鱼？

生：小男孩用力将这些小鱼扔回大海，为什么他要用力扔呢？

生：小男孩儿头也不抬地回答，为什么他要这样呢？

生：小鱼在乎，他们在乎的是什么呢？

……

师：善于提问题的孩子是聪明的孩子，也是会学习的孩子。老师希望你们都成为这样的孩子。这节课我们就来解决你们提出的这些问题，并把课文读好。当然，如果你们有问题也可以随时提出来。

薛老师的这节课，以问题引领课堂教学，将问题作为课堂教学的主线，贯穿于课堂教学的全过程。他首先让学生做预习，初步把握知识的轮廓，发现疑难点，自己提出问题，带着问题听课。随着教学内容的展开，教师设计合理、科学、新颖的问题，帮助学生理解疑难点，解决问题，更重要的是，鼓励和激发学生不断地自己发现和提出问题，并与学生一起解决这些问题，促使学生体验到解决问题的成功与快乐。这样的教学过程有利于训练学生积极地探讨问题，寻求解决问题的方法。

发现问题的能力，是指一个人从外界众多的信息源中发现有价值的问题的能力。发现问题是科学研究最重要的一环。人们一旦向自己提出了某个问题，便会产生解决它的欲望，即形成"问题意识"，就能够更敏锐地去感受和觉察与该问题有关的信息。如果整堂课中，学生没有一个疑点，没有提出一个问题，这样的课是很危险的，当然是失败的。

以解决问题为中心的课堂，首先要求让学生带着问题走进课堂。课前预习是一个寻疑的过程，也是一个自我解决问题的过程，在这个过程中，学生可能还会发现更深刻的问题。所以，我们要重视引导学生积极预习，同时加强预习的有效性，让有效预习真正成为学生的自主学习活动。学生在预习新课时产生的问题一般是比较肤浅的，有时所提问题可能是不正确的，但有问题毕竟是好事，说明他有较强的求知欲，动了脑筋。对此教师应当重视，不能抹杀了学生提问题的欲望。在教学中，教师的设问也是为学生如何提问作出示范。学生通过预习，已初步进行了探索：什么地方已学懂，什么地方还不会，心中有数。这样，在课堂学习中，对不懂的地方，他们会听得更专心，增强了听课的目的性。

例如，著名语文特级教师李镇西于1997年10月在四川广汉中学借班上《孔乙己》一课，他以精彩的对话教学而生成的教学智慧征服了所有听课老师，产生了轰动效应。其中的亮点是：当学生快速阅读一遍课文后把自己不懂的问题提出来，有一个男生提出："为什么作者在小说结尾时说'大约孔乙己的确是死了'？既是'大约'又是'的确'，这好像是矛盾的，该如何理解呢？"李镇西老师马上接过话说："好，好，你这个问题很有'科研价值'。"李老师抓住了这个问题情境，充分利用课堂对话来引导学生思考了一系列的问题，如这个"大约"隐含着社会的冷漠，这个"的确"表现了孔乙己死亡的必然，作者正是通过写一个人写出了一个社会。

教师在学生预习的基础上，引导他们集中书面提问，并据此组织教学活动，以学定教。当学生的问题展示出来后，教师需要站在全局的高度，对五花八门的问题进行选择、整理，去粗存精，把重复的问题融在一起，把简单的问题单列出来，同时需要设计若干"中介"问题，把所有的问题组织成一个序列，然后在教学中按一定的步伐有序呈现。由于这些问题来自各个层次的学生，这样的"问题"教学可满足不同层次学生的需求，能有效解决各自的疑难问题。我们在教学中要留出足够时间，让学生再次质疑，及时发现学生中依旧存在的问题。这样才能及时调整教学思路，有的放矢地进行课堂教学，避免平均用力及主观主义的倾向，从而提高课堂教学的有效性。

2. 在解决问题时生成新的问题

古人云："学贵有疑"，"学则须疑"，"小疑则小进，大疑则大进"。疑是思之源，思是智之本。问题使人的注意力具有明显的指向性和选择性，对持续进行有目标的思维、探索活动形式具有显著的激励功能。

问题能力也是与生俱来的。几乎每位父母都能记得，自己的子女在小时候总有问不完的为什么，尽管我们大人觉得有些问题太简单甚至是无聊。然而，这种问题意识和能力是难能可贵的，可以说没有这些问题，就没有他们的健康成长。可悲的是，这种问题意识没有在小学、中学得到足够的保护和加强。小学一年级的课堂上，教师提出一个问题后，总会有四五十只手高高举起，而且学生会向教师提出一些问题；到了六年级，举起的手少了，提出的问题也少了；到了初中，举起的手寥寥无几，提出的问题更少了；再看高中课堂，几乎无人举手，课堂上也很少有人能提出问题了。2003年《中国妇女报》公布的一项调查结果显示：只有5.7%的初中生和2.9%的高中生能主动提问，且提出的问题绝大部分限于"什么没弄懂"。我们司空见惯的是：课上教师的问题多了、精了，学生提出的问题几乎没了。高中生在教师再三地询问"都懂了吗？还有问题吗？"后，总是点点头、摇摇头。有时教师还会察言观色，抽问学生，当学生回答正确时，教师感到学生确实没有问题了，才会露出微笑。

长期以来，大多数高中生没有问题走进课堂，没有问题走出课堂，我们把这种教育称为"去问题教育"。美国教育家认为：学生应该总是充满好奇和疑问走进课堂，老师在回答问题过程中，有意通过情境、故事、疑问、破绽等激发学生更多的问题，最后老师不得不"投降"地说："你们的问题我已经回答不了了，让我们共同回去思考，寻找答案。"这样，学生带着更多更新的问题走出课堂。难怪美国教育代表团对上海一位中学物理特级教师的一堂教学目标明确、内容清晰、教学方法灵活、有理论、有实验，教学过程活跃、教师问问题、学生回答问题、师生互动、气氛热烈，语言准确精练，时间安排得当的好课，评价却不高。他们反问："这堂课老师问问题，学生答问题，既然老师的问题学生都能答，那么这堂课还要上它干什么？"毫无疑问，学生没有提出问题的课不是一堂好课。

从当前的教学实践来看，广大中小学生明显存在问题意识比较薄弱的现象，表现为不会或不善于、不愿或不敢提出问题。原因主要包括以下三个方面：一是学生有问题不肯提出来。优秀的学生担心被同学耻笑，挨老师批评，因此别人不提问我也不提；学习较差的学生缺乏自信，更没有勇气提出问题。二是学生没有养成提问题的习惯，也不知道如何提出问题。由于应试教育的长期熏陶，学生已习惯于被教师提问，等着教师告知答案，缺乏主动提出问题的能力。三是教师不重视学生提出问题的能力在教学中的重要性，不知道如何引导和培养学生提出问题的能力，怕浪费教学时间，教学任务完成不了，主观认为学生没有能力提出问题。学生的创新精神被淹没在简单的教与学中，学生的问题意识被肆意扼杀。

发现并提出问题是一个超越自我、不断创新的过程，这也是课堂教学的难点。要突破这个难点，教师首先要转变教学观念，将自己放在与学生平等的位置上，尊重学生的人格，给学生营造生成性的学习氛围，预留张扬个性的空间，搭建探究创新的平台。只有这样，学生才可以精神放松，心情舒畅，思维才得以自由施展，个性化观点才有生长的基础，问题的生成才有可能。同时，教师要善于分析学生的心理，关注学生的学习行为，使学生在学习中体验到成功的乐趣，树立自信心，养成积极思考和勇于提问的习惯。

课堂上的教师之"教"，关键在于引领学生发现问题、解决问题，走进问题现象的纵深处，攀向思维的新高地。设置的问题必须有层次、有思维价值，这样才能引起学生的认知冲突，让学生借助问题不断提升自己的思想认识，并源源不断地生发出更有探究价值的新问题，学生在"感悟—反思—质疑"的循环过程中完成对知识的主动构建。教师要鼓励学生大胆质疑，敢于发表不同的见解，要善于启发学生的思维，特别是发现他们创新思维的轨迹，及时捕捉课堂上闪现的智慧火花，让学生的好方法、好思路得以推广。如果每节课都能让学生拥有探索与发现的快乐，并深切地感受到自己日益增强的技能和学习能力，那么，学生就会对学习充满信心，并且善学、乐学。

链接

薛法根老师《槐乡五月》课堂实录及点评

生：读第二、三、四小节。

（师读了请你谈谈感受）

生：读了写槐花饭的小节，我特别想吃槐花饭。

师：除了想吃你还想些什么？

（生卡壳、冷场）

师：这三个自然段除了写槐花饭好吃，还给你什么样的感觉？

生：我觉得南方人喜欢吃甜的，而北方人喜欢吃咸的。尤其是那个蒜，我妈妈最喜欢吃了。

师：现在我们讨论槐花饭，不讨论蒜。

生：我有个问题。书上说：她们飘到哪里，哪里就会有一阵清香。这里为什么用"飘"，不用"走"呢？

师：这个问题有意思。红旗能飘、树叶能飘，小姑娘怎么能飘呢？哪个同学知道？

（生冷场）

生：用"飘"很美。和前面的"篮儿"一样是借代。

师：你再读一读写小姑娘的句子。

师：大家明白了，其实这里的"飘"就是走的意思，但是为什么要用这个词？想想怎样的走才叫"飘"？老大爷老大娘能飘吗？显然不合适。到底什么样的走能用"飘"呢？

生：我觉得"飘"应该是走得快的。

师：对呀，老大爷老大娘走路慢吞吞的，是飘不起来的。是跑的、快的才能用"飘"。

生：像燕子一样走。

师：那是飞。

生：像燕子一样轻快。

师：对，又轻又快，对了，这样一种感觉，就是"飘"了。还有什么感觉？前面两句话："衣襟上别着槐花，发辫上带着槐花。"

生：老师，我还想补充刚才同学所说的。"飘"说明她们心情很快乐。

师：痛苦的时候飘得起来吗？对了，脚步轻快，心情是非常快乐的。从这个"飘"可以读出小姑娘的快乐的性情。刚才是谁提出来的，现在懂了吗？现在读读这个句子，把快乐的心情读出来，注意这个"飘"。

（生读句子）

师：小姑娘们快乐，其他人呢？小小子快乐吗？小小子的快乐是通过哪个字、哪个词表现出来的？小姑娘用"飘"，小小子呢？

生：我通过"大大咧咧"看出来，这个词表示什么东西都不在乎，所以快乐。

师：对呀，自由自在，所以快乐。

生：我有很多问题。文中讲他们的"衣裤的口袋里装满槐花，手上拿的还是槐花，还往嘴里塞上一把"，这槐花到底是生的还是熟的？

师：你猜一猜。

生：我觉得应该是熟的，因为生的吃了会生病。

师：吃的时候，这槐花是白生生的，所以就是生的。

生：难道白花花的就是熟的吗？

师：熟了就是槐花干了。槐花干是用来送人的。

生：我觉得是生的，因为小小子们是大大咧咧的。

师：懂了吧。这生槐花你们肯定不敢吃，可是乡下的孩子不想这么多。我们吃的时候是洗洗干净一朵朵地吃，他们是用"塞"的。从这个"塞"字你能看出什么？

生：他们心情很快乐。

师：他们是一种幸福。我们都是城里的孩子，吃的时候都要讲究卫生。槐乡的孩子和我们不同，是乡下的孩子。"小小子"这个名字好听吗？它是一种地方方言，说明对孩子的喜欢。

师：我们一起读描写小小子的句子，好吗？

（生集体朗读）

师：不管是小姑娘还是小小子，在槐乡都是那么的快乐，开心。还有话要说吗？

生：我还有一个问题，平时我是好吃的东西慢慢地品尝，不好吃的才塞着吃，这里的小小子们为什么会塞着吃呢？

师：每个人的感觉都不一样。我们从这里感受到了快乐，第二自然段中，你也能感受到快乐吗？自己读第二自然段。

（生默读第二自然段）

师：大家谈谈自己的感觉。

生：从"傻乎乎"看出孩子们很快乐。因为如果不是槐花很香，他们也不会傻乎乎地站在槐树下面闻香味了。

生：我觉得要很入迷的时候才会变得傻乎乎的。有时我也会为了闻花香而变得傻乎乎的，会被妈妈揪耳朵。

生：我从傻乎乎感觉到槐花非常陶醉，使人吸引。

师：应该是吸引人，使人陶醉。对吗？这里的"傻乎乎"和说一个人"傻乎乎"的一样吗？

生：这里是写玩得爽，而不是吃得爽了。

师：这个傻乎乎并不是真的傻，而是说被香气熏醉了，而不是真的傻，这个傻乎乎的孩子还给人一种怎样的感觉？

生：给我一种很可爱的感觉。

师：傻乎乎表达了作者的一种感觉。这种"ABB"式的词表达一种感情，例如说上文的"白茫茫""白生生""喜盈盈""甜丝丝""香喷喷"。这些词语都是表达一种感情的，读这些词语的时候要注意。

点评：在这一教学环节中，如何面对课堂上的"生成"、如何把有效的生成当成课堂教学的资源来使用，教师给我们做出了很好的典范。在教学中，不断有学生提出问题，教师先是抓住了一位学生提出的"飘"字，引导学生体会到了五月槐乡的小姑娘的愉快心情。然后又扣住"傻乎乎"让学生感悟到五月槐乡的孩子被槐香所陶醉的样子。教师敏锐地抓住学生在课堂上思维的火花，来充实调整自己的课堂教学的思路。这样，既尊重了学生的个性体验，也使教学预设与生成和谐相生。

课堂教学是千变万化的，再好的预设也不可能预见课堂上可能出现的所有新情况。在课堂上，教师应时刻观察学生的表情，通过学生的眼神、动作、语言进行教学反馈，了解学生思维的变化，从而弹性处理课前预设，真正做到以人为本、以学定教。当学生的回答超出自己的预设时，教师应从容、镇定、灵活、机智地指导学生，千万不能方寸大乱，打乱一切教学设想；更不能对发生的未曾预设到的生成性问题视而不见、置之不理。师生在课堂上思维碰撞的过程中出现的那些奇特的、闪光的、个性化的生成性问题是宝贵的课程资源。教师只有紧紧抓住并充分利用它们，才能将其转化为探究问题，因势利导，引发讨论；学生互相切磋、分析、争论，这样课堂才会更生动、更活泼，更具有实效性。

例如，一位初中生物教师在执教一堂学生调查校园植物的汇报课中，一个学生提出了一个教师不知的专业术语"绿量"，这个机灵的生物教师马上把"绿量"这个球"踢"回给学生。教师用平和的语气说："我们班还有谁知道'绿量'的含义？"这时，一名平时不太出声的女生站起来说："绿量是植物叶茎所占的空间容积，也是植物光合作用能力的标志。光合作用能力强，绿量就大。"这个教师不仅给了这个学生很高的评价，而且又以高楼住人多和平房住人少来比喻树木和草地，使学生更加明白了"草地的绿量不如树林"。这种巧妙的教学机智不仅化解了一场"危机"，更重要的是增加了教学内容，更好地激发了学生开展课外阅读活动的兴趣。

3. 让学生带着新的问题走出课堂

人类对知识的探索是一个永远没有终点的思维旅程，它只有阶段性的驿站，没有最后的那个尽头。所以，我们的课堂教学一定要打破"一节课解决所有问题"的传统观念，我们倡导课堂的开放，允许学生带着没有解决的问题走出教室。有效的课堂应当是通过师生之间、学生之间的互动合作，使学生的困惑得以阐释，学生的思维得到真正的发展，从而产生更进一步的思考，提出更深层次的问题。在课堂教学结束之前，教师应延伸、拓展新知识，启发学生再发现，并进而提出更多的问题，让学生带着问题走向社会和生活的大课堂，去作开放式的探究。

如果学生只是处在一种"待问"的被动学习状态，不论教师的问题设计得多么高超，提问的方式如何巧妙，那么，也只训练了学生机械的应答性行为。更糟糕的是，我们有一种普遍的看法：作为一名好教师，应当在课堂上解决问题，把所教的内容都讲深讲透，不给学生课后留下疑难。这样势必导致教师对所讲内容的每个细节都作详尽的解说，占去了绝大部分的教学时间，让学生没有独立思考的时间和提出问题的空间。有的老师在教学过程中千方百计地硬把学生的思路套入预想的教学方案中，对超出预想的问题不予正面回答，使得提问成了引学生进入预设"圈套"的手段，从而淡化了学生提问的意义。

长此以往，学生的问题意识将弱化，其质疑能力的发展必然遭到严重的阻碍。

新课程理念认为，课程资源是丰富而宽广的，但在一定范围内也是有限和相对的。在课堂上，我们的课程资源主要是教材、教师和学生，可能还有其他的教学辅助设施等，但要解决各类问题，需要提供与解决问题相关的各类信息和背景资料，这就容易产生解决问题所需资源的丰富多样性和课堂现存资源的有限单一性之间的矛盾。在这种情形下，让学生带着一些问题离开课堂是最明智、最合理、最有效的做法。

让学生带着什么样的问题走出课堂呢？

(1) 横向的拓展

课文涉及的知识面很广，中外名人、历史地理、自然科学……学生在学习过程中，必然会产生这样那样的问题，而很多问题难以且不适于在课堂中全部解决，这就必须引导学生通过阅读、实践，拓展知识，解决疑问。如学习《赤壁之战》一课时，学生提出问题：曹操败走华容道后，结果怎样？教师就可以引导学生阅读《三国演义》，自行求解。

(2) 纵向的深入

学习语文有大量的方法，这些方法除了教师在课堂教学中有计划、有步骤地引导学生掌握外，还应启发学生在课外学习中去尝试、发现。如读写例话《归纳段落大意》一课告诉学生：如果一个自然段就是一段的，要抓住重点句来归纳段意。可是如果一个自然段的句子无重点非重点之分，应该如何概括段意呢？这就需要启发学生自己去探索方法。

怎样让学生带着问题走出课堂呢？

一是置疑。即对学生的问题分类处理，选取属于知识拓展、深化的问题"置而不答"，让学生在课外自行解决。如教学《五彩池》一课时，学生提出了四个问题：①为什么说"五彩的瑶池就在人间，不在天上"？②为什么池水会有那么多颜色？③为什么叫"五彩池"？④池里的石粉是哪儿来的？对于前三个问题，教师可引导学生在学习课文中解决,对于最后一个问题则可以置而不答,向学生推荐《中国名胜经典》等书,让学生通过看书自己弄清其中的奥妙。

二是启疑。即引导学生生疑。如教学《黄山奇石》一课时,教师在引导学生理解课文内容后,让学生提出不懂的问题,学生说没有问题。教师告诉学生,黄山奇石除了课文介绍的外还有许许多多,顺势诱导学生在课外去图书馆查阅有关介绍黄山奇石的文章,并做成卡片,准备开一个"黄山奇石研究会"。

教师要善于设计那些有助于学生深入理解的新鲜问题,激发他们自主探究的兴趣,使他们思维的火花进一步燃烧、释放。当学生的思维受到激发,他们就敢于质疑,敢于发表自己的观点。教师则应当给予适当的评价和鼓励,小心呵护学生刚刚露头的思考的萌芽,尤其是学生的求异思维,这是非常宝贵的,更要予以保护和激励。其实,学生的很多离奇的问题并不离谱,常常是他们思考的角度、思考的方向与我们不同,只要我们对学生耐心指点,巧妙启发,学生一定会恍然大悟的。在这个过程中,教师还应鼓励学生尝试着自己找出问题的答案。

学习的目的就是通过实践,达到学以致用。学生在学完有关基础知识之后,还要掌握它在实际生活中的应用。教师可以设置应用知识、强化能力的应用性问题,或者把学生提出的尚待解决的问题进行梳理,变成促使他们进一步研究拓展、深化的新的探究性问题,或者引导学生用变维(改变问题的维度)、变序(改变问题的条件、结论)等方式发散式提出新问题,从而把问题的探究与解决引向课外或后续课程。

总之,课堂是解决问题的阵地,也是滋生问题的沃土,没有问题的课堂往往蕴藏着最大的问题。课堂教学的关键是,引领学生主动积极地发现问题、分析问题、解决问题,让学生借助问题不断提升自己的思想认识,在"感悟—反思—质疑"的循环过程中完成对知识的主动构建。伴随着鼓励学生大胆质疑、开启学生思维的过程,教师充分发挥"启智、励志、明理"的作用,进一步在课堂上赢得公信力。

第三节 还动静结合的课堂本色

打造精品课堂，只有真正让所有问题向着阳光，而不是虚假性地遮掩着问题，只有让问题产生并创造性地解决，即我们的一切教育教学活动只有让课堂里的每一环节、每一过程都变得和谐，我们的课堂才会是有价值的、有借鉴性的课堂。

在我们的研究中发现，把握好课堂里问题产生这一关键点，真正让课堂里一切都变得水到渠成，全在于课堂里动静的调控。但是，有一点我们必须注意，防止一知半解和过激的现象的出现。例如，有人发现"学生动起来，课堂才会活起来"，为此课堂就全是动起来；有人发现"课堂静悄悄的精彩"，为了让学生更多地思考，教师成了甩手掌柜。这两种现象的产生都是极不科学的。我们必须让课堂里有动有静，并且动静和谐，我们的课堂才会真正生成"生命课堂"。

课堂是实施教育的主渠道，是师生的生命自由对话的平台，是师生个性发展的家园，一切都可说和谐发展，才可能最终内涵发展。无论教师还是学生，都是活生生的生命个体，都是有感情、有思想、有个性的人。因此，我们追求的课堂应当是思想灵"动"的课堂，应该是动而有序、静而生慧的动态课堂。这样的课堂，应更多地关注学生的思维、个性、情感、生命的生长，让师生在思想、精神的碰撞中共同成长；这样的课堂，教师的作用在于唤醒、激励和鼓舞，在于引导、启发和评价；这样的课堂，学生是学习的真正主体，教师的作用在于调动成长的内需，使学生激情充溢，动感十足；这样的课堂，学生思考积极、探究主动，静读、静思、静练、静悟，"静"水深流，静中有得。师生在倾听、思考、探究、讨论中，独立思考、合作交流，在发现问题、分析问题和解决问题中，提高思维能力、探究能力、实践能力和创新能力。动静结合还课堂以本色，可谓是我们每一位教师最明智的选择。

1. 学生动起来，课堂活起来

随着课改的深入，各种新的教育理念、思想冲击着每一位教师；相应地，中小学课堂教学发生了较大的变化。"让学生动起来"的口号唱响，各种活动在课堂中大量地开展，课堂活跃了，课堂生动了，课堂热闹了，课堂变得有活力了！

链接

《万以内数的读法》教学片断

师：我们在一年级时学过读数。老师写一些数，看谁能把它们正确读出来。

（师在黑板上随机写下 28　67　50　300）

（生踊跃举手读数）

师：大家读得很好。在读这些数时，你是按怎样的方法来读的？

生：前面三个数先读十位上的数，300 先读百位，后面不读。

生：我是从左边往右边读的。

生：我认为应从高位读起。

生：我发现，50 和 300 这两个数的 0 都不读。

师：大家说得都很有道理。今天老师又带来了几个更大一些的数，你们能读吗？

（出示写在卡片上的各数：234　6832　501　7002　100　4000）

师：大家先试着读一读这些数，有不会的可以讨论。

（生自主读数，小组讨论）

师：请同学们仔细观察这些数，你能根据这些数的特点把它们分类吗？

生：我是这样分的。（边说边到黑板上把数分成两堆：234　501　100，6832　7002　4000）一组是三位数，一组是四位数。

生：还可以这样分。（边说边上前把黑板上的数重新分成两组：234　6832，501　7002　100 4000）左边两个数的数字都没有 0，右边的都有0。

生：我把它们分成了三类。（到前面把数分成三组：234　6832，100　4000，501　7002）

师：那么，你觉得哪一类数容易读一些？哪一类数比较难读？

生：我觉得100和4000这两个数最好读，只要看1在百位上就读"一百"，4在千位上就读"四千"。

生：我觉得最难读的是234和6832，像6832要读成"六千八百三十二"，要读很长时间。

（同学们都笑了起来，老师也笑了。）

对一个二年级的小学生来说，"万以内的数"的知识绝不是一张白纸。因此，教学的出发点不能仅仅照搬教材、教参、教案，不能忽视学生已有的生活经验和知识基础。教师从百以内数的读法入手，把例题中的各种特点的数一次出示，放手让学生观察、比较、分类，并发挥作为差异的教学资源，让学生试读、讨论、交流、互相分享学习体会，教学效果很好。

在很多情况下，我们把动手、动口等看得见的显性行为作为"动"，这是具有片面性的。显然，让学生讨论、表演、游戏等方式参与课堂教学是"动"的一方面。然而，使学生的思维处于活跃状态，积极思考问题，则是一种内在的、深层次的"动"，这种"动"才是最有价值的。判断学生是否处于积极的思维状态，其标志主要有三个：一是看学生是否聚精会神、注意力集中；二是看学生是否对教师提出的问题积极争论、勇于表态；三是看学生碰到各种困难和阻力时的表现，如果学生对较难的选做题都在认真地做，尽管可能有很多错误，也就说明学生已经处于较高的积极思维状态了。

教育的责任是唤醒学生的求知欲和上进心。可以说，在课堂上引起学生的积极思维是教师的主要任务。教师应当根据课堂上学生学习的不同情况灵活调用不同的教法，使教法灵活而有用，真正做到教无定法，胸中有法，重在得法。教师应致力于启发学生开动脑筋，积极思考，直接参与到课堂教学中来。学生自己能学会的，相信学生，引导学生学；学生难于理解或不易接受的，让他们动手操作，指导学生学；学生独立学习有困难的，让他们开展小组合作，互相帮助学；要真正做到"不愤不启，不悱不发"。

新课程强调师生的双边活动。课堂上，教师的作用主要是组织、引导、点拨，而学生必须通过自己的活动主动获取知识。教师要善于对教材内容进行研究、加工、改组，通过新的形式反映出来。例如，叙述比较性的内容可变化成图表、图解等形式，规律性的内容可总结成曲线图、口诀等，深奥、抽象的内容可通过直观教具等形式形象地反映，这些活动都可以指导和提示学生自我总结、归纳，使学生始终处于一种积极探索知识、寻求答案的最佳学习状态中。

深入实施课改以来，小组合作的学习方式被广泛地推广和运用。然而，一些教师在组织学生开展小组合作学习时却出现了诸多问题。许多学生讨论，盲从的多，争辩的少；附和的多，投入的少；对答案的多，探究的少。学生独立思维的机会大多被"小组讨论一下"所挤掉。教师在根据教学内容和问题情境适时地引进小组合作学习时，每个学生都要有明确的分工，有充分合作的学习时间。同时，教师要为学生合作探究和相互合作提供中介性工具，即有价值的问题，防止优秀学生浪费时间，学困生劳而无功、一无所获。

课堂上落实学生的主体地位，关键是要让学生独立思考，使学生敢想、敢说，不受约束地去探究、思考，让学生充分展开想象的翅膀，大胆求异，敢于创新。让学生在无拘无束的争论中，思维碰撞出智慧的火花，能给课堂教学注入生机。在教学中可以选择学生感兴趣又有争议的部分去合作。合作，不仅指生生之间，也有师生之间通过分工、交流，互为资源地进行学习。那种刻意地追求轰轰烈烈的课堂的形式是不足取的，由于担心时间不够用而蜻蜓点水、浅尝辄止的讨论是不能解决问题的。鉴于课堂40分钟的时间不多，课堂教学时要对讨论的内容进行取舍，真正需要的讨论还是要力求淋漓尽致，没有必要的讨论要坚决舍去。

"动""静"结合的生命课堂，强调师生潜力的有效发挥，强调成功的体验和个性的发展，以学生综合能力的培养为核心，注重学生创新精神和实践能力的培养。然而，我们目前的课堂教学中，还依然存在着忽视对学生思维状态的关注，忽视学生学习动态的生成，忽视学生学习主动性的现象。整个课堂教学死气沉沉，教师的"教"与学生的"学"隔膜重重，没有有效教学的灵动与生气，没有学生积极参与的激情与活力，没有真正课堂的高效与实效。要想改变这种难堪的教学现状，每一位教师必须"刷新"教育理念，改变习以为常的思维习惯、工作模式，将教学的目光转向学生，充分考虑学生的学习状态与思维品质，充分调动学生参与课堂学习的积极性，让自己的课堂变得"动感"十足、"静"而有序、"动效"显著。

2. 课堂也需"静悄悄的精彩"

记得我的同事曾经给我讲过这样一件事：一名择校到省重点学校的学生成绩迅速取得了很大进步，当被问到取得进步的秘诀时，他只说了一点：安静的课堂。他说："那里的课堂太安静了，甚至呼吸都能听见。一抬头旁边的同学都在学习，给了我压力，我真怕跟不上了，只有拼命学习了！"这事听起来似乎有些夸张，但却说明了一点：高效率的课堂一定是安静的。因为学生都仔细听讲而形成有序的安静。

据科学家研究发现，人在安静的情况下会有压迫感，这样人会不由自主地学习、听讲以排解这种压迫感，从而使课堂既有质又有量。反之，当人在嘈杂的环境中时，便会变得烦躁不安。这种情况下，想不说话都难，更谈不上好好学习。

在安静的情况下，人的心情会变好，会觉得什么都是美好的。自然，学习也不例外。由于人类有追求美好的本能，人便会去学习。因此，越学越爱学，越学越想学。在安静的课堂上，就算想不学习恐怕也是不可能的了，因为环境让你别无选择。

在传统的观念中，课堂秩序是至关重要的，要求课堂安静下来，是开展教学活动的前提与保障。学生动个不停，课堂嘈杂纷乱，势必会让教师分神，不得不一心两用，在教学的同时，还得花心思维持纪律。因此，能不能让课堂安静下来，成为评价教师课堂驾驭能力的基本要素之一，也成了评价其课堂教学水平的一个重要指标。但是，如果简单地把课堂的静等同于课堂的有序，把课堂的动等同于课堂的失序，那么课堂管理就变成对好动学生的防治和对安静课堂的维持。

古人说："定能生慧。"没有"静"的"动"是散乱的活跃、虚伪的美丽。静是一种境界，也是一种净化。我们要努力让教学逐渐走向简约，走向真实，宁静方能致远。那么，如何才能做到课堂安静呢？

课堂的安静，首先需要教师自身拥有宁静的心态，去除功利的课堂效果思想。在课堂教学中，教师要实实在在地为学生的发展着想。凡事过犹不及，追求"发言踊跃""气氛热烈"等过头场面，则抽去了学生自主思考的空间，那么，一场热闹过后，学生可能什么也没收获到。当然，这要求教师自己在课堂上要静，才能让自己身上散发出来的沉静气质感染学生。如若外部的教学环境为学生的学习提供了利于倾听与沉思的"场"，那学生会潜移默化地产生一种"静修"的心境，从而促使他们积极参与教学活动。

课堂中的动与静，更重要的应该是指学生思维的动与静。教师在提出问题后，要给学生提供充足的时间，营造安静的环境，任思维驰骋，任想象放飞，让学生在安静和谐的"思维场"中捕捉稍纵即逝的灵感。学生只有经过足够的酝酿和思考，有了自己的想法和观点，才能有话可说，有观点可讲，才会有心灵的交汇、思维的碰撞，才可以体验在嘈杂的环境中无法得到的成功之快乐。

课堂上的动与静，不是评价一节课成功与否的首要条件。评价课堂主要考察这节课的教学目标达成度、学生对知识的理解和应用情况等。教师的教学风格、教师本人的性格对课堂的动与静也有很大的影响。性格开朗、乐观大方的教师，课堂气氛更容易活跃。课堂上的动与静还与学生的年龄结构有关。不同学段的学生其生理和心理特征是不同的，年龄小的学生更加容易活跃起来，年龄大的学生相对要安静一些。由此可见，课堂上的动与静，虽不能成为评价一节课的重要指标，但它却能使学生积极有效地参与，促进教学目标的达成。

有时，静本身就是一种动。学生在教学中的活动有两种形式，一种是动态的，另一种是静态的。动态的活动，我们能明显地感觉到，我们能听见他们的声音，能看见他们的动作。而静态的活动，例如静静默读、专心听讲、认真思考、用心体验、细细品味等。学生一动不动，一言不发，也许是他们在积极思考，情感在不断变化，这本身就是一种活动。学生在静态的活动中也可以产生动的欲望。随着静态活动的深入，学生会自然而然地动起来。教师要善于观察学生，及时了解他们此时想要干什么，并根据学生的这种需要，不断地调整教学，最大限度地满足学生的需求。

课堂包括静态课堂和动态课堂，这一点在理科教学中尤为明显。在讲解新课时，特别是单纯地讲授学科知识时，静态的课堂更具优势。科学概念的建立、对规律的领悟和应用、学科知识的系统构建，无不需要学生静下心来，深思、沉思、静思。而在知识的巩固与能力的形成过程中，动态的课堂更具优势，毕竟知识体系的构建与巩固需由学生自己通过实践去达成。

静和动的活动在教学中都是必不可少的，二者互为补充，缺一不可。对过分死寂的灌输式课堂，我们已经加以否定；对活动过多、热闹过头的课堂，我们也应及时反思。一堂好的课，应该有动有静，张弛有度，动静相宜。该动就动，该静就静，注重实效，收放自如。动不等于纪律泛滥，放任自流；静，不等于没有自主，机械接受。何时动，何时静，要根据教学内容、教学目的、教学时机和教学对象来决定。在课堂中合理分配动与静的时间，让学生在静中品悟反思，思索、顿悟，在动中相互交流探究，体验、实践。唯有如此，才能使课堂教学活动的方式方法真正切合学生的学习需求，而不只是为了追求某种课堂形式、表现教师的某种技能而设计牵强、流于形式的活动。正确地处理好动与静的关系，科学地开展教学中的活动，让学生活动得有目的，活动得有秩序，活动得有实效，我们的课堂才会真正的充满活力，我们的课改才会富有成效。

3. 打造动静结合的生命课堂

动静结合的生命课堂，是动而不乱、动而不忙，静而不死、静中有动的课堂。每一名学生的思维在每一个课堂环节中跳跃，师生之间、生生之间碰撞出的智慧火花，使师生的生命力在课堂教学这个蕴涵着巨大生命力的场所得到充分而有效的发挥。

动静结合的生命课堂，尊重学生个体独特的潜在能力和创造能力，把学生作为一个生命的整体来看待，注重对学生的人性关怀，让课堂充满生命活力，让学生全员参与对学习目标、学习内容、学习速度、学习难度、学习负荷、学习伙伴、学习评价等的选择，接受选择实践的锻炼，发展其选择能力和创新能力。

动静结合的生命课堂风格是在教学实践中逐步自然形成的，在教材处理、教法设计、教学手段、创设情景、语言运用、表现手法等方面表现出不同的特色和个性，与教师的文化素养、能力水平、思维特征、性格个性、文化底蕴等方面是紧密相连的。教师注重提高学生在课堂教学中的共同参与度和互动性，引导学生主动参与，提供选择机会，并指导选择、帮助选择，最后达到学生自我选择以适合自己的学习，从而获得学习、成长的自主、自信、成功之乐，感悟心灵自由，展示生命价值。

（1）典雅型动静结合生命课堂风格

这种风格的课堂，教师感情充沛，富有激情和感染力，擅长引起学生的情感共鸣，最终达到以情促认知，以情促乐学。教师用心感受学生，用情打动学生，用理折服学生，具备"开放的课堂、积极的思维、人文的关怀、唯美的感受"的教学个性。教师善于旁征博引和演绎分析，启发和引导学生积极思维，充分让学生尝到学习的乐趣。

在这样的课堂上，教师不可不控制自己的"激情"，该动时则奔放，该静时则内敛。太过激情，容易使学生跟着老师热热闹闹一节课，结果一无所获。

(2) 情感型动静结合生命课堂风格

这种风格的课堂，庄重朴实，娴熟老练，严谨不苟，蕴含深远，韵味醇厚。教学过程纵横捭阖，或议论时事，或读写结合，或臧否人物，或感情迸发，无不透出教师知识的广博、调遣学生的技巧和能力，极具个性特色。教学方式方法上则呈现为稳健、完善、和谐，有一种深远的审美感觉，能够以饱满的个性思想，在追求教学原生态的同时，充溢着教师的个性品格与理想人格。

有教育风格和思想的教师，必须随教学内容而动。不能把本来轻松活泼、简洁的内容搞得过于深邃，那样既是对资源的一种浪费，又可能使学生找不着北。

(3) 幽默型动静结合生命课堂风格

这种风格的课堂，教师教学语言诙谐幽默，情趣横生，意味深长，以愉快的方式使学生获得了精神上的快感，使课堂教学进入一种"化境"：既让学生学到了知识，开阔了眼界，发展了智力，张扬了个性，得到了哲理启迪，又使学生开始学会关心国家、关心社会、关心人类，从更宽阔的视野、更高的境界，理解自己的责任和使命。当然，这要求教师诙谐要有节制，幽默有度，不能为了追求诙谐而失了大体。

(4) 理智型动静结合生命课堂风格

这种风格的课堂，重视知识体系的构建，注重学习过程，教学内容交流性强，课堂教学比重大、节奏快，长于理性阐释，善于分析、概括、推理。教师言语表达具有逻辑性，教学态度冷静，教学层次清楚，循循善诱，步步深入，深得学生喜爱。这要求教师在学生思维过于沉静时要善于抓住相关内容，引领学生的思维动起来，活起来。

(5) 直观型动静结合生命课堂风格

这种风格的课堂，教师擅长将复杂的道理通过通俗易懂的方式深入浅出地进行讲解，始终以平易近人的语气神态与学生交流对话，让每一个学生有被尊重的体验，创造出一种民主平等、宽松和谐的教学情境。语言精练，条理清晰。看似难点、疑点，每每化抽象为形象，化枯燥为魅力，有效地激发学生的学习内驱力。要注意的是，不能完全用直观代替学生的思维，要根据学习内容灵活进行调整，学生"跳一跳"能感知的，就引导他们"跳一跳"。

（6）情理型动静结合生命课堂风格

这种风格的课堂，教师擅长联系日常生活中的现象，运用学生喜闻乐见的事例，帮助学生理解和学习教学内容，对概念、公式和定理的讲解，则精于运用图表勾画出知识之间的逻辑层次关系，帮助学生牢固地把握知识的联系性、系统性，以感性促理性，做到了感性认识和理性认识的统一。这种风格重在让学生明理，引导他们在明理的过程中，自己去捋出一条线，把学习的知识点串起来。

（7）主题型动静结合生命课堂风格

这种风格的课堂，教师注重让学生不仅学到丰富的学科知识，了解本门学科最前沿的信息，还注重开发学生的创新思维，注重渗透生命教育。如，在教学《根对水分的吸收》时，可设计问题"假如你是土壤中的一滴水，请说一下你在植物体内旅游的路线"，将学生紧紧吸引住。这样的课堂已不仅仅只是传授学科知识，更为重要的是让学生乐于探索生命的奥秘，将知识、技能、能力、情感、态度与价值观融为一体，保证了教学目标的真正达成。这要求教师在组织课堂时，围绕一个主题展开，引导学生结合学习内容从不同的侧面奔向主题，在达成主题认知的过程中增长知识和智慧，习得能力。

（8）趣味型动静结合生命课堂风格

在这种风格的课堂，教师善于运用学生喜闻乐见的教具和教育信息技术，深入浅出地带领学生探究知识，引导学生从课本中走出来，走进生活实际，遨游世界，实现从无到有、从不会到会的生成过程，虽仅是短短一节课，但学生总是获益匪浅。当然，不能为了过分追求趣味，而忽视对应学内容的学习，同时，仍要注意控制，不可一盘散沙。

动静结合的生命课堂，其功夫在课堂之外，"硬功"修炼源于深厚的"内功"修养。教师只有积极投身于课堂教学改革与实验，努力探索和实践，丰富和发展自己的教学个性，提升自己的教学智慧和教学能力，才能提高课堂教学水平和质量，并逐步形成自己个性鲜明、浓郁热烈的课堂教学风格，技巧能力、人文品格与理想人格自然也就渐入佳境，从而铸造自身强大的公信力。

第四节　从构建积极思维开始铸就公信力

　　站稳课堂也罢，理性研究教学过程、打造精品课堂也罢，一切的一切几乎都是从构建积极思维开始的。前面谈到的那些害怕课堂里有问题而后让课堂变得无问题的课堂，真正的原因就是抑制了自我的积极思维；那些只关注课堂里动态生成过程的教学，真正的原因也是抑制了自我的积极思维。在全书最后的小节里，我们引出一个看似平常而非常重要的话题——从构建积极思维开始构建我们的课堂。

　　怎样才算养成了积极思维的习惯呢？可以这样说：当你在实现目标的过程中，面对具体的工作和任务时，你的大脑里去掉了"不可能"三个字，而代之以"我怎样才能"时，可以说你就养成了积极思维的习惯。在我们的课堂教学中，其实也非常需要积极思维。

1. 拿人类的智慧成果教育学生

　　教育关乎整个社会乃至人类文明的发展。教育的最终目的不是培养鹦鹉学舌或邯郸学步的模仿者，而是要培养能够独立思考、能够面对未来、具有智慧的创造者。而在当今的各级各类学校，我们往往降低了教育的目标和要求，教师讲授的内容仅仅指向死板的学科知识。也许学生轻而易举就获得了某些学科知识，却仍然缺乏作为一个独立人的智慧。

链接

李白是谁

　　一位二年级小学生问老师，李白是谁。这个问题很简单，老师告诉她，李白是唐朝的大诗人不就行了吗。可这位老师却说，关于李白的介绍可多了，同学们知道吗？学生甲说：我知道，李白是唐朝的一位著名诗人。老师说：你说得很好。学生乙说：李白和杜甫是唐朝最杰出的两位诗人，被称为李杜。老师夸赞他说得也好。学生丙说：我知道李白还有一首诗叫《秋浦歌》，诗是这样写的："白发三千丈，缘愁似个长。不知明镜里，何处得秋霜。"老师表扬学生丙：你真不简单，这样下去，你一定会成为一个小诗人的。学生丁说：我从一本书上了解到，李白是一个酒鬼，他是喝过酒以后掉下河死掉的。老师对学生丁说：你真了不起，敢批评李白这样的大诗人……

教学不是告诉！李白是什么人，我们有时会直接告诉学生，那样，学生所获得的也就是一个僵化的东西。

教学也不是灌输！李白是什么人，我们甚至可以让学生抄下去，背出来，那样，学生们掌握的只是相关的知识，而不是充满活力的思维。

这位老师真棒！他在课堂上没有生硬地说教，只有发自内心的赞美，貌似"死"的东西，被他创造性地往"活"里教。我们有理由相信，经过一段时间的训练之后，他所教学生的思维一定都比较活跃。

在人生与社会面前，知识固然重要，智慧更加重要。知识是对某种已经存在的或已经决定过的事情的了解和认知。智慧让复杂变成简单，使人更易看到事情的本质。智慧指向创造，是对尚未发生的事情做出决定。智慧基于知识，而最终目的不是停留于知识。知识对智慧所起的作用具有两面性。知识面太窄、知识结构不合理，或者过分依赖知识，都会限制和阻碍智慧的发展。学生们平时看到的、想到的、触摸到的知识大多是有形的，知识与知识之间的联系、思想方法和思维方式却是无形的。在知识的海洋里，无形的东西比有形的东西更加不可缺少。智慧的秘密恰恰在于能充分把握知识各要素之间的关系，以及那种妙不可言的契合。

一切科学成果都是人类智慧的结晶，它们揭示自然宇宙规律，撩开人类认为神秘的面纱。例如理科老师,他们从生活中汲取科学元素,在课堂上为学生展示,让学生感受到大自然的神奇与美丽,以及科学世界中无限的乐趣,在学生的眼前则会出现很多从来没有见过的却又值得思考的东西。于是,自然科学的大门敞开了,学生们融入自然,发现自然,感悟自然,在自然智慧的指导下,深入研究、发现、探索,一个个科学探究开始了,一个个实践验证开始了,他们用自己的智慧探究万物的规律,最终把自然科学的研究成果和创造发明融入自己的知识宝库中。

我们要重新构建教育的目的:超越知识与智慧的鸿沟,不在"非此即彼"的线性思维中挣扎,把知识和智慧作为教育的两个纬度或层面,以知识的积累为基础,让学生在与知识的对话中学会思维,在发展思维的过程中提升知识所蕴含的智慧。转识成智,化智成德,这是教育的使命。老师的主要任务是拿人类的智慧成果教育学生,不是搞个人创造糊弄后人,要有保存和传承人类文明智慧成果的神圣感,每上一节课要设想全人类都在倾听,上出智慧,上出责任感来。只有如此开展教学活动,智慧才能在学生脑中生根发芽,我们的课堂才能在走向精品的途中步伐更坚实,自然,我们的公信力才能渐渐地得到提升。

"一灯可燃千灯明。"在每一个学生的心里都存放着求知好学、渴望知识的火种,只有教师的思想才有可能去点燃它。而且,只有当教师在思考中彰显自己,用思考来指挥学生,使学生折服并钦佩他时,他才成为学生心灵的征服者、教育者和指导者,才能引起学生的思考。那种热爱自己的事业而又善于思考的教师,才有力量使学生用心地倾听他的每一句话,这种力量是一种无可争议的公信力。教师如果能用有限的生命获取智慧,传播智慧,使人类的文明得以延续,从而使人类的文明智慧地繁衍在整个宇宙,我们的生命才算没有白费。

教师一方面要奉献出自己的东西;另一方面又要像海绵一样,从人民大众和社会生活中吸收一切优良的东西,然后把这些优良的东西贡献给学生。我们只有把对智慧的研究和传播当成自己的终身事业,不断地把自己的能量通过他人传递下去,我们的智慧才能得以延伸,我们的后代也才可以把我们的文明传承下去，我们的生活才会更美好，社会的文明才更进步。

2. 综合培养学生的知识、能力及人格

在古希腊的帕特农神庙上镌刻着"知识乃人生之根基，能力乃人生之强石"的箴言。知识、能力与人格是构成人的素质的三大要素。因而，素质教育说到底，就是要培养学生具有全面的知识、完整的能力和健全的人格。

当今社会，唯有才者适用。选才之机，能力为上；取舍之时，人格为先！教育要为人的发展服务，通过人的发展为社会发展服务，这是教育的使命。基础教育应该为学生创造一种和谐、可持续的成长环境，教会学生做人，塑造其健康人格，给不同学生创造不同的机会，鼓励学生个性化发展，达到人尽其才，才能让学生学有专长，从而为学生的终身发展奠定厚实的基础。

新课程改革为中小学确立了知识与技能、过程与方法、情感态度与价值观的三维目标。其中，知识就是指学生继续学习和终身学习所必备的基础知识，即由书本知识以及必需的自然、社会、生活常识形成的一个合理的知识结构和有机的整体，并非指那些狭窄、片面、零碎的知识！

所谓能力是人所具备的分析问题和解决问题的本领。它是以技能为中介，通过知识的应用、技能的训练，将知识转化而成。但这种能力一般为简单能力，诸如表达能力、交际能力、合作能力、动手能力、实践能力以及观察力、注意力、记忆力、思维力和想象力等智力因素。能力的运用，并不是将已掌握的某些知识、技能予以简单的"复制"，也不是仅仅限于某一简单能力的运用，而是将掌握的诸多相关知识、技能有机地整合。这种整合需将某一学科的知识和技能与其他相关学科的知识和技能以及自然、社会、生活常识（即大脑中储存的所有相关的东西）进行大融合。所以，通常我们所说的能力实际上指的是综合能力。能力是随着知识的不断加深和加宽、技能的

不断获得和加强、各种相关知识和技能的不断整合而逐步形成和发展的!

因此,学生的知识越丰富、广博,其能力就越强,而能力越强,对知识的理解就越深刻、透彻,对知识的掌握就越牢固、灵活,其学习效率就越高。知识和能力是互相联系、相辅相成的。知识和能力构成人的内功,内功越强,成事的概率就越大。学生若具有健全的人格,就会勤奋学习,努力向上,精益求精,不断创新;就能品学兼优,德才兼备;就能成为有用之人,受益终身!

教师要有"全人"的概念。学生发展是全面的发展,而不是某一方面或某一学科的发展。全面发展并不等于平均发展,更不等于学生学习成绩门门优秀。"全面发展""平等对待"不等于"统一规格""平均发展",求全责备可能导致平庸。每个学生都有特殊的天赋和潜能,教育应着重于学生的学习状态、能力水平和人格成长三个方面,亦即让他们学到活的知识,有高超的能力以及厚重的人格。这就要求我们教师要整体设计,将其全面融入每一堂课之中,以加强对学生的思维方式、人格素养、审美情趣等众多方面的综合引导,全程培养。

在教学中,知识能力和情感态度、过程方法是相互渗透、相辅相成的。其中知识和能力是基础。这二者是统一的,因为我们在一定知识的基础上培养能力,又在形成能力的过程中获取知识。方法是知识转化为能力的中介,无论是形之于外的动作技能、行为操作,或是隐伏于内的心智活动,都体现在一定的教学过程中。学生在实践活动中产生情感的体验,树立正确的态度。可以说,情感与态度伴随着教学过程,又推动教学过程。教学要把学生引入知识的宫殿,让他们从中获得创造性脑力劳动的欢乐,积极参与到一种最能充分表现和发挥其禀赋的活动中,从而高效地获取人类文化的宝藏。而教学的最终目的,是使学生的基本素质和个性得到全面、充分、和谐的发展,使学生在和谐发展中获得道德上的升华。学生道德的升华、人格的形成,是教师公信力的外在体现。

人的身心是一个和谐发展的整体。人的认知、情感和意志应该互相支持、协调发展。智力因素是学生发展的基础，非智力因素是学生发展的动力。从古至今，塑造健康、高尚的人格始终是中华民族的传统美德，在中国的历史上做人就是"修身"，"修身"就是"养德"。我国著名的历史学家司马光就曾言道："才，德之资也；德，才之帅也。"立人先立德，成才先成人。教育的要旨是培养人，引导学生做人。健全人格是培养能力的前提，培养能力是健全人格的必然。如果缺失了健全的人格，所谓能力就很可能成为争名夺利的武器、危害社会的工具，进而违背了教育的本意。

子曰："少成若天性，习惯成自然。"要使学生德智体美等全面发展，首先就要对学生进行完美人格的塑造，用养成教育的手段塑造学生正确的人生观、价值观。养成教育不能仅仅理解为德育的范畴，它也包含着智育、体育诸方面的内容。养成教育是以人的身体素质、心理素质、思想品德、行为习惯和生活能力养成等为基本内容的教育，是使自然人成为社会人的教育，是使人具备生存和发展的基本素质、基本技能的教育。教育要使学生懂得如何做人、如何做事和如何思维，要求学生既要学习、掌握知识和技能，又要注重将知识内化为做人和做事的本领。

3. 创造更多的"肯定回应"

长期以来，我们可能习惯于给一些有学习困难或行为过失的学生人为性地扣上一顶顶惯性思维帽子，如"笨蛋""调皮捣蛋""道德败坏"等。随意地给学生贴上"坏"的标签，其结果往往直接影响了学生的身心健康。青少年学生正处在身心发展的阶段，是非观念尚未成熟，对一些问题有不正确的看法或错误的做法是难免的。其向善向上的本质需要加以保护和引导，教师不能因为孩子犯了错误就把他当作坏孩子。学生犯错，多数是心理问题，而非道德问题。孩子的行为动机往往是纯真的，也许是好奇心、表现欲所导致的行为过失，我们不能轻易或者盲目地定性为道德品质问题。孩子们正是通过不断从错误中吸取教训而成长、成熟起来的。尤其是在课堂上，有的学生表现出来的不良行为，如乱接嘴、违反课堂纪律，其实更多的是他们渴望被重视、被肯定。对这一现象，我们必须引起重视，并给予恰当的引导。

一位数学教师在课堂上要求学生举例："三角形的稳定性"在生活中的应用。几乎所有的学生都举手了，学生的回答也很精彩，如自行车的三角架、飞机的起落架、吊车、高压电线杆等，课堂气氛特别好。几个回合后，举手的学生越来越少了。这时，一个数学成绩不好但喜爱火箭的"差生"也举手了，教师立即请这个学生回答。他指出火箭的箭头也是一个三角形，所以火箭飞起来才平稳。他回答后，教室内掌声四起，教师当场给予了很高的评价，并鼓励这个学生学好数学以后，成为火箭专家。从此以后，这个"差生"的数学成绩一期比一期进步，后来考上我国有名的航空航天大学，正在圆自己的梦。许多成功的案例都充分证明：在课堂中，教师要使每一位学生都能感受到老师对他们的注意和尊重。教师更像播洒阳光的使者。教师对学生的期望与肯定，就像一束阳光，使学生枯萎的信念变得生机勃勃。

相信人人都有才，才会正确对待每一个学生的发展潜能；相信人人能成才，才能找到适合学生发展的好方法、好途径。只要教师充分提供表现、思考、研究、创造的机会，相信所有的学生都能学习、会学习。这样既保护了学生的学习热情，又能帮助他们提高思考分析与实践能力。合理的评价可以建立起学生对老师的信任感，同时也传递给学生一种信息，即公正、公平的评价方法，让学生通过自己的努力来展示才华，获得认可，从而正确认识自我，超越自我。

尊重学生的差异性，无条件地接纳学生，包括接纳他的优点和不足。对学生好的言行，要及时给予肯定的回应；对学生不好的言行，及时给予否定的回应。大多数应是"肯定回应"，"否定回应"应只占少数。在评价学生的言行时，要坚持表扬为主，给予鼓励，对基础较差的学生更要鼓励，消除他们思想上的惰性和心理上的障碍。在日常的教学活动中，应当尽可能设计不同的评价标准和方法，评价的主体、评价的指标应当多元化，"多一把衡量的尺子，就会多出一批好学生"。设计多元评价体系，评价项目多一点，就可能多出一批各有所长的好学生。

著名特级教师于永正在一堂公开课上有这样一个细节：在让四个学生板书生字后，于老师拿出红粉笔要给写得最漂亮的字画上红圈，以示评判褒奖。其实，那几个字孰优孰劣，一眼即看出。但于老师在圈出了那一个明显漂亮的字后，又仔细端详起另外三个让人难以恭维的字，一脸的认真劲儿，绝不亚于鉴赏一位书法大师的"真迹"！一会儿，于老师面露欣喜之色，像哥伦布发现新大陆似的将其中写得较漂亮的偏旁部首圈了出来，且啧啧称赞。黑板上大大小小的几个红圈恰似几面旗帜，鲜艳夺目，给在场的每一个人以心灵的震颤、方向的导引。在于老师的眼睛里，每个学生的字都有"优点"，都该画上"红圈"！

每个孩子都有成功的愿望或需要。基于这一点，只要教师把对学生的某种期望与肯定，通过适当的方式传达给他们，就会启发学生发挥潜能，超越自我，追求进步。因此，在教学中，教师必须走进学生的心灵世界，把对他们的期望与肯定的阳光播洒在学生的心田，让他们在老师的肯定中主动学习，积极地思考和锤炼自己。期望与肯定是一种教育手段，也是一种良性的教育过程，实质上是一个扬弃的过程：是用积极因素克服消极因素，变被动接受教育为主动自我反省、自我教育的过程。学生有了自尊与自信，才能勇敢地超越自我，提升自我，走向成功。

教师在教学中应力求通过客观公正的而又积极的鼓励性评价，让学生去体会成功的喜悦，增强学生的自信心和内驱力，准确地认识自己的潜能和不足，树立起良好的自我意识，激起积极进取的动力。我们要从内心上承认学习困难的学生同其他学生一样，具有很大的潜能，他们的困难是暂时的，是可以克服的，他们同样有成功的愿望和需要。只有这样，才能在思想上及时发现学生的"闪光点"，并给予鼓励，使其不断发现自己的潜能。同时，在课堂交流的过程中，教师最重要的任务就是引导学生看到自己潜在的能力，看到那些尚未发展起来的长处和优点，进而让他们看到自己的美好的未来，确立自尊和自信，形成对自身成长的独到见解。

一个恰当的评价，可以激发学生学习的动力和积极性。但是，"糖吃多了也腻人"，激励也不能过当。有的老师一节课除了说"你真棒""真了不起""真聪明""真好""很好，请坐下"，仿佛再没有别的什么评价性语言。学生回答得好固然应该表扬，如果学生回答得似是而非或没有什么意义时，也在表扬激励，那么，没有了争议、没有了匡正、没有了批评，就容易导致年纪幼小的学生心思浮躁、随波逐流，不利于他们积极动脑和个性发展。例如，在教《孙悟空三打白骨精》时，有学生把白骨精理解成孝顺执着的典型了，教师竟然还夸奖学生有独到见解！这种过多的"廉价"奖励过分注重形式，缺乏激励性，甚至会误导学生的。

教师对学生寄予的肯定无可厚非，但是只要学生一发言就只说一些鼓励肯定的话，这样的鼓励就失去了它应有的价值和意义。因为超值的嘉奖会让学生产生惰性，长此以往，被夸奖的学生就会"逐渐迷失了自我"，而且还会在无形中压制着其他的学生。客观评价能使学生明确努力的方向，"鼓励"和"赞赏"必须建立在客观评价的基础上；如果离开了客观评价，鼓励和赞赏都失去了应有的价值。

当然，教师还得指导学生学会自我肯定。鼓励学生，特别是后进生，要求他们学会经常自我肯定。对于成绩差的孩子，他们的自我肯定往往是脆弱的、飘摇不定的，因而特别需要得到外界的不断强化。任何一点微小的进步，以及他们为这种进步所作出的任何小小的努力，都应得到肯定。自我肯定也不宜过度滥用，应有个"度"，既要分时间、场合和具体事情，更要在一定原则下提出相应的标准和尺度；否则，结果就可能适得其反。良好的自我评价能力是一个人发展成熟的重要标志。通过有效的自我评价，能使学生看到自己的优势和不足，更有益于发扬成绩、矫正问题。对学生来说，自我评价是自我教育的重要内容，也是养成责任感的重要方法。

赢得课堂，是我们每一个教师的追求，其指向的因素是多方面的。我们教师只有时时刻刻以学生的成人为本，以发展为根，有效培养学生的能力，提升学生的智慧，发展学生的人格，让学生成为一个大写的"人",成为一个有益于社会的人,我们才能站稳课堂,在课堂上立起来,成为有公信力的教师。也只有这样,才能真正赢得课堂。

参 考 文 献

采铜. 精进：如何成为一个很厉害的人［M］. 南京：江苏凤凰文艺出版社，2019.

崔允漷. 课堂观察：走向专业的听评课［M］. 上海：华东师范大学，2008.

稻盛和夫. 活法［M］. 喻海翔，译. 北京：东方出版社，2012.

多尔. 后现代课程观［M］. 王红宇，译. 北京：教育科学出版社，2015.

湖北省语言文字工作委员会. 语言文字规范简明读本［M］. 武汉：武汉大学出版社，2000.

胡振京. 论现代性教育时间构建［J］. 教育研究，2014（8）.

霍金. 时间简史［M］. 许明贤，吴忠超，译. 长沙：湖南科学技术出版社，2014.

加拉格尔. 解释学与教育［M］. 张光陆，译. 上海：华东师范大学出版社，2009.

杰克森. 什么是教育［M］. 吴春雷，马林梅，译. 合肥：安徽人民出版社，2012.

李太平. 教育研究的转向：从理论理性到实践理性［J］. 教育研究，2014（3）.

刘旭东. 行动：教育理论创新的基点［J］. 教育研究，2014（5）.

李西顺. 德育叙事过程之"前视域"研究［J］. 教育研究，2015（3）.

利科. 承认的过程［M］. 汪堂家，李之喆，译. 北京：中国人民大学出版社，2011.

利科. 作为一个他者的自身［M］. 佘碧平，译. 北京：商务印书馆，

2013.

联合国教科文组织. 反思教育：向"全球共同利益"的理念转变？[M]. 联合国教科文组织中文科, 译. 北京：教育科学出版社, 2017.

鲁子问, 靖国平. 新教师成长中的困惑与解读[M]. 长春：东北师范大学出版社, 2011.

马斯洛. 自我超越[M]. 石磊, 译. 天津：天津社会科学院出版社, 2011.

诺丁斯. 批判性课程[M]. 李树培, 译. 北京：教育科学出版社, 2012.

帕尔默. 教学勇气：漫步教师的心灵[M]. 吴国珍, 译. 上海：华东师范大学出版社, 2014.

萨瓦特尔. 教育的价值[M]. 李丽, 孙颖屏, 译. 北京：北京大学出版社, 2012.

沈建祥. 观课、议课问题诊断与解决：小学数学[M]. 长春：东北师范大学出版社, 2010.

叔本华. 作为意志和表象的世界[M]. 景天, 译. 北京：中国华侨出版社, 2017.

陶·哈斯巴根. 过程完整化教学理论与实践[M]. 呼和浩特：内蒙古人民出版社, 2002.

王葎. 价值教育的存在论基础[J]. 教育研究, 2014 (3).

谢芝玥, 钟发全. 卓越教师的专业成长[M]. 福州：福建教育出版社, 2014.

张楚廷. 教育哲学[M]. 北京：教育科学出版社, 2006.

张先华. 教育思想的革命[M]. 北京：北京大学出版社, 2005.

钟发全. 与新教师谈教学基本功修炼：一本胜过听20个讲座的著作[M]. 北京：北京时代华文书局, 2016.

钟发全. 卓越教师的理性成长[M]. 北京：新华出版社, 2018.

后　　记

　　完成《站稳课堂——教学过程的理性研究》一书初稿，放眼望去，眼前全是今年春节期间的与众不同——大街上冷冷清清。为了完成这本著作，我持续亢奋地"埋头苦干"了好长时间。为慎重起见，我用了长达半年时间反复修改校正。完成一本书稿，对自己而言是一个交代；对读者而言，又能留下什么呢？

　　新课程改革在摸索中前进，教师的教育观念和教育行为的转变无疑是当前改革的重中之重。站稳课堂，注重教学过程，必须从提升教师素养开始。思考如何提高教育素养、提高哪些教师的素养、提高教师的哪些素养等话题，我希望在这一角度能有所贡献。为此，本人倾情而作。

　　完成本书的过程，实则是对自我学识的一次检验。有一个遗憾不得不提及，因为本人视野受限，书中涉及的教育教学案例，很多是从多年专业阅读积累中或从各类教学研讨活动中向名师学者讨教得来再编撰，多数是语文教育教学方面的。没有办法，一个人视野关注的尽是他所熟悉的人和事物，要不就只能是自欺欺人。为了体现真实性，我没有针对案例再做太多粉饰。为此，只求每一位读者朋友谅解。

　　书稿搁笔之际，请让我真诚地道一声"谢谢"。感谢多年来关心、支持我的领导和朋友，他们并没有因为我近年来疏于联络而抛弃我；感谢我见过面或不曾谋面的良师益友，没有他们多年来的悉心帮助和理解，我定然走不到今天。

　　本书在写作过程中，许多专家、学者的著作对我有不可或缺的帮助。由于本书撰写时间较长，修改次数过多，未能全部在书中一一标明文献资料的出处。所以，书中可能有些地方侵犯了您的著作权，我真诚希望得到您的谅解，并再次深表感谢！所以，书中可能有些地方侵犯了您的著作权，我真诚希望得到您的谅解，并再次深表感谢！

  此书最后定稿时间在今年的暑假。完成此书稿后，我大脑似乎透支了，视力明显下降。立秋后的南方，外面虽是艳阳高照，但暑热已逐渐褪去，我也打算走出书房，放飞心情，调整状态，以更饱满的热情投入到学校教育教学管理当中去。未来，此书将成为我校教师校本培训教材之一，希望更多的教师能从中受益，站稳课堂，赢得课堂，用课堂托起孩子的明天。书中的一些观点难免会有不成熟、不恰当之处，希望读者朋友多多担待，多多批判指正。

2021 年秋季